아동연구방법론

황혜정 · 문혁준 · 안선희 · 안효진 · 이경옥 · 정지나

창지사

머리말

아동과 영유아를 지도하고 연구한다는 것은 참 흥미로운 일이다. 이때 필요한 것이 아동과 영유아에 대한 이해다. 이는 발달이론을 통해 기본적으로 학습하지만, 이를 객관적으로 확인해서 더욱 견고한 지식으로 만들어 주는 것이 연구방법이라 할 수 있다. 아동과 영유아 연구를 통해 이들에 관해 이해하고, 교육하고 양육하는 데 도움을 얻으며, 인간의 발달에 관한 새로운 지식을 얻는다. 우리는 아동 또는 영유아에 관해 매우 잘 알고 있다고 생각하지만, 우리가 알고 있는 아동과 영유아의 모습이 그들의 실제 모습일까? 우리가 이들을 얼마나 객관적이고 과학적으로 바라보고 있는가는 생각해 볼 필요가 있다. 이러한 점에서 아동연구방법론은 아동과 영유아를 객관적으로 이해하고 연구하는 데 필요한 지식과 방법을 알려 준다.

일반적으로 연구방법이라는 학문을 재미없고 딱딱하다고 생각하는 사람이 많은 것 같다. 또한, 어렵다고 생각하는 사람도 있다. 그런데 가만히 생각해 보면 연구방법만큼 명쾌한 학문도 없다. 연구방법의 내용은 딱딱하고 어려운 것 같지만, 정확하게 이해하고 나면 이렇기도 하고 저렇기도 한 애매한 것이 아니라 이것이고 저것인 분명한 지식이다. 한마디로 설명하기 어려운 인간의 다양한 특성을 하나의 명확한 과정으로 밝혀내고, 그 과정들이 모여서 인간을 통합적으로 설명할 수 있는 것이다.

이 책에서는 아동과 영유아를, 나아가서 인간을 설명하기 위해 수행하는 연구의 과정을 소개하였다. 연구를 하기 전에 알아야 할 개념과 기초부터 직접 연구를 수행하는 방법과 과정, 그리고 이를 정리하고 해석해서 결과를 제시하는 방법에 이르기까지 연구의 전 과정을 그 진행 순서에 따라 설명하였다. 그러므로 연구에 대해 처음 접하는 학부생과 연구방법을 쉽게 이해하고자 하는 대학원생, 아동학이나 유아교육학, 보육학 전공자뿐 아니라 사회복지학, 교육학, 심리학 전공자도 이 책을 사용할 수 있을 것이다.

이 책의 내용은 연구의 진행 절차에 따라 총 3부 12장으로 구성하였다. 제1부는 연구의 기초 부분으로, 연구를 수행하는 데 필요한 기초적인 이해와 지식 및 연구계획에 관한 내용을 다룬다. 제1장 연구의 이해는 안선희 교수, 제2장 연구문제와 변인은 안효진 교수, 제3장 연구의 접근방법은 황혜정 교수, 제4장 연구계획서 작성 및 연구윤리는 문혁준 교수가 집필하였다. 제2부는 연구의 설계 및 방법 부분으로, 연구대상을 표집하고 연구도구를 검증하며 다양한 자료 수집방법을 통해 연구를 수행하는 내용을 다룬다. 제5장 표집은 안선희 교수, 제6장 측정은 이경옥 교수, 제7장 조사연구와 제8장 관찰연구는 정지나 교수, 제9장 실험연구는 황혜정 교수, 제10장 질적 연구는 안효진 교수가 집필하였다. 제3부는 연구의 분석 및 보고로, 수집한 자료를 분석하는 통계적 방법과 연구보고서를 작성하는 내용을 다룬다. 제11장 자료 분석방법은 이경옥 교수, 제12장 연구보고서 작성 및 표절은 문혁준 교수가 집필하였다.

이 책의 저자들은 대학에서 연구방법을 강의하고 연구하는 교수들로, 강의하면서 중요하다고 생각하는 내용, 학생들이 이해하기 어려워하는 내용들을 예를 들어 구체적이고 쉽게 설명하려고 하였다. 그럼에도 여전히 부족한 부분이 있으며, 독자 여러분의 지적과 충고를 겸손히 받아들여 부족한 부분을 보완하고 개선하는 데 힘쓰고자 한다.

이 책이 완성되기까지 관심을 갖고 격려해 주신 창지사 임직원분들, 특히 여러 번의 수정작업을 성실하고 꼼꼼하게 해준 편집부 직원 여러분에게 감사드린다. 이 책이 아동과 영유아 및 인간에게 관심과 애정을 갖고 이들을 이해하고자 노력하는 많은 사람들에게 도움이 되기를 바란다.

2019년 12월

저자 일동

차 례

PART 02 연구의 설계 및 방법

CHAPTER 06 측 정 • 111

CHAPTER 07 조사연구 • 141

PART 01

연구의 기초

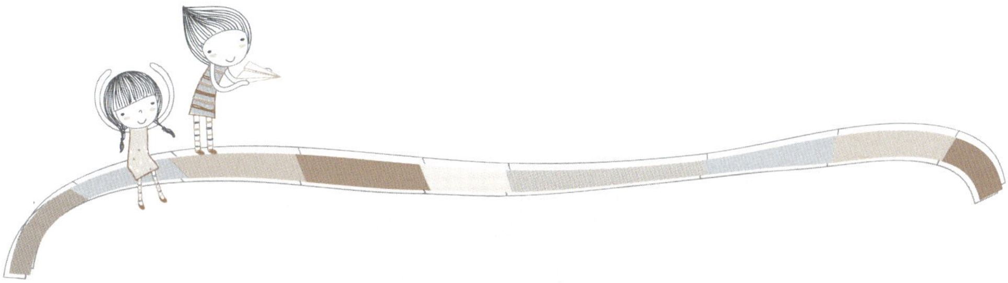

CHAPTER 01 연구의 이해

아동학은 아동의 발달과정을 기술하고 설명하며 나아가 아동의 바람직한 성장과 발달을 도모하기 위해 아동과 아동을 둘러싸고 있는 환경을 연구하는 학문이다. 아동학 관련 교재에 소개되는 아동발달에 관한 여러 이론이나 사실은 과학적 연구에 기초하고 있으므로 과학적 연구과정에 대한 이해는 필수적이다. 이 장에서는 연구방법의 중요성을 파악한 다음 과학과 연구의 특성을 알아보고 아동연구의 특징에 대해서 살펴본다.

1. 연구방법의 중요성

연구방법은 지식이 획득되는 과정이나 절차에 중점을 두는 학문이다. 연구방법을 배우는 중요한 이유는 전공하고 있는 학문 분야를 이해하는 데 도움이 되기 때문이다. 연구방법과 전공 교과목의 차이는 본질적으로 과정과 내용의 차이라고 할 수 있다. 연구방법은 지식을 획득하는 과정을 배우고 그 지식은 전공 교육과정에 포함된 각 교과목의 구체적인 내용을 이해하는 데 적용된다. 따라서 연구방법의 지식은 전공 교과목을 이해하는 데 필요하다. Leary(1995)는 연구방법에 관한 지식이 필요한 이유를 구체적으로 다음과 같이 제시하였다.

첫째, 연구방법의 지식은 전문분야와 관련된 연구를 이해하는 데 도움을 준다. 예를 들어, 아동과 부모나 영유아 교사를 포함하여 인간을 연구하고 다루는 전문가들은 자신의 전공분야에 축적된 지식에 대해 잘 알고 있어야 한다. 교사들은 자신의 교수방법을 향상시킬 수 있는 최근 정보를 얻고자 한다. 대부분의 그러한 정보는 전문학술지에 발표되는데, 연구방법이나 통계학을 잘 알지 못한다면 논문을 이해하는 데 어려움이 있을 수 있다. 따라서 연구방법은 전문분야의 유용한 지식과 기술을 습득하는 데 도움을 준다고 할 수 있다.

둘째, 연구방법을 배우는 또 다른 이유는 비판적인 사고발달과 관련되기 때문이다. 과학자들은 항상 의문을 제기하며 대안적인 설명을 생각하고, 다른 사람의 주장을 비판한다. 즉, 비판적이고 과학적인 접근을 하는 연구의 특성이 문제를 해결하는 데 도움이 되므로 연구방법에 대한 이해가 필요하다.

셋째, 연구방법을 공부하게 되면 실생활에서 도움을 받을 수 있다. 다시 말해, 연구방법에 관한 지식이 있으면 우리는 현명하고 효율적인 소비자가 될 수 있다. 예를 들어, 어떤 차를 사야 할지, 얼마나 오랫동안 운동을 해야 할지, 자녀를 사립학교에 보낼지 공립학교에 보낼지, 독감주사를 맞아야 할지를 결정해야 하는 상황이 있다. 이때 우리가 내리는 많은 결정은 과학적인 연구결과를 참고로 하게 된다. 그런데 특정 문제나 주제에 대해 상반된 연구결과들을 보게 되는데, 바람직한 결정을 내리려면 각 연구결과들의 장단점을 평가할 수 있어야 한다. 즉, 보고된 연구 중에 연구 설계에 문제가 있다거나 통계자료가 의심스럽고, 근거가 부족한 결론을 내린 연구들을 파악할 수 있어야 한다. 이때 연구 설계와 분석에 관한 기본적인 지식이 있는 사람들은 일상생활에서 직면하는 과학적인 증거를 평가하지 못하는 사람들보다 현명한 판단을 내릴 수 있다.

수년 전에 과학소설가 H. G. Wells는 “통계적인 사고는 읽고 쓰는 능력만큼 필요하게 될 것이다”라고 예측한 적이 있었다. 과학자처럼 생각하는 능력이 아직은 읽고 쓰는 기술만큼 중요한 시점에 있지 않다고 하더라도, 연구방법과 통계의 지식은 성공적인 삶을 위해 점점 더 중요해지고 있다.

2. 과학의 특성

과학은 인간과 환경 간의 상호작용을 이해하고 인간과 환경 간의 관계에 새로운 지식을 만들어 내는 가장 믿을 만한 수단이기 때문에 연구방법에 관한 구체적인 내용을 배우기 전에 과학의 특성을 먼저 파악하는 것이 필요하다. 여기에서는 과학의 정의, 접근방법, 목적을 살펴본다.

1) 과학의 정의

일반적으로 과학이라면 실험실, 시험관, 컴퓨터, 하얀색 가운을 입은 사람들, 즉 화학이나 물리 등의 자연과학을 연상한다. 또한, 친숙한 과학적 법칙이나 과학시간에 배운 구체적인 내용을 언급하기도 한다. 과학이 친숙한 용어이긴 하나 우리가 정확하게 이해하고 있지는 않다. 과학이라는 단어 Scire(알다)는 라틴어에서 연유한다. 어원에서 볼 수 있듯이 과학은 아는 것 또는 아는 방법, 더 나아가 우리를 둘러싸고 있는 여러 현상에서 지식을 습득하고 그 지식을 탐구하는 방법을 의미한다. Conant(1951)는 과학을 실험과 관찰의 결과로 만들어진 서로 연결된 개념들과 개념체계로 정의하였다. 그리고 Sax(1968)는 과학의 개념을 방법과 태도의 두 측면으로 설명하였다. 방법으로서의 과학은 통제된 관찰로 이루어진다. 관찰은 검사, 조사, 도구, 전문화된 기제 등의 방법을 통해 부적절한 영향이나 외재변인을 제거하거나 감소시킴으로써 통제된다. 이러한 관찰은 관찰 간의 관계를 설명하고 예측하는 데 유용한 이론적 체계를 형성하기 위해 결부된다. 태도로서의 과학은 새롭고 더 신뢰할 만한 증거를 얻기 위해서 자기 자신의 신념, 생각이나 방법을 수정하거나 부인하려고 기꺼이 조사하는 마음이다. 이와 같은 태도는 과학자들로 하여금 편견을 통제하거나 줄이고, 자신의 신념을 가능한 한 정확하고 경험적으로 검증하며 증명하고, 그렇게 해서 얻은 자료를 의미 있는 이론적 지식틀 안으로 조직화하도록 해준다.

사실 과학에 대한 보편적인 정의는 없지만 그 개념에 대해 일반적으로 이해하는 것은 필요하다. 과학은 생각하는 한 방식이며, 어떤 원리가 있는 자연현상을 조사하는 방식이고, 가능한 한 가장 신뢰로운 자료를 얻고 그것을 이론적이고 의미 있는 지식틀 안으로 조직하는 목표를 가진 체계적인 조사방법이라고 할 수 있다.

2) 과학적 접근방법

과학적 접근은 우리 주변의 현상이나 사건을 아는 다른 방식과는 차이가 있다. 사람들은 항상 자신의 주변을 관찰해 왔고 자신이 보고 경험한 것에 대해 설명하려고 하였다. 많은 사람들은 자신이 보고 경험한 것을 알기 위해 과학적인 접근을 사용하기보다는 권위와 직관 혹은 상식에 의존하는데, 이와 같은 접근을 통해 얻은 해답은 언제나 신뢰롭지 않은 것이 문제가 된다. 반면 과학적인 접근은 정확하고 신뢰할 수 있는 정보를 얻는 방법이다. 주변의 현상을 이해하고 정보를 얻는 방법에는 크게 비과학적인 방법과 과학적인 방법 두 가지가 있는데, 다음에서는 이 방법들에 대해 간략하게 살펴본다.

(1) 비과학적인 방법

비과학적인 방법은 권위, 직관, 상식에 의한 방법이다. 먼저 권위에 의한 방식을 보면, 철학자 아리스토텔레스는 설득이나 태도 변화를 결정하는 요인에 관심을 가지고 있었다. 그는 자신의 저서 『수사학』에서 설득은 말하는 사람의 성격이나 특성에 의해 얻어진다고 하였다. 우리는 좋은 사람을 다른 사람보다 더 쉽게 믿는 편이다. 아리스토텔레스는 평범하거나 정직하지 않고 평판이 좋지 않은 사람보다는 믿을 만하며 존경받고 명성이 있는 사람에게 더 쉽게 설득된다고 주장한다. 우리는 아리스토텔레스를 권위자로 생각하기 때문에 그의 주장을 단순히 받아들이게 된다. 그리고 방송매체, 책, 정부 관리자 혹은 종교적 인물을 통해서 알게 된 어떤 사실은 더 쉽게 받아들이며 사실이라고 믿는다.

권위에 의한 방법을 조금 더 일반적으로 말하면 자녀가 부모를 믿고, 학생은 교재나 교수의 권위를 인정하고, 환자가 의사가 처방한 약을 복용하는 것 등이다. 권위에 의해 지식을 얻는 방법은 어떤 것에 대해 잘 알지 못하는 경우 특히 유용하고 도움이 된다. 그러나 권위에만 의존하여 얻은 지식은 부정확할 수 있고 오류가 있을 수 있다. 왜냐하면 권위자들도 틀릴 수 있으며 그들 사이에도 견해가 서로 다를 수 있기 때문이다. 즉, 부모들은 자식에 대한 편견이 있을 수 있으며, 교재나 교수들은 때때로 틀릴 수 있고 그들의 지식이 완전하지 않을 뿐 아니라 편중될 수 있고, 의사들도 잘못 진단하거나 처방할 수 있다.

우리가 세상에 대해 아는 또 한 가지 방법은 직관에 의해서이다. 직관에 의한 방법은 개인적 판단을 통해서 주변 세계에 대한 사실이나 정보를 의심 없이 받아들이는 것을 말한다. 흔히 많은 사람들은 직관을 통해 자신이나 다른 사람의 행동에 대해 알 수 있다고 생각한다. 그러나 직관에 의한 지식 형성은 문제가 있는데 이는 직관에 의존할 경우 다른 사람들이 왜 그렇게 행동하는지, 심지어는 자신이 왜 그렇게 행동하는지에 대해 잘못된 판단을 내릴 수 있기 때문이다. 즉, 직관에 의한 접근은 개인의 주관적 편견이 개입되어 객관성이 없을 수 있고 우연히 관찰한 몇 가지의 예외인 현상을 전체 현상으로 일반화해 버리는 오류를 범하기 쉽다.

지식을 얻는 또 다른 방식인 상식은 직접적인 경험에 의존하기 때문에 권위나 직관보다는 좀 더 나은 방식이다. 상식은 과거 경험과 세상에 대한 인식에 기초한다. 그런데 경험과 세상에 대한 인식은 다소 제한적일 수 있기 때문에 지식을 형성하는 방법으로 불완전하다. 다시 말해, 일상생활에 관한 측면을 다룰 때는 상식이 도움이 되지만 새로운 분야, 특히 우리의 경험 외부의 영역을 이해하는 데는 어려움이 있다. 예를 들어, 사람은 자신의 동기를 항상 알지 못한다는 Freud의 주장이 그 당시에는 상식에 맞지 않은 것으로 간주되었다.

(2) 과학적 방법

과학자들은 주변 세계로부터 지식을 습득하는 방법으로 권위나 직관에 의한 것을 거부하고 과학적 방법을 사용해야 한다고 주장한다. 과학적 방법은 앞에서 언급한 방법들이 가지고 있는 한계와 문제점을 극복하여 보다 신뢰할 수 있고 체계적인 지식을 얻는 방법이다. 다시 말해, 과학적 방법이란 객관성과 논리성을 전제로 경험적 증거에 의하여 지식을 습득하고 문제를 해결하는 과정이나 절차를 의미한다.

과학적 방법은 논리적이며 체계적이고 경험적이어야 하고, 이러한 방법에 의하여 얻은 지식이 바로 과학적 지식이다. 과학적 지식이 합리적 논리성을 강조하는 것이라면 과학적 방법은 과학적 지식이 어떻게 만들어지고 존재하는가를 보여주는 수단이다. 따라서 과학적 방법은 어떠한 지식을 습득하거나 추구하는 데 있어 가장 타당하고 신뢰할 만한 방법이라고 할 수 있다. 과학적인 방법은 일련의 규칙이 있는데, 즉 세심한 관찰을 통해 자료를 수집하고 수집된 자료에 대해 가설을 설정하고 경험적으로 그 가설을 검증하는 절차를 포함한다. 그리고 검증은 다른 사람에 의해 서로 관찰할 수 있으며 평가할 수 있고 반복할 수 있는 방식이어야 한다. 이러한 방법은 이 책을 통해서 알게 될 것이다.

3) 과학의 목적

자연과학이든 사회과학이든 과학의 종류와 관계없이 과학적 연구에는 공통적인 목적이 있다. 과학의 궁극적인 목적은 새로운 지식을 발달시키는 것이다. 보다 구체적으로 말하면, 과학은 기술하고 설명하고 예측도 하면서 나아가서 통제하는 네 가지 목적을 가진다. 다음에서는 이 네 가지 목적에 대해 구체적으로 살펴본다.

(1) 기술

기술(description)은 관심이 있는 현상을 보다 정확하고 체계적으로 묘사하는 것을 말한다. 가령, 자녀의 수, 결혼 연령과 같은 결혼과 가족에 관한 현상의 평균을 기술하는 것 등이다. 기술은 '무엇'에 해당되는 내용과 사실에 초점을 둔다. 즉, 주변 현상에 대해 본질적인 특징은 무엇이고 그 현상이 어느 정도로 존재하는지 등을 서술하는 것이다. 그러므로 기술은 과학적 연구의 가장 기본적인 목적이라 할 수 있으며, 과학의 다른 목적을 실현하기 위해 필요한 기본적인 지식을 제공해 준다. 즉, 관심이 있는 현상을 기술하게 되면 그 현상에 관련된 변인들을 발견해 낼 수 있게 된다. 이러한 변인들의 발견은 이론 구축을 위한 기초로서 매우 중요하다.

(2) 설명

설명(explanation)은 왜 그런 현상이 일어나는가를 밝히는 것이다. 과학자들은 관찰 결과를 단순히 기술하는 수준을 넘어서서 그 사건이나 현상이 발생한 이유나 원인을 설명하고자 한다. 사건이나 대상이 일어나는 상황이나 그것을 초래하는 선행원인 및 조건을 밝히게 되면 현상을 더 잘 이해하게 되고 설명하게 된다. 예를 들어, 비행 청소년의 가정환경이 나쁘다는 것이 밝혀졌다면 왜 좋지 못한 가정환경이 청소년의 비행과 관련이 있는지를 설명해 주어야 한다. 혹은 일반가정에 비해 한부모가정 자녀의 학업성적이 더 나쁘다면 왜 그러한 현상이 나타나는지를 아는 것이 중요하며, 이를 설명해 줄 수 있어야 한다.

(3) 예측

과학자는 현상을 기술하고 설명하는 것에만 만족해하지 않는다. 그들은 어떠한 조건하에서 미래 사건을 예측하고 자신들이 아는 것에 대해 행동을 취하기를 원한다. 예측(prediction)이란 어떤 현상이 실제로 일어나기 전에 미리 그것을 말하는 것을 뜻한다. 어떤 자연현상이나 사회현상을 예측한다는 것은 그 현상이 일어날 수 있는 조건을 정확히 알고 있다는 것을 의미한다. 이때 예측은 절대적이기보다는 확률에 의한 것이다. 비가 올 것을 예측하기 위해서는 그 현상을 일으키는 제반조건에 대한 정확한 지식이 필요하다. 가령, 취학 전 아동의 학교준비도에 대한 지식이 있으면 취학 후 학교생활의 적응이나 학업성취도를 예측할 수 있을 것이다.

(4) 통제

어떤 현상에 대해 잘 이해하고 왜 그러한 현상이 나타나는지 설명할 수 있고 앞으로 나타날 어떤 것을 예측할 수 있다면 그 현상을 통제(control)할 수 있다. 어떤 현상이 발생하는 원인이나 선행조건에 대해 잘 알고 예측할 수 있다면 그 현상을 일으키게 하는 조건을 제거하거나 제시함으로써 통제가 가능한 것이다. 과학적인 연구는 어떤 긍정적인 방식으로 미래에 영향을 주기 위해 수행된다. 연구의 목적은 생활의 질을 향상시킬 수 있는 변화에 있다. 예를 들어, 아동학자들은 상황적인 스트레스를 제거해 주거나 어떤 지원을 제공해 줌으로써 가정폭력이나 아동학대를 예방할 수 있다. 빈곤아동의 학업성취도가 낮다면 빈곤가정을 위한 여러 지원책을 마련하여 그들의 학업 부진을 막을 수 있을 것이다. 미국의 Head Start와 우리나라의 We Start, Dream Start, 교육복지우선지원 사업 등은 빈곤가정의 아동을 위한 교육복지 프로그램으로서, 과학적 연구결과에 의한 통제에 해당된다.

3. 과학의 한 측면으로서의 연구

앞에서 살펴보았듯이, 권위자나 직관 및 상식 등의 경로를 통해 지식을 습득하거나 문제를 해결할 수 있지만 그러한 방법들은 과학적이지 않다. 어떤 풀리지 않는 문제나 현상에 대한 해답을 얻기 위한 시도인 연구(research)는 과학적 절차를 거쳐 수행된다. 과학적인 접근을 적용하는 연구는 객관적이고 체계적이며 타당하고 검증 가능한 속성을 가진다. 연구의 가치는 연구결과가 크고 작음에 의해 좌우되는 것이 아니라 그 절차가 얼마나 과학적이고 체계적인가에 달려 있다. 건전한 연구는 과학을 발전시키고 향상시키는 데 필수적이다. 다음에서는 연구의 개념 및 특성과 연구의 일반적 과정에 대해 살펴본다.

1) 연구의 개념 및 특성

연구는 새로운 영역을 탐색하며 상황이나 사건을 묘사하고 현상을 설명하기 위해 시도하는 활동이라 할 수 있다. 연구는 문제를 제기하는 체계적인 방식이고 새로운 정보를 발견하기 위해 그리고 이미 존재하는 지식을 검증하기 위한 세심한 조사나 탐구이다. 이와 같은 정의는 다소 추상적이라 연구가 갖는 중요한 특성을 통해 연구의 개념을 이해하는 것이 필요하다. Salkind(2003)는 우수한 연구 혹은 수준 높은 연구를 그렇지 않은 연구와 비교하면 구별되는 중요한 특성이 있다고 하였다. 연구가 갖는 특성을 구체적으로 살펴보면 다음과 같다.

- 연구는 다른 사람의 연구결과를 기초로 하여 이루어진다. 이는 다른 사람의 연구를 그대로 모방하라는 의미가 아니다. 다른 연구자가 이미 수행한 연구들을 고찰하면 어떤 연구를 수행할 것인지, 어떤 방법을 사용할 것인지에 대한 정보를 얻을 수 있다. 즉, 선행연구들을 통해 연구방법에 대한 이해와 통찰력을 얻을 수 있다. 과거에 발견된 지식은 앞으로 이루어질 조사에 대한 기초 자료를 제공해 준다.
- 연구는 다른 연구자에 의해 복제되거나 모사될 수 있다. 연구가 반복되어 유사한 결과를 얻게 되면 그 연구자의 주장은 설득력을 가진다. 연구가 복제될 수 있다면 그 연구는 같은 분야의 후속연구에 대한 기초를 제공해 줄 수 있게 된다.
- 연구는 다른 상황에도 일반화가 가능하다. 어떤 연구는 그 연구를 수행한 상황을 정확하게 반복하기 어렵기 때문에 일반화가 제한될 수 있으나, 연구결과들은 적어도 다른 상황에도 적용될 수 있어야 한다.

- 연구는 논리적인 근거가 있어야 하고 이론과 결부되어야 한다. 연구 활동은 마치 작은 퍼즐 조각을 맞추어서 크고 복잡한 퍼즐이 완성되는 것처럼 어떤 문제에 대한 답을 제공하는 것이다. 하나의 큰 연구 프로젝트만으로 아동의 지적발달에 대한 모든 과정을 알 수 없을 뿐 아니라 청소년들이 왜 도당을 형성하는지, 중년기 위기 동안 실제로 무슨 일이 일어나는지를 이해할 수 없다. 연구의 모든 주요 영역들은 작은 요소로 쪼개어지고 이 요소들은 공통의 주제로 함께 연결되어 대개는 이론의 기저가 되거나 이론이 만들어진다.
- 연구는 수행될 수 있어야 한다. 연구 경험이 부족한 연구자들은 모든 것이 연구주제가 될 수 있다고 생각한다. 그러나 개념적 틀이 부족하고 모호한 주제는 연구로서 가치가 없을 뿐 아니라 연구를 수행할 수도 없다. 좋은 연구는 답을 얻을 수 있는 연구문제를 가지고 그 연구문제를 적절한 방식으로 수행해 갈 수 있다.
- 연구는 새로운 문제를 다시 만들어 낸다. 연구는 하나의 연구문제가 제기되어 그 문제에 대한 답을 얻는 과정에서 다시 새로운 문제가 제기되는 순환적인 본성을 가지고 있다. 오늘 수행된 연구문제에 대한 답은 내일 제기될 연구문제에 대한 기초가 된다. 따라서 좋은 연구는 새로운 연구문제를 파생시키는 특성을 가진다.
- 연구는 새로운 사실이 조금씩 증가되는 점진적인 특성을 가진다. 과학자들은 혼자서 서는 것이 아니라 다른 사람의 어깨 위에 서 있는 것이다. 한 연구로 인해 만들어진 기여는 대개 그렇게 큰 것이 아니다. 예를 들어, 언어발달에 관한 첫 번째 연구로 언어 습득에 관한 모든 의문에 대한 해답을 얻을 수 없다. 대신에 한 특정 영역에서 여러 연구자들이 수행한 결과들이 합해져서 지식의 체계가 만들어지고 후속연구를 위한 기초가 마련된다.
- 연구는 더 나은 사회를 만들기 위해 수행되는 비정치적인 활동이다. 연구의 궁극적 목표는 사회를 바람직한 방향으로 개선하는 데 두어야 한다. 영

양실조가 태아에게 미치는 영향을 조사하기 위하여 임신부에게 음식을 주지 않거나 스트레스와 영양상태 간의 관계를 조사하기 위하여 건강에 좋지 않은 음식을 먹도록 해서는 안 된다. 이러한 문제를 조사하기 위해서는 인간에게 해가 되지 않는 다른 연구방법을 사용해야 한다.

2) 연구의 일반적 과정

연구란 우리 주변 세계에 대한 이해와 지식을 얻기 위해 과학적인 원리를 사용하여 문제를 해결하는 방법이다. 문제를 해결하기 위한 과정은 연구의 목적이나 성격 등에 따라 차이가 있으나, 일반적으로는 연구문제를 제기한 후 이를 해결하기 위해 자료를 수집하고 수집된 자료를 분석하여 그 결과를 제시하는 단계를 거친다. 여기에서는 Salkind(2003)가 제시한 연구의 과정을 설명한다(그림 1-1 참조).

(1) 문제 제기

연구과정에서 첫 번째이자 가장 중요한 단계는 의문이나 지적 호기심의 결과로 생기는 문제를 제기하는 것이다. 우리가 비록 과학자는 아니더라도 정상적인 생활 혹은 일상을 방해하거나 불편하게 하는 어떤 문제나 긴장은 알 수 있다. 그리고 과학자들에게는 자신의 분야에서 설명되지 않는 어떤 모순이나 해결되지 않는 문제들이 있을 수 있다. 즉, 연구는 '왜 그런 일이 일어날까?' 혹은 '그것의 원인은 무엇일까?'와 같은 질문으로 시작된다. 이때 제기된 문제는 다소 포괄적일 수도 있고 매우 구체적일 수도 있다. 조사의 내용이나 깊이가 무엇이든 과학적 조사의 첫 번째 단계는 의문, 즉 해결할 문제를 가지는 것이다. 좋은 문제는 좋은 가설이나 연구문제를 설정할 수 있게 해주고 다시 좋은 연구가 되도록 해준다.

(2) 주요 변인 확인

일단 문제가 제기되었다면 그다음 단계는 그 문제에 대한 답을 얻기 위해 조사해야 하는 요소들을 파악하는 것이다. 그 요소들은 연령, 성별, 사회경제적 지위와 같은 매우 단순한 것에서부터 보다 복잡한 것에 이르기까지 다양할 수 있다. 연구주제와 관련하여 탐색해야 할 요소들은 가능한 한 이전에 조사되지 않았거나 제기된 문제를 이해할 수 있는 것들이어야 한다. 그리고 조사가 가능해야 하고 학문적으로 혹은 개인적으로 어떤 관심을 가지는 것이나 또 다른 연구문제를 이끌어 낼 수 있는 것이 좋다.

(3) 연구문제 설정

연구하려는 문제가 어느 정도 구체화되었으면 그 문제를 더 정확하고 구체적으로 정의하는 단계를 거치는데 이 과정이 바로 연구의 문제를 설정하는 단계이다. 연구문제는 연구를 통해 해답을 얻고자 하는 질문으로, 변인과 변인 간의 관계를 표현하며 질문형식으로 서술한다. 연구문제를 서술할 때는 연구문제와 관련된 분야에서 이미 밝혀진 사실이나 이론 그리고 선행연구 결과들을 철저하게 고찰하여 그 지식을 근거로 한다. 연구문제는 명확하게 진술되고 경험적으로 검증이 가능한 형태이어야 한다. 예를 들면, 'TV 폭력 프로그램의 시청에 따른 공격성은 아동의 성별에 따라 차이가 있는가?'라는 연구문제가 있을 수 있다. 연구문제에 대한 진술은 제2장에서 구체적으로 다루어진다.

(4) 자료 수집

일단 연구문제가 진술되면 다음 단계는 연구문제를 지지하거나 반박할 실증적인 자료나 정보를 수집하는 것이다. 앞에서 언급하였던 예에서, 만일 폭력적인 프로그램의 내용이 공격적 행동을 하게 하는지 아닌지에 관심이 있다면 그 연구문제를 검증할 수 있는 자료를 수집할 필요가 있다. 이때 자료는 TV에 방영된 프로그램 중에 공격적인 행동의 빈도, 그 프로그램을 시청했던 아동들의 공격적인 행동의 빈도, 그 프로그램을 시청하지 않은 아동들의 공격적인 행동의 빈도를 관찰하여 수집하면 된다.

(5) 연구문제 검증

연구문제에 필요한 자료를 수집한 후에는 결과를 검증하는 단계를 거친다. 자료를 분석한 결과에 따라 연구문제가 지지되거나 기각될 수 있다. 연구문제가 지지되는 경우에는 가설화하였던 중요한 요소 간에 관련이 있다는 사실을 확인할 수 있다. 그러나 연구문제가 기각될 경우에는 이전에 미처 알지 못했거나 고려하지 않았던 사실이 있음을 배우게 된다. 연구문제가 지지되지 않은 것은 제기해야 할 부가적인 질문이 있거나 연구문제를 새로 설정할 필요가 있음을 의미한다. 연구문제가 기각될 경우에 연구자들은 다소 실망할 수 있으나 잘 설계된 연구의 결과는 산출된 결과와 관계없이 항상 귀중한 정보를 제공해 준다.

(6) 이론 재구성

연구문제를 검증한 후에는 연구를 안내하였던 이론과 연구결과를 관련지어 본다. 이론이란 과거에 발생되었던 현상을 설명하고 미래에 일어날 사건을 예측하는 일련의 진술문이다. 과학적 연구의 중요한 목적 중의 하나는 주변 세계에 대한 지식을 진전시키는 것이고, 과학의 목적 중의 하나는 이론을 만들고 검증하는 것이다. 이론은 현재 알려진 사실과 일치해야 하며 경험적인 결과에 의해 지지되는 이론들만이 타당한 것으로 받아들여진다. 이론은 연구의 결과에 의해서 지지되거나 수정될 수도 있다. 만약에 폭력 프로그램을 시청한 아동에게서 공격적인 행동이 증가하였다면, 아동의 행동이 관찰과 모방에 의해 학습된다고 설명하는 사회학습이론을 지지하게 된다.

(7) 새로운 문제 제기

과학적 조사에서 마지막 단계는 새로운 문제를 제기하는 것이다. 새로운 의문이 그 연구로부터 다시 생겨날 수 있다. 새로운 문제는 원래의 문제를 단순히 변형시킨 정도이거나 더 정교화된 수준일 수 있다. 연구문제가 지지되거나 기각되는 것과 관계없이 좋은 연구는 처음에 설정되었던 연구문제에 대한 해답을 탐색하는 과정에서 새로운 문제를 만들어 낸다. 이러한 의미에서 연구과정은 본성상 순환적이며, 더 정확하게는 나선형이라고 할 수 있다.

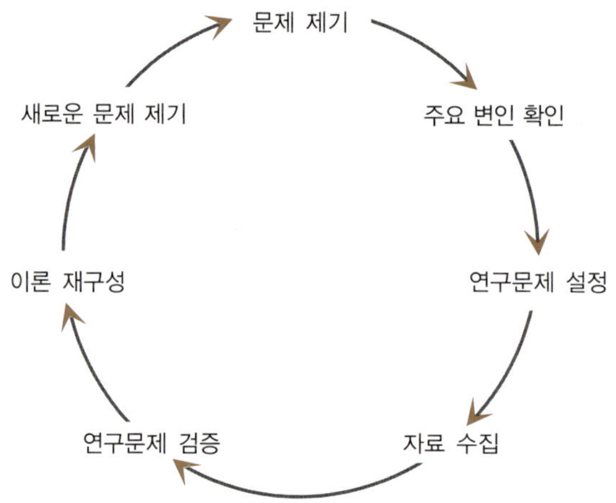

[그림 1-1] 연구의 과정

4. 아동연구

아동연구는 아동이 어떠한 과정을 거쳐 발달하는지, 왜 그러한 발달 과정을 보이는지를 기술하고 설명하고자 하며, 궁극적으로는 아동의 바람직한 발달을 도모하기 위해 연구결과를 활용하는 데 목적이 있다고 볼 수 있다. 아동연구는 오랜 역사를 가지고 있으나 체계적이고 과학적인 연구는 19세기 말이 되어서 시작되었다. 다음에서는 아동연구의 발전 과정과 아동연구의 목적을 살펴본다.

1) 아동연구의 역사

태내 수정에서 청소년기에 이르기까지의 일관성과 변화를 이해하고자 하는 아동연구는 비교적 최근에 이루어진 노력이다. 19세기 후반부터 20세기 초반의 과학자들은 자신이나 가까운 친척의 아이를 선정하여 영아기에서부터 아동기의 행동을 관찰하고 그 인상을 간단히 적었다. 1890년대까지는 아동전기(baby biography) 저서들이 정기적으로 출판되었다. 아동에 대한 과학적 연구에 가장 영향력이 컸던 사람은 진화론을 주장한 Charles Darwin이었다. 그의 발견 중 태아기 성장 과정은 인간의 진화 과정과 매우 비슷한 발달단계를 거치고 아동발달도 인간의 진화 과정과 같이 보편적인 계획을 따른다는 생각은 초기 아동학자들에게 큰 영향을 미쳤고, 과학적인 아동연구의 초석을 마련해 주었다.

20세기 초반에는 아동연구의 창시자로 불리는 미국의 심리학자 G. Stanley Hall에 의해 아동이 집단의 일원으로 연구되기 시작하였다. Hall은 많은 수의 아동을 체계적으로 연구하기 위해 질문지법을 개발하였다. 이 연구방법은 이전에 아동을 조사하기 위해 사용되었던 철학적 접근법이나 전기법에 비해 진전된 방법이었다. 그는 질문지를 통해 아동과 청소년의 행동 특징을 조사하여 아동에 관한 과학적 연구를 자극하였다. Hall의 제자 Arnold Gesell은 주의 깊게 통제된 실험실에서 관찰연구를 수행하면서 영아기와 아동기의 운동 능력, 사회적 행동, 성격특성에 관한 규준 정보를 만들었다. 특히 Gesell은 일방경과 영사기를 사용하여 종단연구를 수행한 사람으로 종단연구의 개척자로 알려져 있다(장휘숙, 1999).

Hall과 Gesell이 미국에서 이론과 연구체계를 발전시키는 동안 프랑스에서는 Alfred Binet가 다른 이유로 아동발달을 위한 규준적 접근을 하였다. 1900년대 초기에 Binet와 Therodore Simon은 파리의 교육공무원들로부터 학습 능력에 문제가 있는 아동들을 선별하기 위한 방법을 찾아줄 것을 요청받고, 이러한 목적을 위해 지능을 측정하는 각 연령별 검사 도구를 만들었다(Berk, 2008). 그 이후 한동안 지능검사를 개발하고 이를 사용한 연구들이 아동연구의 대부분이었다. Darwin의 영향과 Hall의 연구에 힘입어 아동연구는 20세기에 들어 하나의 학문 분야로서 위치를 확고히 하게 되었다. 20세기 초기의 연구들은 주로 이론적인 면에 치우쳤고 아동의 발달을 단순 기술하는 데 그쳤으나, Binet의 연구는 아동에 관한 경험적 자료의 질적 수준을 높이는 데 상당한 기여를 한 것으로 평가된다.

1920년에서 1930년대는 연구방법 측면에서 구시대적 방법으로부터 현대의 실험설계로 넘어가는 단계였다. 이 시기에는 실험설계로 이루어지는 연구들이 많았고 일란성 쌍생아들에 대한 연구를 통해 발달의 근원이 유전인지 환경인지를 밝히고자 하였다(정옥분, 2008). 1930년 이후에는 Freud의 영향으로 아동 초기의 경험이 성격 전반에 미치는 영향에 대한 연구까지 범위가 확대되었다. 정신과 의사인 Freud는 환자들의 치료법을 찾는 과정에서, 환자들에게 어린 시절의 고통스러웠던 사건에 대해 자유롭게 이야기하도록 했더니 고통이 제거되는 것을 발견하였는데, 이 회상을 통한 작업으로 환자의 무의식적 동기를 검증하였다.

1950년대 이후에는 이미 1920년대에 발표되었던 Piaget의 인지발달 이론에 관심이 높았다. Piaget는 사례연구와 실험과제를 이용하여 아동의 행동과 사고과정을 연구하였다. Piaget가 사용하였던 자연적 관찰과 면접을 병행하는 임상적 연구방법은 아동의 인지발달을 연구하는 효과적인 방법으로 인정받고 있다. 20세기 초기까지는 '아동은 무엇과 같은가'라는 의문에 답을 하는 것이었다면, 20세기 중반 이후에는 '어떻게 그리고 왜 아동들은 현재의 모습으로 되었는가'라는 심리적인 문제를 다루는 접근으로 방향이 바뀌었다. 아동의 연령에 따른 신체적, 심리적 행동 특성을 기술하는 것에 그치지 않고 행동의 특징을 설명하고 발달의 기저에 있는 과정에 더 관심을 가지게 된 것이다.

최근에 와서는 과학기술의 덕분으로 연구를 보조할 수 있는 여러 기기가 개발됨에 따라 아동을 보다 과학적으로 연구할 수 있게 되었다. 아동연구는 아동의 특성만을 연구하는 데 한정하지 않고 아동이 더 나은 삶을 살 수 있도록 하는 데까지 확장되고 있다. 즉, 아동 자체에 대한 기존 연구결과를 바탕으로 교육, 놀이 치료 등 다양한 분야에서 아동과 접목되어 연구되고 있다(이순형 외, 2008).

2) 아동연구의 목적

무엇보다 아동연구는 아동의 연령 변화에 따른 아동의 특성과 변화 양상을 이해하기 위하여 수행된다. 아동의 발달에 관한 과정과 현상을 기술하는 것은 아동연구의 가장 기본적인 목적이라고 할 수 있다. 가령, '신생아는 엄마의 소리를 구분할 수 있는가?', '첫 단어를 말하는 시기는 언제인가?', '아동의 읽기 발달은 어떠한 과정을 거쳐 이루어지는가?' 등의 질문에 답하기 위해 아동의 행동과 반응을 관찰하여 자료를 수집한다. 또한, 질문지나 면접을 통하여 다수 아동의 보편적인 발달을 이해하기 위한 자료를 수집할 수도 있으며, 특정 아동에 대한 사례 연구를 통하여 구체적인 정보를 얻기도 한다.

아동연구는 아동 특성에 대한 기술과 더불어 왜 그러한 변화가 발생하는지를 설명하고 어떠한 과정을 거쳐 변화가 일어나는지를 이해하기 위한 목적으로 수행된다. 아동 행동의 변화 양상이 발생하는 근원적인 요인과 구체적인 변화 과정에 대한 이론적 기반을 밝혀 나가는 데 있어서 아동발달의 기제에 대한 연구는 매우 중요한 역할을 한다. 발달의 원인을 밝혀 나가는 과정은 단순히 발달을 기술하는 것과는 다른 연구과정을 필요로 한다. 이를 위하여 인위적 실험 상황을 구성하기도 하고 실험기기나 의학적 정보를 활용하기도 한다. 다양한 문화적 환경 속에서 나타나는 발달적 과정을 분석하고 이해하기 위해 인류학이나 민속학적인 연구가 이루어지기도 한다.

무엇보다도 아동연구의 궁극적인 목적은 아동의 바람직한 발달과 성장을 돕기 위해 연구결과를 적용하는 데 있다. 즉, 아동의 발달 과정에 대한 연령별, 특성별 정보는 발달이 정상적으로 이루어지고 있는지를 판단하는 데 중요한 자료로 사용되거나 아동의 발달을 촉진하기 위한 다양한 프로그램을 개발하고 교육 환경을 구성하는 데 활용된다(권민균 외, 2012).

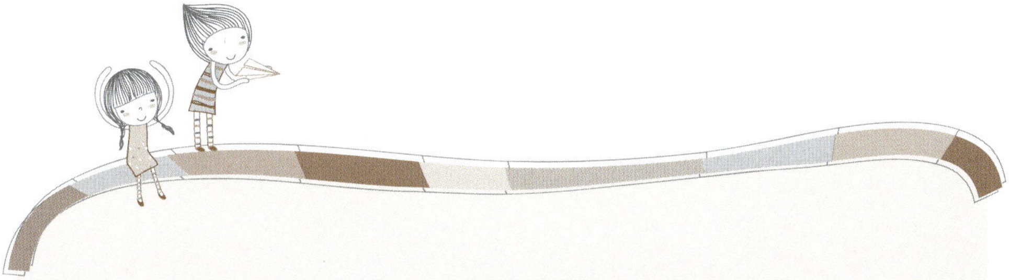

CHAPTER 02 연구문제와 변인

연구를 진행하기 위해 연구자는 연구주제를 선정하고, 연구문제와 가설을 세워야 한다. 이 장에서는 연구를 할 때 연구자가 어떻게 연구문제와 가설을 세우는가에 대한 기준과 그 과정을 살펴보고, 손쉽게 연구문제와 가설을 세우는 방법을 살펴보고자 한다. 또한, 연구문제와 관련된 자료들을 문헌조사를 통해 어떻게 찾는지 그 절차 및 방법, 마지막으로 연구 변인의 종류 및 특성에 대해 살펴본다.

1. 연구주제 및 문제 선정

모든 연구의 시작은 연구자의 궁금증을 해결하기 위해 시작된다. 연구자는 궁금한 점을 연구문제로 선정하고, 연구가설을 세우는 것으로 연구를 시작할 수 있다. 연구주제를 선정하기 위해 무엇을 고려해야 하고, 연구문제를 어떻게 선정해야 할지 살펴보면 다음과 같다.

1) 연구주제 선정

연구주제를 선정하는 과정은 쉬운 과정은 아니다. 연구자가 원하는 연구주제를 쉽게 발견했지만, 연구문제로 선정하는 데는 오랜 시간이 걸릴 수 있다. 선정한 연구주제를 연구문제로 구체화하는 과정도 어려울 수 있다. 그러나 다음의 상황을 고려하면, 조금 더 쉽게 연구주제를 선정할 수 있을 것이다.

연구주제 선정은 연구의 성패를 좌우하는 가장 중요한 과제이다. 광범위한 주제에서 시작해서 점차 구체적으로 실제 연구가 가능한 문제로 범위를 좁혀 가야 한다.

① 연구자의 흥미와 지속적인 관심

연구자는 실행하는 연구가 연구자 자신에게 과연 중요한 의미를 갖고 있는지, 연구를 통해 충분한 만족감을 획득하는지의 여부를 살펴보아야 한다. 아무리 학문적으로 중요한 연구문제일지라도 연구자의 흥미와 동기를 유발하지 못한다면 적어도 그 연구자에게는 적합하지 않다.

② 학문의 세계나 현장에 대한 기여

연구자는 얻어질 연구결과가 얼마나 학문의 세계나 현장에 기여할 수 있는지 고려해 보아야 한다. 기존의 지식적 결함을 얼마나 채울 수 있는지, 현장의 실제에 도움을 줄 수 있는지, 연구문제가 전에 연구된 적이 없거나 충분히 연구되지 않아 연구가 필요한지 등의 질문을 통해 연구문제의 타당성을 생각해 보아야 한다.

③ 연구의 윤리성

연구자는 선정한 연구주제의 윤리성을 고려해야 한다. 아무리 연구주제가 특색이 있고 고유한 영역이어서 학문적으로 기여할 수 있더라도 연구대상자에게 피해를 주는 경우나 연구대상들이 참여를 원치 않는 경우, 혹은 연구현장에 접근할 수 없다면 그 연구는 할 수 없을 것이다. 그러므로 연구주제에서 연구대상이나 연구장면에 접근이 가능한가의 여부를 고려해야 한다.

④ 연구의 가능성

연구자는 연구의 가능성을 고려해야 한다. 아무리 좋은 연구라 할지라도 연구자의 관련된 지식이 부족하거나 연구자가 사용할 수 있는 시간, 자원, 훈련 등이 부족하면 연구를 진행할 수 없다. 그러므로 연구주제를 선택할 때 자신이 가진 시간과 자원의 한계를 현실적으로 검토하고 최대한 가능한 범위 내에서 연구문제를 결정해야 한다.

⑤ 연구문제의 독창성

연구자는 연구의 독창성을 고려해야 한다. 대부분의 연구가 과거에 진행되었던 연구를 토대로 수정하거나 보완하거나 확장하는 과정을 통해 이루어진다. 그러나 때로는 연구자만이 가진 독창적인 생각을 근거로 창의적인 형태로 새로운 문제나 방법을 시도할 수 있다. 독창적인 연구문제는 기존의 지식세계에 대한 도전이며, 한 영역의 연구를 새로운 단계로 발전시키는 계기가 될 수 있다.

2) 연구문제 선정

연구할 주제를 발견하였다면 연구문제를 구체적으로 결정해야 한다. 연구문제란 '둘 또는 그 이상의 변인 간의 관계'에 대해 서술하는 것이다. 연구문제를 개념화하는 과정을 살펴보면 다음과 같다(이은해, 1985).

① 첫 번째 단계 : 막연한 감지

연구문제 선정의 전 단계로 연구의 주제가 막연히 감지되는 단계다. 이 단계에서는 어떤 상황에 대한 문제의식이나 장애 요소가 느껴지기도 하며, 강한 호기심과 관심이 생기기도 하지만, 정서적으로 좌절감이 동반되므로 합리적인 사고의 틀 속에서 문제가 잘 정리되지 않는 특성이 있다.

② 두 번째 단계 : 관련 변인 나열

연구주제와 관련된 변인을 범주화하는 단계로 관련된 변인들을 서로 묶어 보고 범주화시켜 봄으로써 문제의 복합성을 인식하는 단계이다.

③ 세 번째 단계 : 변인 간 관계 파악

변인 간의 관계를 파악하여 문제의 핵심을 파악하는 것이다. 이 단계에서는 관련 문헌에서 제시한 연구결과들을 활용하고 주요 쟁점(issue)이 무엇인지 알 수 있어야 한다.

④ 네 번째 단계 : 연구문제 선정

연구자는 연구할 수 있는 한계 내로 연구문제를 축소시켜 선택한다. 이 단계는 연구의 초점이 분명해지는 단계이다.

지금까지 연구문제를 선정하는 일련의 과정을 설명하였는데, 그 내용을 그림으로 나타내면 다음과 같다.

[그림 2-1] 연구문제 선정 과정

3) 연구문제 진술

연구문제의 진술은 연구의 전체 과정에서 중요한 부분을 차지한다. 연구에서 찾고자 하는 내용을 어떻게 찾는지, 그리고 찾은 것을 어떻게 기술할 것인지에 영향을 준다. 즉, 연구문제는 연구방법과 연구결과의 기술에 영향을 준다. 연구문제 진술의 준거 및 그 예를 살펴보면 다음과 같다.

(1) 연구문제 진술의 네 가지 준거

연구자 자신을 위해서나 다른 연구자들과의 의사소통을 위해서 연구문제를 구체적으로 설정하는 것이 바람직하다. 그러므로 연구문제를 진술할 때 일반적으로 네 가지 준거를 고려해야 한다. 이를 구체적으로 살펴보면 다음과 같다 (Kerlinger & Lee, 2000; Tuckman, 1999).

① 두 변인 또는 그 이상의 변인 간 관계에 대한 표현이어야 한다.

연구문제는 'A변인이 B변인에 영향을 미치는가?', 'A와 B가 어떻게 C와 관련되어 있는가?', 'A라는 변인과 B라는 변인이 관련되어 있는가?' 등의 형식을 갖추고, 변인 간의 관계를 살펴본다.

② 명료하게 질문형식으로 서술되어야 한다.

연구문제를 질문형식으로 서술하는 이유는 변인 간의 관계를 모호하지 않게 구체적으로 진술하기 위해서이다. 그러나 학문의 종류에 따라서는 서술 형태로 진술하는 경우도 있다. 그러므로 형식 자체보다는 연구문제의 서술이 구체적이고 명료한가에 더 비중을 둘 필요가 있다.

③ 실증적 검증 가능성(testability)이 있어야 한다.

양적 접근방법에서 연구문제는 관련된 자료를 실제로 수집해서 경험적으로 검증할 수 있는 것이어야 한다.

④ 도덕적 의문이나 윤리적 과제를 다루지 않아야 한다.

옳고 그름을 다루는 도덕적 문제나 가치판단적 진술이 요구되는 연구문제는 양적 접근방법의 연구문제로는 적합하지 않다.

(2) 연구문제 진술의 예

연구문제를 진술할 때는 연구 목적이 분명해야 쉽게 진술할 수 있다. 연구 형태에 따른 연구문제 진술의 예를 살펴보면 다음과 같다.

① 집단비교 연구

집단비교 연구는 어떠한 처치를 가한 집단과 처치를 가하지 않은 집단, 혹은 다른 처치를 한 집단 간의 차이를 통해 처치의 효과를 확인하는 연구이다. 예를 들어, 유아들에게 과학 활동을 제시할 때 구성주의적 접근방식으로 교육한 집단과 그렇지 않은 집단 유아들의 과학적 태도나 창의성의 차이를 살펴보고자 할 때 사용할 수 있다.

② 인과관계 연구 및 상호관계 연구

인과관계 연구는 독립 변인이 종속 변인에 미치는 영향에 대한 연구로, 연구자가 변인을 조작하여 통제한 후 두 변인 간의 관계를 파악하는 연구이다. 상호관계 연구는 두 변인 간의 상관 분석을 통해 상호 관련성을 밝히고자 하는 연구이다. 예를 들어, 유치원 교사의 직무 스트레스와 조직 풍토, 자아 존중감에 대한 관계를 살펴보고자 할 때, 변인 간의 상관관계는 어떠하며, 직무 스트레스에 대한 조직 풍토와 자아 존중감의 상대적인 영향력은 얼마나 되는가로 연구문제를 진술할 수 있다.

③ 모형개발 연구

모형개발 연구는 연구자가 어떤 현상을 설명하기 위해 모형을 개발하고 검증하는 연구이다. 예를 들어, 유아의 창의적 사고력을 증진시키는 프로그램 모형을 개발하기 위해 연구문제를 진술할 수 있다. 이와 같은 연구에서는 우선, 창의성의 관점에 기초하여 창의적 사고력의 요소와 과학교육의 내용을 찾아보고, 둘째, 이를 토대로 유아의 창의적 사고력을 위한 프로그램을 개발한다. 셋째, 사전·사후 창의성 검사를 통해 유아의 창의적 사고력 증진 프로그램의 효과를 살펴본다.

4) 연구가설 진술

연구가설은 주로 실험연구에서 사용한다. 변인 간 관계에 대한 예측을 포함한 진술로 연구목적, 성격, 그리고 접근방법에 따라 가설을 진술할 수 있다. 그러나 예측이 불가능한 경우에는 연구가설이 설정되기 어렵다. 이론적으로나 선행연구에 기초하여 가설이 세워질 수 있다면, 인과비교 연구나 상관연구에서도 연구가설이 설정될 수 있다.

연구가설은 연구문제와 마찬가지로 내용면에서 변인 간의 관계를 중심으로 표현하고, 실증적 검증 가능성이 있어야 하며, 도덕적 또는 윤리적 과제를 다루지 않는 것이다. 그러나 명백하게 연구문제와 다른 점은 서술형식이며, 연구문제보다 더 구체화되는 특성이 있다. 연구가설의 진술 조건을 살펴보면 다음과 같다(Kerlinger & Lee, 2000; Salkind, 2003).

① 현재형 또는 미래형의 서술문으로 작성한다.

연구가설은 명료하고 구체적이며, 어떤 의미에서 단언적으로 서술되어야 한다.

② 변인 간에 기대되는 관계를 제시한다.

가설은 두 변인 간의 관계를 예측하는 것으로, 가설을 진술할 때는 변인 자체가 진술문에 포함될 수도 있고 변인의 수준으로 언급될 수도 있다.

③ 연구주제의 문헌조사 결과와 이론을 반영한 것이다.

연구가설은 연구자의 개인적 경험이나 직관만으로 설정되지는 않고, 이론과 관련 문헌의 기초 위에서 이들과 연결되어 세워진다.

④ 검증 가능해야 한다.

가설에 포함된 변인의 개념적 명료성과 측정 가능성이 있어야 가설은 검증이 가능하다.

2. 문헌조사

1) 문헌조사의 필요성

문헌이란 개인이 관심을 갖는 연구주제에 활용할 수 있는 모든 정보를 의미한다. 연구자가 연구문제와 관련된 문헌을 조사하는 일련의 과정을 문헌조사라고 하며, 이러한 문헌조사를 해야 하는 이유는 다음과 같다(Creswell, 2002; Tuckman, 1999).

① 연구를 계획하는 단계에서 연구주제 분야의 최근 동향을 파악할 수 있다.

연구자는 관련 연구주제가 어디까지 연구가 되었으며, 누가 어떤 연구를 하고, 어떠한 주제가 발표되었고, 앞으로 연구 가능한 주제가 무엇인지 등 관련 분야의 연구 경향 및 중요 논쟁점을 알 수 있다.

② 연구문제와 가설을 구체화할 수 있다.

문헌조사를 통하여 연구자는 자신의 생각을 조직하고 구체화하여 연구하고자 하는 문제를 더욱 명료하게 표현할 수 있다. 뿐만 아니라 선행 연구결과들에 비추어 연구결과를 미리 예측해 볼 수 있다.

③ 새로운 접근 방법을 모색해 볼 수 있으며, 연구방법에 대한 통찰력을 획득할 수 있다.

연구자가 연구를 설계하거나 시행할 때, 이미 실행된 선행연구들은 참고 자료로서 역할을 한다. 특히 연구를 실행할 때 발생할 수 있는 시행착오를 피할 수 있다.

④ 연구결과를 해석하여 논의를 하는 데 도움이 된다.

비슷한 주제를 다룬 선행연구들이 어떠한 결과를 얻었는지 살펴봄으로써 연구자 자신의 연구결과를 해석하고 논의하는 데 도움이 된다.

이상과 같이 문헌조사는 한 번에 끝나는 것이 아니라 연구를 계획하는 단계에서부터 자료를 수집하고 결과를 분석하여 결론을 내리는 순간까지 지속적으로 이루어져야 한다.

2) 문헌조사의 자료

문헌조사의 자료는 크게 1차 자료와 2차 자료로 구분할 수 있다. 구체적으로 살펴보면 다음과 같다(Salkind, 2003).

(1) 1차 자료

1차 자료(primary source)는 연구자가 직접 작성한 연구논문으로, 독창적으로 수행한 결과의 보고서를 의미한다. '유아교육연구', '아동학회지' 같이 학술 단체나 학회에서 발행하는 학술지, 학위 논문이나 연구소의 보고서 등이 1차 자료에 해당한다.

1차 자료는 연구자가 직접 연구 진행과정과 결과를 기록한 보고서이므로 세부적인 연구내용을 알 수 있다. 특히 1차 자료는 새로운 주제의 연구를 시행할 때 활용하기 좋다.

(2) 2차 자료

2차 자료(secondary source)는 직접 연구를 하지 않은 저자에 의해 쓰인 것으로, 연구논문에 대한 정리와 비평, 특정 주제에 대한 지식의 개요와 소개하기 위한 문헌들을 말한다. 이러한 문헌은 실제 연구자의 글이 아니라 문헌을 집필한 저자에 의해 걸러진 글이다.

예를 들어, Handbook of Research on Teaching, Handbook of Early Childhood Education 등이 있다. 이러한 자료들은 연구주제에 대한 기초지식을 쉽게 습득할 수 있고, 광범위하게 활용할 수 있다는 장점이 있다. 그러나 연구자가 직접 연구한 내용을 확인하기 어렵고, 세부적인 내용에 대해 알 수 없을 때 혹은 책의 저자가 잘못된 논문 결과를 서술했을 때 잘못된 정보를 얻게 될 위험이 있다. 그러므로 2차 자료인 교과서나 개론서를 적은 책들을 선택할 때는 주의해야 한다.

3) 문헌조사의 절차

문헌조사는 연구를 하는 과정에서 지속적으로 이루어지는 작업이다. 문헌조사는 연구자에 따라 혹은 연구의 진행 과정에 따라 다양한 형태로 수행될 수 있지만, 대체로 다음의 절차를 통해 진행할 수 있다(Creswell, 2002; Tuckman, 1999).

① 연구주제와 관련된 중심 단어를 찾는다.

해당 연구를 대표할 수 있는 중심 단어를 찾는다. 이때 직접 관련된 중심 단어를 찾아보기도 하고, 관심 주제에 관해 조언을 줄 수 있는 전공 교수나 친구 및 다른 동료들과 논의를 해서 알아낸 단어를 중심으로 찾는다.

② 중심 단어와 관련된 2차 자료를 찾아본다.

2차 자료란 교과서나 개론서 등 연구분야의 개괄적인 지식을 습득할 수 있는 자료이다. 2차 자료는 연구주제를 보다 구체화시킬 수 있다.

③ 1차 자료 목록을 찾아본다.

1차 자료란 연구자에 의해 직접 작성된 연구논문이다. 직접 어떠한 연구들이 진행되었는지 살펴본다. 연구주제와 관련된 연구제목을 최근 것부터 열람하면서 어떠한 연구들이 진행되었는지 살펴보며 논문의 개괄적인 지식을 습득한다.

④ 직접적으로 연관된 해당 논문을 찾아 참고한다.

하고자 하는 연구주제에 관심을 갖게 만든 논문의 전문을 읽으며 자세한 정보를 습득한다.

⑤ 확인한 논문자료들을 읽을 때 항상 요점을 정리해 놓는다.

관련된 문헌들은 연구자가 이론적 배경, 연구방법, 결론, 그리고 논의를 전개할 때 도움을 주기 때문에 잘 정리해 놓는 습관을 갖는 것이 좋다. 1차 자료 목록의 경우에는 다음의 〈표 2-1〉에 제시된 방법처럼 요약할 수 있다. 이와 같은 논문 요약지는 논문명, 연도, 저자, 출처, 연구 주제어, 연구의 필요성 및 목적,

〈표 2-1〉 논문 요약지

논문명	
연도	
저자	
출처	
연구 주제어	
연구의 필요성 및 목적	
연구문제	
연구대상	
측정도구	
자료 분석	
연구결과	
논의	
결론	
제한점	
제언	
나의 의견	

연구문제, 연구방법, 연구결과, 결론, 그리고 자신의 의견이나 비평을 제시해 놓으면 도움이 된다. 〈표 2-1〉에 제시한 것은 한 가지 예로서 연구자에게 편리하도록 사용하면 된다.

⑥ 정리한 논문 요약지를 읽고, 비평하고, 순서대로 배열해 보거나 삭제한다.

이 과정을 통해 연구자는 논문의 순서와 내용 등 보고서의 초안을 작성할 수 있다.

4) 문헌 찾기

문헌조사에서 가장 먼저 해야 할 일은 필요한 문헌을 찾는 것이다. 자신이 얻고자 하는 정보를 찾기 위해 주제어를 정하고 인터넷을 통해 자료를 검색한다.

최근에는 인터넷의 발달로 어느 곳에서든지 전자도서관에 접속할 수 있기 때문에 손쉽게 국내·외의 자료에 접근할 수 있다. 인터넷을 통해 자료를 얻을 수 없을 때는 직접 도서관을 찾아가거나 상호대차 서비스를 활용할 수 있다.

최근에는 과거에 비해 손쉽게 자료에 접근할 수 있다. 그러나 연구자들은 자신의 연구에 적합하고 신뢰할 수 있는 자료를 찾는 것이 필요하다. 일반적으로 국회도서관, 한국교육학술정보원, 대학교의 도서관, 국립중앙도서관, 국가과학기술도서관 등에 올라온 자료는 신뢰할 수 있다. 그러나 개인 블로그 등에 있는 출처 미상의 자료는 사용하기 전에 검증해 봐야 한다.

다음에서는 전자도서관 자료를 통해 문헌을 찾는 방법을 안내한다.

(1) 대학교의 도서관 협정 체결 기관을 이용하는 경우

각 대학은 학술지를 전자저널로 구독하고 있으며, 이로 인해 연구자들이 편리하게 활용할 수 있다. 학교에서 부여받은 아이디를 이용하여 접속한 후 원하는 국내·외의 전자저널에서 필요한 학술지의 논문을 찾을 수 있다.

① 학교 도서관 홈페이지에 접속하여 로그인한다.

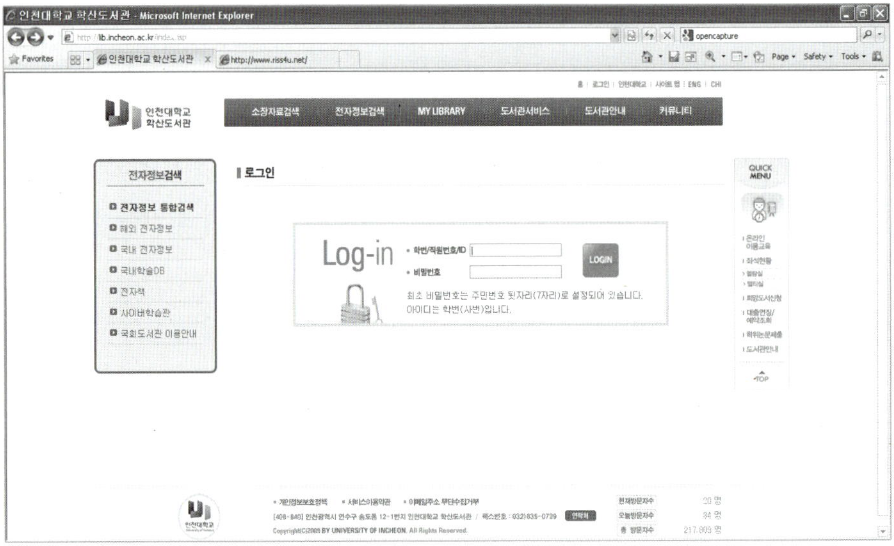

② 전자정보 통합검색에서 주제어를 쓰고, [검색] 버튼을 누른다.

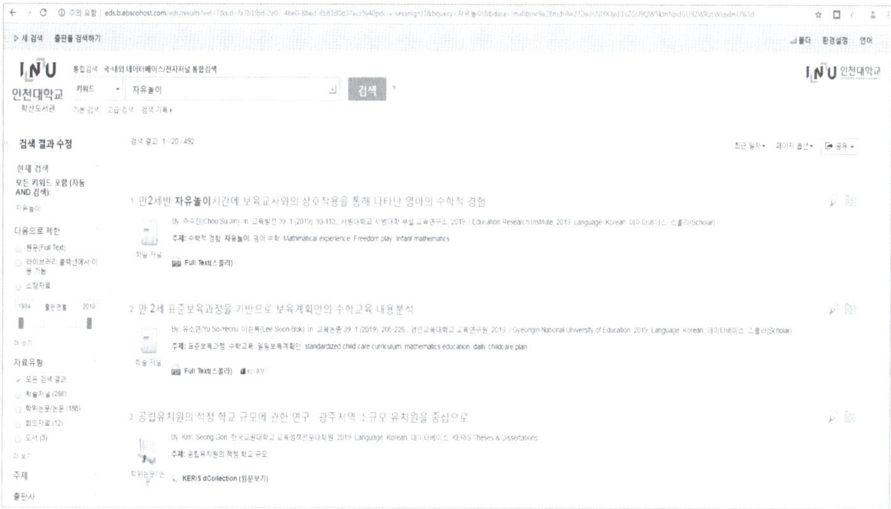

③ 자신이 원하는 결과가 나타나면 클릭을 하여 관련 자료를 찾는다.

(2) 한국교육학술정보원에서 자료를 검색하는 방법

① 한국교육학술정보원 홈페이지(www.riss4u.net)에 접속하여, 회원가입한 후 로그인한다.

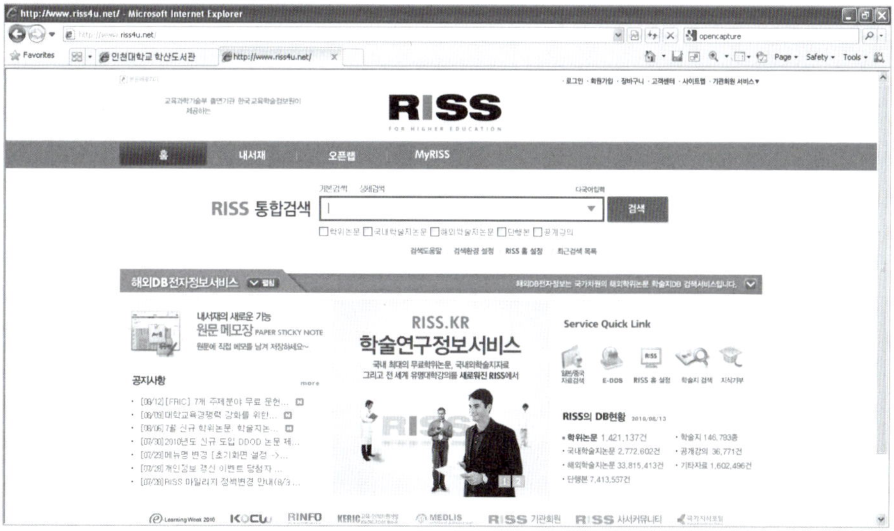

② 검색란에 주제어를 넣어 자료를 검색한다. 기본 검색이나 상세 검색을 활용하여 자신이 찾고자 하는 연구결과를 찾는다. 학위논문은 원문 보기를 통해 전문을 볼 수 있어 연구도구를 찾을 때 유용하게 활용할 수 있다.

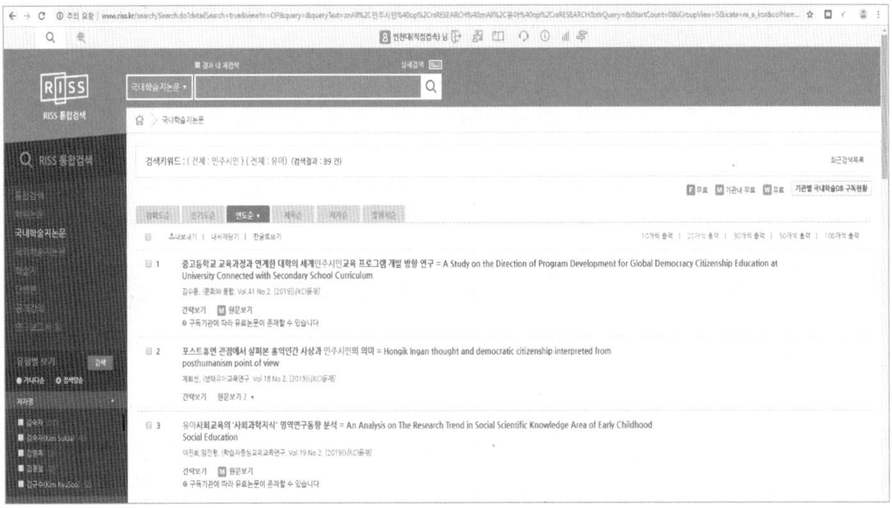

(3) 국회도서관에서 자료를 검색하는 방법

① 국회도서관 홈페이지(www.nanet.go.kr)에 접속하여 전자도서관을 클릭하고, 회원가입하고 로그인한 후, 검색란에 연구주제어를 입력한다.

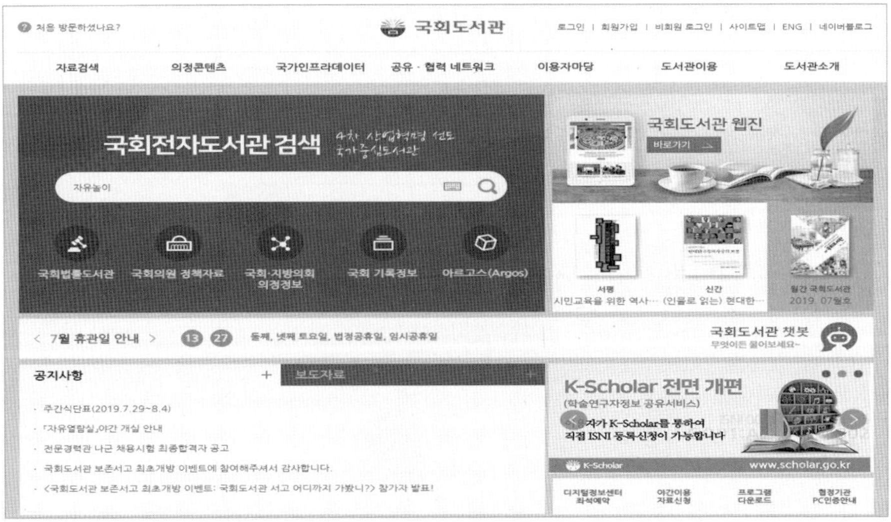

② 자신이 원하는 결과가 나타나면 클릭하여 관련 자료를 찾는다.

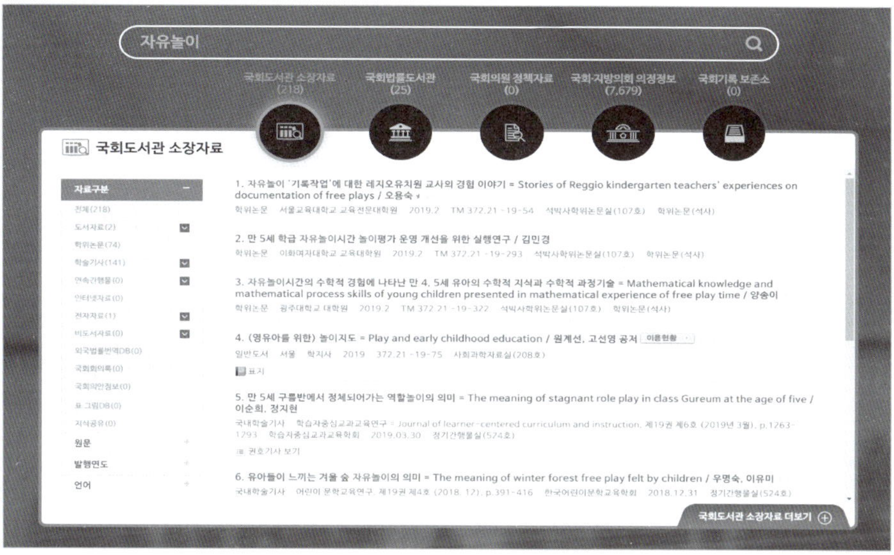

이 외에도 국립중앙도서관(www.nl.go.kr), 한국교육개발원(www.kedi.re.kr), 한국교육과정평가원(www.kice.re.kr) 등 다양한 곳에서 문헌을 조사할 수 있다.

3. 변인의 정의 및 종류

1) 변인의 정의

변인 혹은 변수(variable)란 그 속성에 따라 여러 수준으로 분류할 수 있거나 다양한 값으로 측정할 수 있는 어떤 사건, 사물, 현상을 나타내는 개념을 의미한다. 즉, 상호 배타적인 속성들의 집합으로 연구자가 관심을 가진 주제의 어떠한 개념을 표현한 것이라고 정의할 수 있다(김병성, 1996; 이은해, 이미리, 박소연, 2006).

연구를 할 때 연구자는 각 변인에 그 속성이나 특징에 따라 다양한 값을 부여하거나 여러 개의 하위 수준으로 나눈다. 이때, 연구자는 동질성, 상호 배타성, 포괄성의 원칙에 따라 연구의 변인을 세분화한다. 여기서 동질성이란 하위 수준으로 나누어 놓은 각 범주 간의 상호 논리적인 일관성을 의미한다. 상호 배타성이란 어느 한 변인을 나눠 놓은 범주끼리 서로 중복되지 않게 하는 것을 의미한다. 포괄성은 변인의 하위수준으로 구분하여 놓은 범주들 속에 모든 사례가 포함되는 것을 의미한다.

주요 변인에 대한 정의는 우선 그 변인의 의미를 밝히는 개념적 정의와 그런 의미를 지닌 변인을 어떻게 측정했는지를 밝히는 조작적 정의가 있다. 특히 연구문제에서 다루는 주요 변인이 구성개념일 경우, 개념적 정의와 조작적 정의를 모두 제시하여야 한다. 연구자가 연구를 시작하면서 자신이 다루고자 하는 변인의 의미를 규정하는 것은 연구자 자신이 다루어야 할 연구문제의 범위를 명료하게 하기 위해서일 뿐만 아니라 연구결과를 공유할 다른 연구자들과의 의사소통을 통해 자신의 연구결과가 확대·해석됨으로써 야기될 수 있는 해석의 오류를 미리 방지하기 위해서이다(문수백, 2003).

연구논문에서 조작적 정의가 중요한 것은 첫째, 연구자의 입장에서 볼 때 연구자가 주어진 변인에 대해 자신이 규정한 개념적 정의에 부합되는 변인을 타당하게 측정할 수 있었음을 증명해 보일 수 있기 때문이고, 둘째, 독자의 입장에서 볼 때 개념적 정의에 부합되는 타당한 방법으로 측정했는지를 평가할 수 있는 객관적인 정보가 되기 때문이다(문수백, 2003). 용어의 정의에 대한 예를 제시하면 다음과 같다.

〈표 2-2〉 용어 정의 예

스크립트 지식
이 연구에서는 하나의 사건을 구성하는 행동들이 시·공간적, 인과적 관계로 조직된 도식적 구성에 대해 유아가 가지고 있는 지식을 스크립트 지식으로 정의하며, 스크립트 지식의 분석 범주에 활동내용과 발생순서를 포함한다. 여기서 활동내용은 다시 관련 있는 활동내용과 관련 없는 활동내용으로 나누어진다. 관련 있는 활동내용은 스크립트 사건과 관련된 행동을 의미하며, 관련 없는 활동내용은 스크립트 사건과 관련이 없는 행동을 의미한다. 이와 더불어 발생순서는 사건을 구성하는 행동 간의 시간적, 인과적인 관계를 의미한다.

출처: 성미영(2002). 과제 상황별 유아의 스크립트 지식과 주제 수행 기술 및 스크립트 향상 훈련 효과: 저소득층 유아와 중류층 유아의 비교. 서울대학교 대학원 박사학위청구논문, p. 32.

2) 변인의 종류

변인의 분류는 여러 가지로 다양하게 할 수 있다. 그중에서 가장 흔히 분류하고 있는 질적 변인과 양적 변인, 연속적 변인과 비연속적 변인, 독립변인과 종속변인, 그리고 그 외에 중재변인, 매개변인, 오염변인 등이 있다. 언급한 변인들에 대해 간단히 살펴보면 다음과 같다.

(1) 질적 변인과 양적 변인

변인이 지니고 있는 속성을 수량화할 수 있는지에 따라 질적 변인과 양적 변인으로 구분할 수 있다. 질적 변인은 속성에 따라 범주로 분류될 수 있지만 서열화나 양적으로 값을 매길 수 없는 변인으로, 각 범주 간의 차이는 정도의 차이가 아니라 질적으로 다른 차이를 나타낸다.

반면에 양적 변인이란 그 속성을 수량화할 수 있는 것을 뜻하며, 연령, 월수입, 지능, 학업 성적 등이 이에 속한다. 수준이나 정도의 차이에 따라 범주를 나눌 수 있으며, 수량적으로 표현할 수 있다.

(2) 연속적 변인과 비연속적 변인

연속적 변인이란 어느 주어진 범위 내에서 이론적으로 무한히 세분된 값을 가질 수 있는 것을 말한다. 예를 들어, 길이, 무게, 시간 등은 연속적이기 때문에 측정할 때 그 한계가 소수점 이하로 얼마든지 내려갈 수 있지만, 편의상 어느 일정 수준에서 멈춘 것이다. 이처럼 무한대로 세분될 수 있는 성질을 갖는 것이 연속적 변인이다.

반면에 비연속적 변인은 어떤 특정한 값 이외에 다른 값을 취할 수 없거나 더 이상 세분화할 수 없는 변인을 의미한다. 예를 들어, 가족의 수, 학생의 수, 주사위 수, 성별, 종교, 직업 등은 비연속적 변인에 속한다.

(3) 독립변인과 종속변인

독립변인은 관심을 갖는 현상이나 결과에 대한 원인이 되거나 영향을 미친다고 생각하는 변인이다. 종속변인에 영향을 줄 수 있으며, 연구자가 임의로 변화시키고 조작할 수 있다.

반면에 종속변인은 관심을 갖고 있는 현상이나 결과가 되는 변인으로, 독립변인에 의해 영향을 받는다. 종속변인은 독립변인의 변화에 따라 나타나거나 사라지는 변인이다.

(4) 통제변인

독립변인 외에 종속변인에 영향을 미치는 변인, 즉 가외변인을 제거하거나 상쇄하도록 그 영향력을 통제하는 변인이다.

(5) 중재변인

중재변인은 독립변인으로 선정을 하진 않았지만, 독립변인과 종속변인 간의 관계를 변화시킬 수 있다고 예상하여 연구에 포함하는 변인이다.

(6) 매개변인

실제로 연구에서 다루어지기도 하고 또는 다루어지지는 않으나 이론적으로 관찰 현상에서 영향을 미치리라 추측되는 변인이다. 일반적으로 연구 보고서에서는 매개변인을 항상 표현하지 않으나, 의미 있게 연구결과를 해석하고 논의할 때 필요한 변인이다. 최근에는 매개변인의 영향을 검증하기 위해 경로분석이나 구조모형 분석의 통계적 방법을 사용하기도 한다.

(7) 오염변인

오염변인이란 독립변인과 종속변인 간의 관계에 영향을 미칠지는 모르지만, 그 영향력을 독립변인으로부터 분리해 내기 어렵기 때문에 측정할 수 없는 변인이라고 정의할 수 있다.

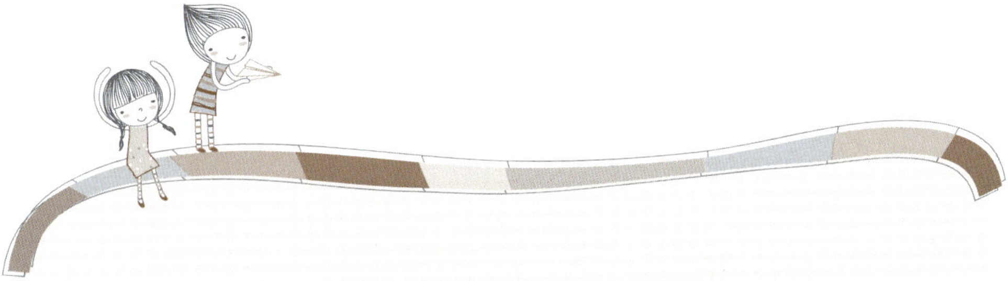

CHAPTER 03 연구의 접근방법

지금까지 연구에 대한 이해를 돕기 위한 일반적인 내용에 대해 알아보고 연구를 위한 변인과 문제를 선정하였으면, 이제는 구체적으로 연구를 수행하기 위한 방법을 결정해야 한다. 이때 어떠한 방향으로 연구를 수행할 것인가 하는 연구의 접근방법을 생각해 보자. 연구를 바라보는 입장 또는 접근방법에 따라 여러 유형의 연구로 분류한다. 연구가 어떻게 이용되는지, 연구의 목적을 어디에 두는지, 연구를 수행하기 위한 논리적 흐름이 어떠한지, 변인을 어떻게 조작하는지, 자료를 어떤 방법으로 수집하고 분석하는지 그리고 연구실시 시간을 어느 정도 계획하는지 등에 따라 다양한 형태의 연구가 가능하다. 이 장에서는 이렇듯 다양한 접근방법에 따라 구분되는 연구의 유형에 대해서 살펴본다.

1. 연구의 이용목적에 따른 분류

사회과학은 두 가지의 방향성을 가지고 있다. 하나는 공평하고 과학적이며 학문적이고, 다른 하나는 활동적이고 실용적이며 개혁적이다. 이 두 가지 방향성은 엄격하게 분리된 것이 아니라 상호 협력적이며 우호적이다. 단지 이들의 차이는 연구를 어떻게 이용할 것인가에 관한 것이다. 즉, 연구를 이용하여 기존의 지식에 일반적인 지식을 더할 것인지, 아니면 특별한 문제를 해결할 것인지에 따라 기초 연구와 응용 연구로 분류할 수 있다.

1) 기초 연구

기초 연구(basic research)란 기존의 지식에 새로운 지식을 첨가하는 것을 목적으로 하는 연구를 말한다. 연구결과를 응용하거나 활용하는 데 관심이 없고 새로운 발견을 통한 지식 창출을 목적으로 하는 연구이다. 기초 연구는 사회적 실체 또는 특성의 본질을 이해하고자 하는 것으로, 학문적인 연구(academic research) 또는 순수 연구(pure research)라고도 한다. 예를 들면, 기초 연구는 아동의 문제행동이 왜 또는 어떻게 발생하는지에 관심을 가지는 것이지 어떻게 아동의 문제행동을 예방하고 치료할 것인지에는 관심을 갖지 않는다.

많은 비과학자들은 기초 연구가 직접적으로 이용되지 않으며 즉각적으로 문제를 해결하지도 못하는 등 실제로 응용되지 못하므로 가치가 없다고 비판한다. 그러나 기초 연구는 여러 정책적인 영역과 연구 영역에 일반화할 수 있는 기초적인 지식을 제공한다. 오늘날 컴퓨터의 사용도 과거 수학분야의 기초 연구가 없었으면 불가능한 일이다. 즉, 기초 연구는 응용 연구에 필요한 대부분의 방법이나 도구 또는 아이디어의 기초가 된다. 연구결과를 몇 개월 또는 몇 년 내에 이용할 수 있는 응용 연구와 달리 기초 연구는 그 결과를 얻는 데 상당히 오랜 시간이 걸릴 수 있다.

2) 응용 연구

응용 연구(applied research)는 연구의 목적이 이론의 검증이나 지식의 발견이라는 기본적인 목적보다는 연구결과를 실제로 활용하는 연구를 말한다. 연구의 결과를 실제 교육현장에 적용하거나 교육프로그램을 개발하고 적용하여 그 효과성을 보는 연구 등이 이에 속한다. 즉, 특별한 실제적인 문제를 해결하기 위해서 연구의 결과를 통해 얻은 지식을 적용한다. 또한, 정책적인 질문에 응답하며 절박한 사회적인 문제를 해결하는 것이다. 그러므로 응용 연구는 이론을 구축하고 검증하거나 장기간 대규모의 연구를 수행하여 기본적인 지식을 발달시키는 것이 일반적이지 않다. 대신 단기간에 실용적인 연구결과를 얻어 이를 이용할 수 있는 소규모의 연구가 주류를 이룬다.

예를 들어, 부모의 애정적인 양육태도가 자녀의 자아존중감을 증진시킨다는 연구결과를 얻었다면, 이러한 결과는 아동의 발달에 새로운 지식을 더해 주었을 뿐만 아니라 이를 이용하여 부모교육 시 애정적인 양육태도를 가질 수 있도록 부모에게 교육시킬 수 있다. 또한, 애정적인 양육을 하도록 하는 부모훈련 프로그램을 개발하여 부모들에게 이를 실시하고, 프로그램 실시 전과 후에 자녀의 자아존중감을 측정, 비교하여 부모훈련 프로그램의 효과를 검증할 수 있다. 기초 연구를 주로 수행하는 대상이 과학적인 연구자들이라면, 응용 연구의 결과는 교사, 상담자, 사회복지사, 운영자, 의사결정자 등 실천가들이 주로 이용한다.

〈표 3-1〉은 기초 연구와 응용 연구를 비교한 것이다.

〈표 3-1〉 기초 연구와 응용 연구의 비교

기초 연구	응용 연구
기초 연구는 본질적으로 자기만족적이며 다른 연구자들에 의해서 판단된다.	응용 연구는 일종의 작업이며 연구후원자(sponsor)에 의해서 판단된다.
연구문제와 주제는 제한적이지 않고 자유롭게 선정된다.	연구문제는 연구후원자의 요구와 이용목적에 맞게 제한적이다.
연구는 과학적으로 엄격한 절대적인 기준과 높은 수준의 학문적 기준에 의해 판단된다.	학문의 엄격성과 기준은 연구결과의 이용 여부에 따라 적당히 또는 높은 기준에 맞출 수 있다.
연구의 기본 관심은 연구설계의 내적 논리와 엄격성이다.	연구의 기본 관심은 연구결과를 연구후원자의 관심영역에 일반화시키는 능력이다.
추구하는 목표는 기본적이고 논리적인 지식에 공헌하는 것이다.	추구하는 목표는 실제적인 이득을 얻거나 연구결과를 활용하는 것이다.
성공 여부는 연구결과를 학술지에 발표하여 다른 연구자에게 영향을 미치는지에 달려 있다.	성공 여부는 연구후원자가 의사결정 시 연구결과를 이용하는지에 달려 있다.

출처: Neuman, W. L. (2003). *Social research methods: Quantitative and qualitative approaches* (5th ed.), p. 23.

2. 논리적 형태에 따른 분류

과학적 연구의 핵심은 이론을 구축하고 검증하는 것이다. 과학적 연구를 수행하는 데 있어서 이론으로부터 가설을 도출하여 이를 검증할 것인지, 아니면 수집한 자료들로부터 가설을 도출하여 이론을 구축할 것인지 그 논리적 방식에 따라 연역적 연구와 귀납적 연구로 구분할 수 있다.

1) 연역적 연구

연역(deduction)이란 기존의 이론에서 가설을 도출하여 이를 검증하는 방법을 말한다. 대부분의 연구들은 기존의 이론에 근거하여 가설을 설정하고 이를 검증하기 위하여 다양한 대상에게 다양한 측정방법을 사용하여 결과를 비교한다. 일반적인 연구의 절차도 연역적 연구를 수행하기 위한 절차를 설명한다.

예를 들면, Piaget의 인지발달 이론에 근거해서 '아동의 사회경제적 배경에 관계없이 인지발달단계는 일정할 것이다'라는 가설을 설정하였다고 하자. 이를 검증하기 위해서 저소득층 아동과 일반계층 아동을 선정하고 이들의 인지발달단계를 측정, 비교하여 가설을 검증하는 연구가 연역적 연구이다.

2) 귀납적 연구

귀납(induction)이란 관찰, 면접, 실험 등의 방법으로 현상을 탐색하고 분석하여 이론을 구축하는 것이다. 많은 아동이 특정한 행동을 보이는 것을 관찰하였다면 이를 통해서 일반적인 아동의 행동 특성에 대한 이론을 만들 수 있는데, 이것이 귀납적 방법이다.

귀납적 연구의 대표적인 예로 Piaget의 연구 방식을 들 수 있다. Binet 실험실에서 아동용 지능검사를 만드는 연구에 참여했던 Piaget는 지능검사 결과를 채점하다가 아동들의 응답에 일관된 오류가 있음을 발견하였다. 어린 아동은 나이가 더 많은 아동이나 성인과는 다른 방식으로 사고하기 때문이라고 생각한

Piaget는 자신의 자녀들을 관찰하고 실험하여 아동의 사고에 공통된 특성이 있음을 발견하고, 이를 통해 연령에 따른 단계별 인지발달 이론을 구축하였다.

연역적 연구와 귀납적 연구의 절차를 도식화하여 비교하면 [그림 3-1]과 같다.

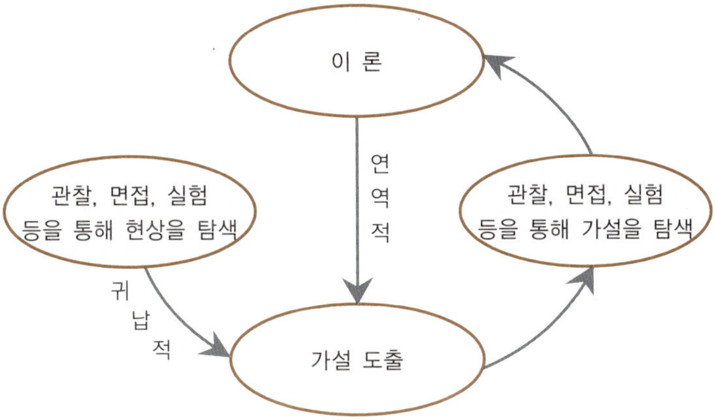

출처: 조성연 외(2008). **아동관찰 및 행동연구**, p. 15.

[그림 3-1] 연역적 방법과 귀납적 방법

3. 변인의 조작에 따른 분류

연구에서 다루어지는 변인을 있는 그대로 조사하여 측정하는지, 아니면 변인을 조작하는지에 따라 기술적 연구와 실험적 연구로 분류한다.

1) 기술적 연구

기술적 연구(descriptive research)는 있는 현상 그대로를 조사하고 비교, 분석하여 연구의 과정과 결과를 기술하는 연구이다. 즉, 변인이나 조건을 통제하지 않고 현상이나 특성을 그대로 기술하고 해석하는 것이다. 그러므로 기술적 연구는 인과관계를 밝히기보다는 현상과 변인 간의 관계성만 파악하게 된다. 이러한 점이 기술적 연구의 약점인데, 그럼에도 불구하고 사회과학 분야에서 기술적 연구가 많이 이루어지는 이유는 사회과학 분야의 문제, 특히 인간에 관한 문제는 실험적인 상황을 만들어 놓고 조작을 가해 연구할 수 없기 때문이다. 인간에게 이미 설정된 변인(예: 성, 지능수준, 성격 등)이나 윤리적인 문제로 조작할 수 없는 경우(예: 부모로부터 분리, 시설에서의 성장 등)가 많기 때문에 있는 그대로의 현상과 관계만을 연구할 수 있다. 따라서 기술적 연구는 '무엇이', '어떻게'라는 질문에 초점을 두고 수행되는 연구이다(이종승, 2009).

기술적 연구는 비실험적 연구(non-experimental research), 비조작적 연구(non-manipulative research) 또는 자연적 연구(naturalistic research)라고도 한다. 대표적인 기술적 연구로는 조사연구와 관찰연구를 들 수 있다. 이들 연구에 대해서는 제7장과 제8장에서 자세히 살펴보도록 한다.

2) 실험적 연구

실험적 연구(experimental research)는 변인이나 조건을 조작하고 통제하여 변인 간의 인과관계를 증명하는 연구로, 조작적 연구(manipulative research)라고도 한다. 실험을 위해 연구자가 조작하는 변인이 독립변인이고, 독립변인에 의해서 영향을 받는 변인이 종속변인이다. 즉, 실험적 연구는 실험을 통해서 독립변인 또는 처치의 효과를 검증하는 연구이며, 따라서 '왜', '무엇 때문에'라는 질문에 답을 얻기 위해서 수행되는 연구이다(이종승, 2009). 실험적 연구에 대해서는 제9장에서 자세히 살펴보도록 한다.

4. 자료의 수집과 분석에 따른 분류

연구자료를 수집하고 분석하는 방법은 매우 다양하다. 또한, 대부분의 연구들은 한 가지의 방법만을 사용하는 것이 아니라 여러 방법을 혼합하여 사용한다. 다양한 방법의 연구들을 크게 두 가지로 분류하면 양적 연구와 질적 연구로 대별할 수 있다. 양적 연구는 숫자로 된 자료를 이용하는 연구이고, 질적 연구는 글이나 그림으로 된 자료를 이용하는 연구이다.

초기의 연구는 질적인 방법에 의해 이루어졌으나 통계적 분석방법이 발달함에 따라 양적인 방법에 의한 연구가 수행되기 시작하여 주류를 이루게 되었다. 그러다가 최근에는 다시 질적 연구에 대한 관심이 높아지면서 연구의 본질과 목적에 따라 적합한 연구접근방법이 선택되어 사용된다.

1) 질적 연구

질적 연구(qualitative research)란 관찰이나 면접을 통해 수집한 다양한 정보를 분석하고 해석하여 결과를 제시하는 방법이다. 질적 연구는 자연주의(naturalism)와 해석주의(interpretivism)를 기본으로 하는 접근방법으로, 도구를 사용하거나 조작하지 않고 행동이나 현상을 있는 그대로 자세히 기술하여 분석한다. 연구의 결과보다는 연구의 내용분석에 비중을 두기 때문에 연구자에 따라 다양한 관점과 해석이 가능하다. 다시 말하면, 연구결과의 해석이 주관적이라고 할 수 있다.

질적 연구는 '의미'와 '이해'를 중시하기 때문에 신뢰도에 비해 타당도를 더 강조한다(이종승, 2009). 타당도는 측정하려는 내용을 얼마나 제대로 측정하는가의 문제이다. 즉, 측정한 내용이 측정하고자 한 속성을 정확하게 잘 표현했는지가 중요하다.

또한, 질적 연구는 연구하는 과정과 결과가 분리되어 있지 않다. 즉, 연구의 내용을 분석하고 해석하는 과정 자체가 연구의 결과가 된다. 질적 연구는 연구대상의 전반적인 경향을 알아보는 것이 아니라 연구의 내용과 과정이 중요하기 때문에 연구대상의 수가 많아야 할 필요는 없다. 그러므로 사례 연구가 주로 질적 연구에 속하며, 내용분석 연구, 역사 연구 등이 있다.

사례 연구(case study)는 일정 기간 동안 소수의 대상을 심층적으로 조사하는 연구로, 연구대상은 개인, 집단, 기관, 조직, 사건 등 다양하다. 자료는 대개 매우 상세하며 다양하고 심층적이다. 질적 연구와 사례 연구가 동일한 것은 아니지만 거의 모든 질적 연구는 사례에 대한 상세하고 심층적인 지식을 통해 수행된다. 사례 연구의 자료는 몇 달, 몇 년 또는 수십 년의 일정 기간에 수집된다.

질적 연구의 예로, 정서문제를 보이는 아동에게 놀이치료를 실시하고 이를 통해서 아동의 정서문제를 감소시키려는 경우를 살펴보자. 정서문제를 보이는 아동을 3~4명 선정하여 이들에게 매주 2회씩 6개월간 놀이치료를 실시한다. 이때 매회 실시하는 놀이치료의 과정과 아동이 매회 보이는 반응과 변화를 상세히 기록한다. 그리고 기록한 내용을 정리하고 분석하여 아동이 정서문제를 극복해 가는 과정을 밝힌다. 즉, 이를 통해 놀이치료의 효과를 증명하는 것이다. 질적 연구과정의 단계는 [그림 3-2]와 같다. 질적 연구에 대해서는 제10장에서 자세히 살펴보도록 한다.

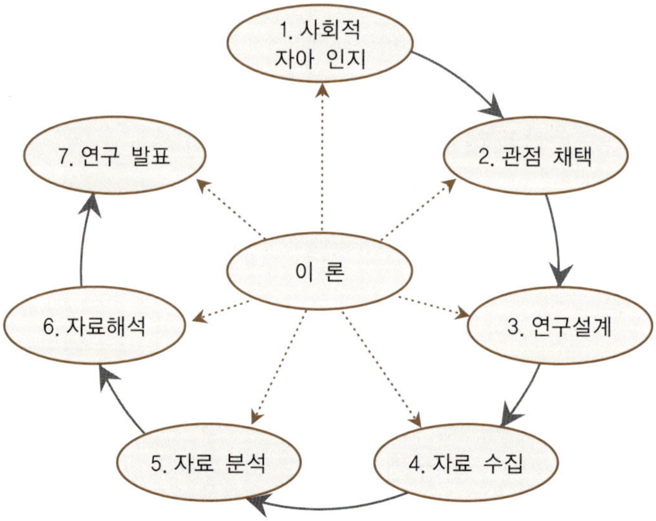

출처: Neuman, W. L. (2013). **사회 연구 조사 방법론: 질적 연구와 양적 연구 방법**(7판), p. 39.

[그림 3-2] 질적 연구과정의 단계

2) 양적 연구

질적 연구와 달리 양적 연구(quantitative research)란 연구의 자료를 수량화하여 전반적인 경향성을 밝히는 방법이다. 양적 연구는 경험주의(empiricism)와 실증주의(positivism)의 철학적 사상을 배경으로, 인간 행동을 있는 그대로 해석하려고 한다. 이를 위해 많은 수의 자료를 수집하고 통계적인 분석을 사용하여 연구의 결과를 증명하는데, 이는 연역적 논리에 입각한 것이다. 양적 연구는 연구대상 각각의 내용과 과정보다는 전체적인 결과를 중시하는 접근방법이며, 연구결과를 표준적이고 객관적으로 해석하는 접근방법이다.

양적 연구에서는 질적 연구와 다르게 신뢰도를 더 강조한다. 신뢰도란 측정한 내용이 얼마나 믿을 만한지에 관한 것으로, 같은 내용을 다시 측정했을 때 일관된 결과를 얻을 수 있는가의 문제이다. 양적 연구는 수량화한 자료를 분석하여 그 결과를 일반화시키는 것이 목적이므로 신뢰도가 더 중요한 문제가 된다. 전형적인 양적 연구로는 실험 연구, 조사 연구, 상관 연구, 인과비교 연구 등이 있다.

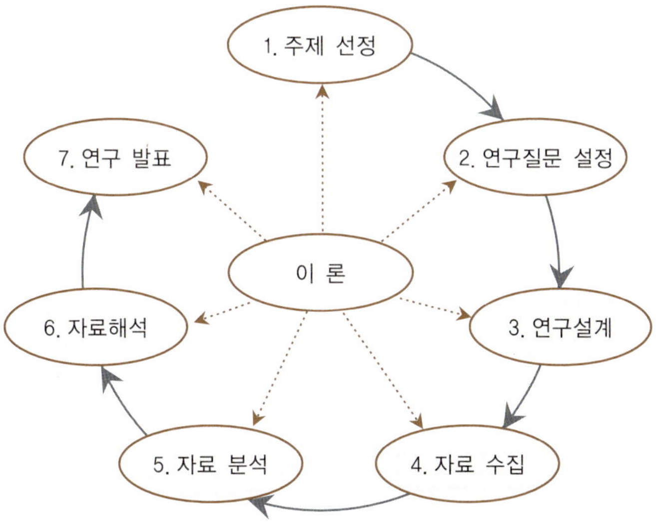

출처: Neuman, W. L. (2013). **사회 연구 조사 방법론: 질적 연구와 양적 연구 방법**(7판), p. 37.

[그림 3-3] 양적 연구과정의 단계

질적 연구에서 예로 들었던 놀이치료의 효과를 양적 연구를 통해 밝히고자 하는 경우에는 다음과 같은 연구과정을 채택할 수 있다. 정서문제를 보이는 아동 집단을 대상으로 하여 이들을 놀이치료를 받는 실험집단과 치료를 받지 않는 비교집단으로 구분한다. 실험처치를 실시하기 전 두 집단 아동의 정서문제를 측정한 후, 실험집단에는 매주 2회씩 6개월간 놀이치료를 실시하고 비교집단에는 특별한 처치를 실시하지 않는다. 6개월 후 실험처치가 끝나고 나서 실험처치 전에 실시했던 동일한 검사를 실시하여 두 집단 아동의 정서문제를 다시 측정한다. 그리고 이들의 정서문제 변화 정도를 통계적으로 비교하여 놀이치료의 효과를 검증한다. 양적 연구과정의 단계는 [그림 3-3]과 같다.

이상과 같이 질적 연구와 양적 연구를 비교하면 〈표 3-2〉와 같다.

5. 연구실시 시간에 따른 분류

연구를 분류하는 또 다른 차원으로 시간의 처치를 들 수 있다. 이에 따라 양적인 연구를 크게 두 가지로 분류하면 횡단적 연구와 종단적 연구로 분류할 수 있다. 횡단적 연구는 한 시점에서 자료를 수집하는 연구이고, 종단적 연구는 여러 시점에서 자료를 수집하는 연구이다.

1) 횡단적 연구

횡단적 연구(cross-sectional research)는 한 시점에서 여러 연령의 대상을 동시에 표집하여 이들의 발달치를 측정함으로써 연령 간 발달을 비교하고 이를 통해 발달의 경향을 알아보고자 하는 연구방법이다. 종단적 연구가 0~10세 아동의 발달을 측정하는 데 10년이 걸린다면, 횡단적 연구는 0~10세 아동 집단을 연령별로 각각 표집하여 한 번에 이들의 발달치를 측정함으로써 한 시점에서 연령의 발달적 경향을 파악할 수 있다.

〈표 3-2〉 질적 연구와 양적 연구의 비교

	질적 연구	양적 연구
철학적 배경	포스트모더니즘, 현상학, 해석학	경험주의, 실증주의, 기계적 인과론
가치론	가치지향(가치가 존재하며 명백함)	가치중립(가치로부터 자유로움)
연구 목적	개별적 현상 이해 또는 주관적 진실 창조 이론 발견 의미 구성과 해석	일반적 법칙 또는 객관적 사실 발견 이론 검증 설명과 예측
연구 논리	귀납적 논리	연역적 논리
표집	목적 표집 독특성 강조 소표집	무선 표집 대표성 강조 대표집
연구대상	현상을 경험한 소수의 정보제공자	전집을 대표하는 다수의 표본
연구대상과의 거리	근거리 참여 감정적 교류와 공감적 이해 필요	원거리 유지 객관성과 중립성 보장
연구 설계	비조작적, 자연적, 비개입적 관찰, 심층면접, 기존 문서 활용을 통한 감정이입적 이해	통제된 실험, 표준화된 척도, 질문지, 검사, 구조화된 관찰 등 다양한 측정도구 사용
분석 단위	현상에 대한 총체적 이해	변인 및 인과관계 분석
분석 범위	상황에 한정되어 있음	맥락으로부터 독립적임
분석의 초점	상호작용 과정과 사건	변인
자료 초점 및 해석	의도, 정서, 지각 등 내면적 정신 과정을 내부자적 관점에서 해석	외현적 행동과 결과를 외부자적 관점에서 해석
자료 형태	언어적(문서), 시각적(영상) 자료	수량화된 자료
분석방법	총체적 내용 분석 집단 기술	분석적 통계적 분석 집단 비교
검증	타당도(validity) 진정성(authenticity)	신뢰도(reliability) 객관성(objectivity)
연구의 강조점	맥락과의 연계를 통한 과정 이해	결과의 일반화
연구 보고	과정 중심의 주관적 해석 서술식 이야기체 보고서 창의적 글쓰기	결과 중심의 객관적 기술 요점식 수량적 보고서 규격화된 보고 양식

출처: 이종승(2009). **교육·심리·사회 연구방법론**, p. 410; 조성연 외(2008). **아동관찰 및 행동연구**, p. 19; Neuman, W. L. (2013). **사회 연구 조사 방법론: 질적 연구와 양적 연구 방법**(7판), p. 35.

횡단적 연구의 장점을 보면, 첫째, 한 시점에서 여러 연령층을 대상으로 연구가 이뤄지므로 시간, 비용, 노력 등이 적게 들어 경제적이라고 할 수 있다. 둘째, 연구의 기간이 짧기 때문에 연구참여자가 탈락하여 표본의 대표성에 문제가 생길 확률이 낮다. 셋째, 한 시점에서 연구가 수행되므로 연구참여자가 동일한 역사적, 문화적 영향을 받기 때문에 발달의 동일한 조건에서 연구가 수행될 수 있다.

반면, 횡단적 연구의 단점을 보면, 첫째, 발달적 경향을 정확하게 파악할 수 없다. 횡단적 연구는 한 시점에서 여러 연령의 대상을 측정하여 연령차를 비교함으로써 발달의 경향을 설명하는데, 이러한 결과는 같은 대상이 연령의 증가에 따라 보이는 발달의 경향과 차이가 있을 수 있기 때문에 엄밀한 의미에서의 발달경향이라고 보기 어렵고 시대적, 사회적 차이가 반영된 결과일 수 있다. 둘째, 인과관계를 분석하기 어렵다. 셋째, 한 시점에서 발달의 경향을 보기 때문에 시간 경과에 따른 변화를 이해하는 것이 어렵다. 그럼에도 불구하고 횡단적 연구는 편리성 때문에 많은 연구에서 사용한다.

2) 종단적 연구

종단적 연구(longitudinal research)는 표집한 연구대상을 오랫동안 추적하며 반복적으로 관찰하고 측정하여 자료를 수집하고 이를 분석하여 결과를 얻는 방법이다. 이는 연구대상의 연령이 증가함에 따라 변화하는 발달의 과정을 탐색하는 데 유용한 접근방법으로, 횡단적 접근방법의 약점을 보완해 준다. 즉, 발달에 의한 인과관계를 파악하는 데 적합한 연구이다. 예를 들면, 연령에 따른 아동의 발달적 변화를 정확하게 탐색하기 위해서 신생아 100명을 연구대상으로 표집하고 이들을 10년간 추적하여 연구함으로써 0세에서 10세까지의 아동의 변화를 이해할 수 있다.

종단적 연구는 횡단적 연구와 접근방법이 상반된다. 즉, 종단적 연구의 장점이 횡단적 연구의 단점이 되고, 단점이 장점이 될 수 있다. 발달의 과정을 엄밀하게 탐색할 수 있는 종단적 연구의 장점은 다음과 같다. 첫째, 발달과정에 대한 개인 내와 개인 간의 정확한 정보를 알 수 있다. 둘째, 동일한 대상으로 연구를 수행하기 때문에 인과관계를 정확하게 파악할 수 있다.

연구의 신뢰성에 큰 역할을 하는 이러한 장점에도 불구하고 종단적 연구가 갖는 단점이 있다. 첫째, 종단적 연구의 가장 큰 단점은 오랫동안 연구를 수행해야 하기 때문에 여기에 드는 시간, 비용, 노력 등이 막대하여 비경제적이라는 것이다. 둘째, 오랜 기간 연구를 수행하기 때문에 연구대상의 탈락률이 높다. 연구대상이 이사를 하거나 사망하는 등의 자연적인 탈락뿐만 아니라 오랜 기간 연구에 참여하는 것이 부담스러워 이를 거부하는 경우도 생긴다. 이에 따라 연구대상이 줄어들면서 표본의 대표성 문제가 대두되기도 한다. 셋째, 연구대상의 발달경향을 알아보기 위해서는 같은 측정도구를 반복적으로 사용하여 측정치의 변화경향을 보게 되는데, 이러한 경우 연습의 효과가 결과에 영향을 미칠 수 있다. 연구참여자는 매번 같은 측정도구에 응답함에 따라 검사에 익숙해지므로 실제 능력보다 높거나 낮은 점수를 받을 수 있다. 넷째, 여러 연령에 걸쳐 사용할 수 있는 표준화된 측정도구가 많지 않기 때문에 종단적 연구의 경우에는 어쩔 수 없이 동일한 개념을 측정하는 다른 도구들을 사용해야 하는 경우가 많다. 이때 측정도구의 변동에서 오는 신뢰도 문제를 간과할 수 없다. 다섯째, 오랜 기간 연구가 수행되기 때문에 이로 인한 역사적, 문화적 영향이 있을 수 있어서 발달상 나타나는 변화가 발달에만 의한 것인지 명확하게 결론 내리기 어렵다.

이와 같이 종단적 연구는 같은 연구대상을 여러 해 동안 추적하여 조사를 실시하기 때문에 연구자 개인이 종단적 연구를 수행하는 것은 무리이고, 일반적으로 연구비의 지원을 받는 경우나 연구기관에서 종단적 연구를 수행한다. 그러므로 종단적 연구는 장점에도 불구하고 많이 수행되지 못하는 실정이다.

종단적 연구는 몇 가지 유형으로 나뉘는데, 시간계열 연구, 동시집단 연구, 패널 연구로 구분할 수 있다(Babbie, 2004; Neuman, 2003).

(1) 시간계열 연구

시간계열 연구(time series research)는 경향성 연구(trend study)라고도 한다. 특정한 집단을 대상으로 같은 유형의 정보를 여러 시점에 걸쳐서 수집하는 연구로, 시간에 따라 각기 다른 표본을 선정하여 변화를 파악하고자 할 때 사용한다.

예를 들면, 유아의 취원율이나 청소년의 범죄율 등을 10년간 조사하여 그 추이를 살펴보는 것을 들 수 있다. 10년간 해마다 만 3세 유아의 취원율을 조사하는 경우나 중고생의 범죄율을 조사하는 경우, 측정하는 내용은 같으나 조사대상은 해마다 달라진다. 이를 통해 최근 10년간 공교육의 확대에 따라 유아의 취원율이 점차 증가했는지, 물질주의적이고 개방주의적인 가치관의 변화에 따라 청소년의 범죄율이 점차 증가했는지 등 시대의 흐름에 따른 특정 현상의 변화 추이를 알 수 있다. 또 다른 예로는, 각 시대의 대표적인 사회적 특징을 조사하는 것이다. 즉, 시간계열 연구를 통해 연구자는 연구대상의 특징에 따른 안정성이나 변화를 관찰할 수 있고 시간의 흐름에 따른 상황을 추적할 수 있다.

(2) 동시집단 연구

동시집단 연구(cohort study)는 특정한 시간대에서 유사한 생애 경험을 공유하는 집단, 즉 코호트(cohort)를 대상으로 연구한다. 동시집단 연구의 초점은 동시대에 출생하여 같은 시대적 사건이나 경험을 공유하는 집단이지 특정한 개인이 아니기 때문에 동일한 대상을 추적하지 않는다. 동시집단 중 가장 일반적인 경우는 같은 해에 태어난 집단인데 이를 출생동시집단(birth cohort)이라고 하며, 그 외 동시대에 고용된 집단, 동시대에 은퇴한 집단, 동시대에 졸업한 집단 등 다양한 동시집단이 가능하다.

동시집단 연구는 개인의 성장·발달이 연령의 증가에 의해서만 영향을 받는 것이 아니라, 성장 발달하는 시대 배경에 의해서도 영향을 받는다고 본다. 동시집단 연구의 예를 들면, 우리나라가 IMF 외환위기를 겪었던 1990년대 말에 태어난 아동집단(출생동시집단)과 외환위기 이후 경제가 회복된 2000년대 중반 시기에 태어난 아동집단(출생동시집단)의 신체발육 상태를 비교한 연구가 있다. 연구결과, 1990년대 말에 태어난 아동집단의 신체발육 상태가 저조했다고 한다면 이는 같은 연령대의 연구대상이라도 그 대상이 겪은 시대적 사건에 따라 차이를 보일 수 있으며 결국 그 차이는 시대적, 역사적 사건의 영향이라고 할 수 있다.

(3) 패널 연구

시간계열 연구와 동시집단 연구는 오랜 시간 여러 번 측정한다는 측면에서 종단적 연구의 특성을 가지고 있지만, 연구의 대상은 시기마다 일정한 다른 표본을 선정하여 조사하기 때문에 동일하지 않다. 이러한 특성은 고전적인 의미의 종단적 연구와는 다르다고 볼 수 있다. 반면에, 패널 연구(panel study)는 동일한 대상을 추적하여 반복적으로 측정하기 때문에 일반적으로 말하는 종단적 연구를 대변한다.

패널 연구는 동일한 연구대상을 여러 번의 시점에 걸쳐서 추적조사하기 때문에 연구를 수행하는 것이 만만치 않으며 비용이 많이 든다. 시간이 지나면서 연구대상이 탈락하기 때문에 계속적으로 동일한 대상을 추적하는 것이 어렵지만, 그럼에도 불구하고 잘 설계된 패널 연구의 결과는 그 가치가 매우 크다.

미국에서 수행된 대표적인 종단적 연구로는 버클리 성장 연구(Berkeley Growth Study, 1928~1982년까지 54년간 진행), 펠즈 종단연구(Fels Longitudinal Study, 1929~2018년까지 89년간 진행), 뉴욕 종단연구(New York Longitudinal Study: NYLS, 1956~1988년까지 32년간 진행) 등이 있다. 우리나라에서는 한국행동과학연구소(www.kirbs.re.kr), 한국청소년정책연구원(www.nypi.re.kr) 그리고 육아정책연구소(www.kicce.re.kr) 등에서 패널 연구를 다수 수행하고 있다.

한국행동과학연구소에서 수행한 '한국아동의 종단적 연구'는 1975년 3월에 서울의 표집된 의료기관에서 출생한 115명의 신생아를 대상으로 조사가 시작되었다. 그 후 1997년 이들이 성인이 되었을 때까지 추적조사하여 이들의 전반적인 발달과 환경변인을 측정하였다. 이 연구는 우리나라에서 수행된 최초의 패널 연구라고 할 수 있다.

한국청소년정책연구원에서는 다수의 패널 연구를 수행하고 있다. '한국청소년패널조사연구 2003'은 2003년 전국의 중학교 2학년생 3,449명을 선정하고 2004년 전국의 초등학교 4학년생 2,844명을 선정하여 청소년의 직업, 진로, 여가, 일탈, 생활, 자아관, 가족 및 부모 등에 관해서 2008년까지 매년 이들을 추적조사하였다. 그리고 2010년부터 '한국아동·청소년패널조사 2010'을 시작하여 초등학교 1학년생, 4학년생, 중학교 1학년생 각각 2,200여 명과 그들의 부모를 대상으로 아동·청소년의 신체발달, 지적발달, 사회정서발달, 가정, 또래, 교육, 지역사회, 매체환경 등을 2016년까지 매년 조사하였다. 이어서 2018년부터 아동·청소년을 둘러싼 사회환경의 변화를 반영하여 새로이 초등학교 4학년생 2,607명, 중학교 1학년생 2,590명과 그들의 보호자들을 대상으로 '한국아동·청소년패널조사 2018'을 시작하였다.

또한, 한국청소년정책연구원에서는 2011년 초등학교 4학년인 다문화청소년 1,625명을 대상으로 2012년까지는 '다문화가족 아동·청소년의 발달과정 추적을 위한 종단연구', 2013년부터 2017년까지는 '다문화청소년 종단조사 및 정책방안 연구'라는 이름으로 연구를 수행하였다. 그리고 학업중단 청소년의 적응과정과 학업중단 이후 궤적을 파악하기 위하여 2013년부터 2015년까지 일반 학업중단 청소년 776명과 비교패널인 보호관찰대상 학업중단 청소년 220명, 총 996명을 대상으로 '학업중단청소년패널조사'를 수행하였다.

육아정책연구소의 '한국아동패널조사'는 2008년 전국에서 표집된 의료기관에서 출생한 신생아 2,150명을 대상으로 아동, 부모, 가족, 육아지원 서비스, 지역사회, 육아지원정책 등에 관한 조사를 시작하였으며, 이들이 성인기에 진입하는 시점인 2027년까지 매해 조사를 실시할 예정이다.

이상의 횡단적 연구, 종단적 연구에 해당하는 시간계열 연구, 동시집단 연구, 패널 연구를 도식화하여 비교하면 [그림 3-4]와 같다.

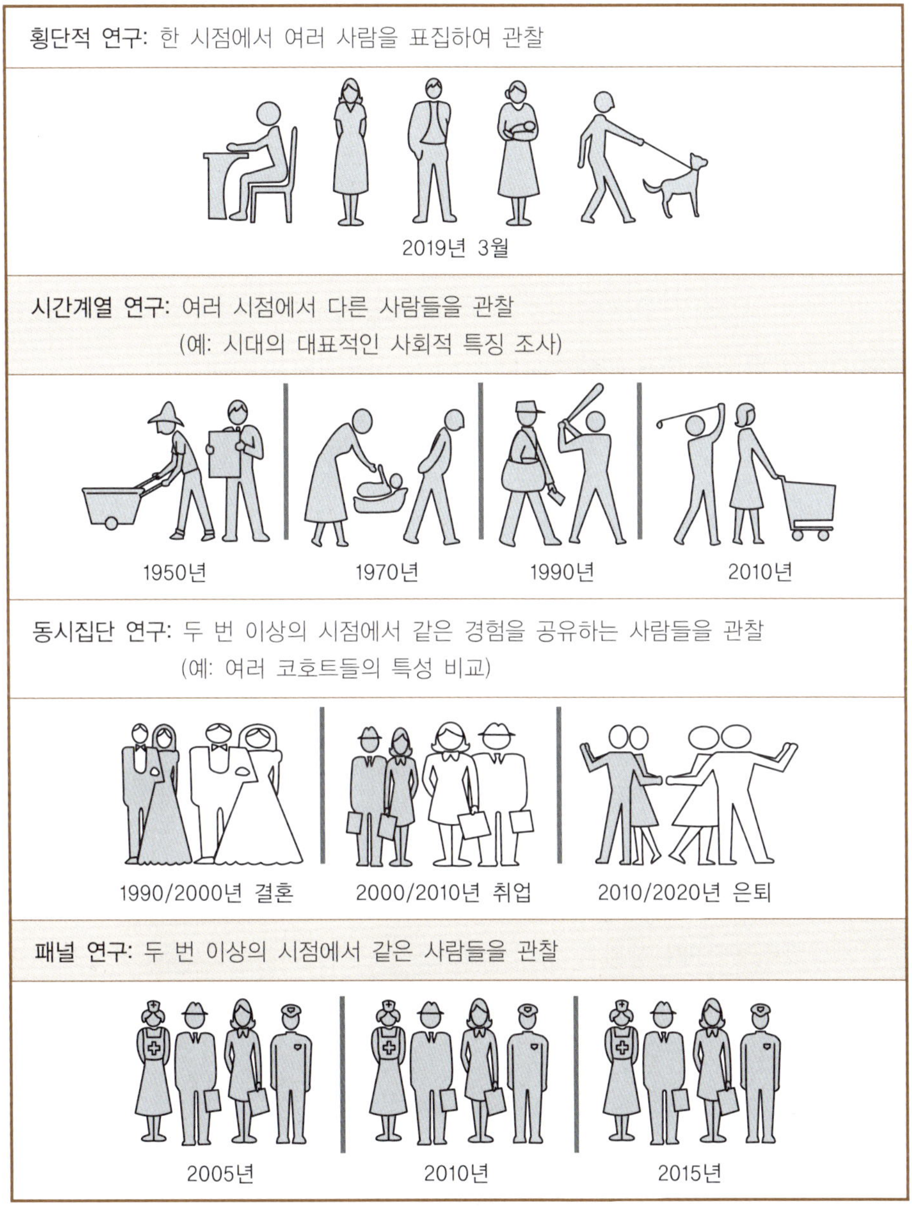

출처: Neuman, W. L. (2003). *Social research methods: Quantitative and qualitative approaches* (5th ed.), p. 34.

[그림 3-4] 횡단적 연구와 종단적 연구의 도식 비교

3) 단기종단적 연구

단기종단적 연구(short-term longitudinal research)는 앞에서 살펴본 횡단적 연구와 종단적 연구의 장점을 살려 효율적으로 연구하기 위해서 1965년 Schaie가 창안해 낸 접근방법이다. 0에서 10세까지 아동의 발달을 살펴보기 위해서 종단적 연구는 10년이란 긴 기간이 필요하고, 횡단적 연구는 단기간 내 가능하지만 진정한 의미에서의 발달을 살펴보기에는 불충분하다는 지적이 있다. 이에 비해 단기종단적 연구는 종단적 연구보다 짧은 시간에 발달의 경향을 정확하게 파악할 수 있다는 장점이 있다. 예를 들어, 0에서 4세까지의 다섯 연령 집단을 표집하여 6년간 연구한다면 0세에서 10세까지의 발달을 6년간 연구할 수 있게 된다. 0세였던 연구대상은 6세가 될 것이고 4세였던 연구대상은 10세가 될 것이다. 여기에서 0세였던 연구대상이 4세, 5세, 6세가 되었을 때의 발달치를 4세였던 연구대상의 4세, 5세, 6세 때의 발달치와 비교하여 발달의 경향을 확인할 수 있다. 즉, 종단적 연구로는 10년이 걸릴 연구를 절반 정도의 기간에 수행하는 것이다.

또한, 이러한 집단 간의 차이를 통해 발달에 영향을 미치는 역사적, 문화적 영향력도 파악할 수 있다. 즉, 출생년대 또는 시대적, 사회문화적 영향력을 배제하고 순수한 연령변인의 효과만을 밝힐 수 있다. 그러므로 단기종단적 연구는 종단적 연구와 횡단적 연구가 갖는 연구설계상의 단점을 보완할 수 있다.

단기종단적 연구의 장점을 정리하면, 첫째, 횡단적 연구보다는 경제적이지 못하지만 종단적 연구에 비해서는 짧은 기간에 연구를 수행할 수 있어 시간, 비용, 노력 등이 적게 든다. 둘째, 종단적 연구보다 연구기간이 단축됨에 따라 연구대상의 탈락률이 낮아져 표본의 대표성 확보가 유리하다. 셋째, 연구가 진행될수록 연구대상의 연령이 중복됨으로써 동일한 역사적, 문화적 영향을 받는 동시집단(cohort)의 효과를 파악할 수 있다.

이상의 횡단적 연구, 종단적 연구, 단기종단적 연구를 도식으로 나타내면 [그림 3-5]와 같다.

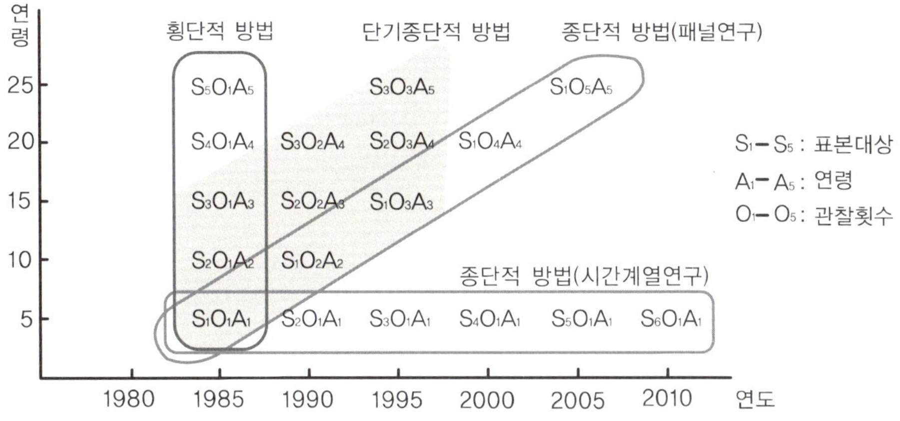

출처: 유안진(1999). **아동발달의 이해**, p. 46.

[그림 3-5] 종단적, 횡단적, 단기종단적 연구의 도식 비교

[그림 3-5]를 보면, 각 연구의 대상(Sample: S), 연령(Age: A), 그리고 측정(Observation: O)이 각 연구의 특성에 따라 도식화되었다. 횡단적 연구는 연령이 서로 다른(A_1-A_5) 여러 연구대상들(S_1-S_5)을 한 번에 측정(O_1)하여 연구하는 것이다. 종단적 연구는 그 종류에 따라 동일한 대상을 추적하기도 하고 다른 대상을 측정하기도 하는데, 그중 패널 연구는 동일한 연구대상(S_1)을 연령이 증가해 감에 따라(A_1-A_5) 여러 번 반복 측정(O_1-O_5)하여 연구하는 것이다. 또한, 시간계열 연구는 여러 시간대에 거쳐서 그 당시마다 같은 연령(A_1)의 대상(S_1-S_5)에게 같은 내용을 측정(O_1)하는 것이다. 한편, 단기종단적 연구는 여러 연령층에 속한(A_1-A_3) 여러 대상(S_1-S_3)을 연령이 증가함에 따라(A_3-A_5) 반복 측정(O_1-O_3)하여 연구하는 것이다.

이상과 같이 연구의 여러 차원에 따라 다양한 형태의 연구들을 살펴보았다. 각 연구의 차원은 상호 독립적이지 않아 경우에 따라서는 각 차원에 속하는 연구의 형태들이 중복되기도 한다. 예를 들면, 아동의 공간개념 발달에 관한 연구를 수행한다고 할 때, 이 연구는 연령과 성별에 따른 공간개념 발달의 경향을

알아보는 기초연구이고, 공간개념은 연령의 증가에 따라 발달하고 남아가 여아보다 공간지각 능력이 더 우수하다는 기존의 이론에 근거해서 가설을 설정하고 이를 검증하는 연역적 연구일 수 있다. 또한, 표준화된 검사를 이용하여 발달치를 측정하고 이를 설명하는 기술적 연구이며, 많은 수의 아동을 대상으로 측정치를 통계 처리하여 가설을 검증하는 양적 연구이고, 7세, 8세, 9세, 10세 아동을 동시에 표집해서 한 시점에서 이들의 공간개념을 측정하고 각 집단의 경향성을 비교해서 발달경향을 파악하는 횡단적 연구일 수 있다.

여러 유형의 연구 중에서 어떤 연구방법을 취하는 것이 좋은지, 어떤 연구가 더 우수하며 어떤 연구가 문제점이 있는지 단적으로 말할 수는 없다. 연구자는 각각의 연구가 가지고 있는 나름의 장단점을 이해하고, 본인의 연구목적에 적합한 연구의 형태를 취해서 연구를 수행하면 된다. 이때도 마찬가지로 하나의 형태만을 취해야 하는 것이 아니라 연구의 목적과 성격에 따라 여러 유형의 연구를 복합적으로 사용할 수도 있다. 즉, 연구자는 연구의 차원과 유형에 대해 잘 알고 있어야 하며, 연구의 목적을 달성하기 위해 여러 유형의 연구를 적절하게 조합하여 사용할 수 있어야 한다.

CHAPTER 04 연구계획서 작성 및 연구윤리

이 장에서는 우선 연구의 목적, 방법, 과정들을 분명히 밝히는 연구계획서 작성 방법에 대해 다루어 본다. 연구계획서는 연구자의 연구계획을 사전에 승인받기 위한 하나의 서류가 되며, 연구비 지원을 위해 작성하기도 한다. 연구가 무리 없이 이루어지기 위해서는 연구계획에 충분한 시간을 할애하여 세밀한 연구계획서를 작성해야 한다. 다음으로는 그동안 잘못된 연구 관행을 반성하고, 연구에서의 정직성, 투명성, 책임성 등을 강조하기 위한 연구윤리에 대해 살펴본다. 연구윤리란 연구자가 책임 있는 연구를 수행하기 위해 지켜야 할 윤리적 원칙 또는 행동양식을 일컫는 것으로, 연구자가 일반적으로 인정된 윤리적인 연구의 실천으로부터 이탈하지 않도록 지침을 제공하는 역할을 한다.

1. 연구계획서의 구성

연구논문은 특정한 주제를 중심으로 과학적이고 객관적인 방법에 따라 자료를 수집하고 분석한 후 결과를 도출하는 과정을 논리적이며 체계적으로 기술해야 한다. 이를 위해, 연구주제 및 연구제목이 결정되면 연구를 진행함에 있어 필수적인 역할을 하는 연구계획서를 반드시 작성해야 한다. 연구계획서는 일반적으로 서론, 연구문제, 이론적 배경, 연구대상, 연구도구, 연구절차 등의 연구수행 계획을 포함한다.

연구계획서 작성 시 장점은 아래와 같다(성태제, 2005).

- 설정된 주제에 대한 구체적 연구절차나 방법을 체계화할 수 있다.
- 연구 실행이 용이하도록 생각을 발전시킬 수 있다.
- 지도교수나 심사위원 그리고 다른 전문가들로부터 조언이나 제안을 들을 수 있다.
- 연구의 제한점이 될 수 있는 문제들을 사전에 제거할 수 있다.

연구계획서의 구성은 연구논문의 구성과 비슷하다. 단지 연구계획서는 앞으로 연구를 진행하기 위하여 수립한 절차를 기록한 것이기 때문에 연구논문보다 간결하고 미래형으로 서술되며, 기대되는 결과와 연구일정 및 예산 항목 등이 추가된다. 연구를 진행하는 과정에서 연구절차나 연구대상 등이 변화되었을 수 있기 때문에, 연구를 마친 상태에서 결과와 논의 및 결론을 보강한 연구논문은 연구계획서와 다를 수도 있다. 연구계획서 양식의 예는 〈표 4-1〉과 같다.

〈표 4-1〉 연구계획서 양식

제 목
Ⅰ. 서론
Ⅱ. 이론적 배경
Ⅲ. 연구방법
1. 연구대상
2. 연구절차
3. 연구도구
4. 연구가설 및 분석방법
Ⅳ. 기대되는 결과
Ⅴ. 연구일정 및 예산
참고 문헌
부록

연구계획서의 구성을 구체적으로 살펴보면 다음과 같다.

1) 연구계획서의 표지

연구계획서의 표지에는 연구제목, 연구원의 이름과 소속기관 등을 포함해야 한다. 논문을 찾을 때 연구제목은 선택의 첫 번째 기준이 되며, 인터넷으로 논문을 찾는 경우 제목의 중요성은 더욱 크다. 연구제목은 연구에서 다룰 변인들을 포함하여 최대 12개의 단어로 간략하고 명확하게 요약하는 것이 좋으며, 가장 훌륭한 제목은 연구의 내용을 포괄적으로 표현한 것이다. 한편, 주로 범하는 실수는 중요하지 않은 단어를 너무 많이 사용하는 것이다.

〈표 4-2〉 연구제목을 만드는 단계

1단계: 명쾌하고 간단하게 제목을 정하는 방법은 주요 변인들을 연결하는 것이다.
예: 연구변인이 '애착유형'과 '학교적응'이라면, 가장 간단한 제목은 「애착유형과 학교적응」이 될 것이다.

2단계: 아동을 연구대상으로 하는 대부분의 연구에서는 연구변인 외에 연구대상의 연령 또는 성 등의 정보를 제목에 포함시킨다.
예: 「애착유형과 학교적응」은 연구대상에 따라 다양하게 제목이 달라질 수 있다. 연구대상이 아동인 경우는 「아동의 학교적응과 학업성취」, 연구대상에 아동과 부모가 모두 포함되는 경우는 「부모-자녀 간 애착유형과 아동의 학교적응」, 연구대상이 초등학교 남학생으로 한정되는 경우는 「초등학교 남아의 애착유형과 학교적응」이 된다.

3단계: 좀 더 구체적으로 연구의 가설 및 연구설계에 대한 정보를 제공하는 경우도 있다. 아래의 ①번과 ②번 제목은 이 연구의 문제나 가설이 무엇인지를 제목만 보아도 알 수 있도록 만들어진 것이다. 그리고 ③번 제목은 이 연구가 종단적 연구설계를 활용한 연구라는 정보를 제공하고 있다.
예: ① 「아동의 애착유형과 학업성취 간의 관계」
② 「아동의 성에 따른 애착유형과 학업성취」
③ 「영아기 애착유형이 초등학교 아동의 학교적응에 미치는 영향에 대한 종단적 연구」

4단계: 완성된 제목에서 삭제할 부분이 없는지 검토한다. 예를 들어, 불필요한 조사가 포함되었는지, 현재 제목에 포함된 내용이 모두 꼭 필요한지 다시 한번 검토할 필요가 있다.

2) 서론 및 이론적 배경

서론은 연구주제가 속한 영역의 폭넓은 논제로부터 특정한 연구문제로 연구범위를 점차 좁혀가는 방향으로 작성되어야 한다. 서론에 포함해야 할 내용은 연구주제의 중요성, 연구수행의 필요성, 연구목적, 연구문제 혹은 연구가설이다. 즉, 연구주제의 중요성을 기술하기 위해 연구주제가 속한 논제 영역을 소개, 진술하고 선행연구와 문헌에 기초하여 연구주제를 정당화시켜 나간다. 연구문제는 연구자가 역점을 두어 다루고자 하는 문제로서 의문문의 형식으로 일련번호를 제시한다. 연구를 유도하기 위하여 만든 잠정적 진술인 연구가설은 연구목적을 구체화한다. 연구목적에 따라 연구가설의 수가 다양할 수 있으나 연구가설이 너무 많으면 연구의 초점이 흐려지므로 7개 이하의 연구가설을 설정하는 것이 바람직하다. 연구가설을 나열할 때 가능하면 그 연구에서 중요하다고 생각하는 연구가설 순으로 나열하는 것이 바람직하며, 연구내용이 유사한 연구가설끼리 근접하도록 배열하여 서술하는 것이 연구를 이해하는 데 도움이 된다.

이론적 배경은 연구의 골격을 이루는 부분으로 연구의 핵심내용을 중요한 문헌을 인용하면서 논리정연하게 정리하여 제시한다. 즉, 선행연구를 고찰하여 연구주제에 적합한 문헌을 인용하고 기존의 문헌과 수행하는 연구 사이의 논리적인 연속성을 입증해야 한다. 이를 위해, 관계가 적은 문헌의 언급은 피하고 연구의 중요성과 시의성에 대한 적절한 이유를 제시하여야 한다. 그러나 연구계획서 작성 시 이론적 배경은 연구결과보고서와 달리 연구논문의 뼈대가 되는 주요 참고 문헌을 수록하므로 일반적으로 15편 내외의 문헌을 인용하는 것이 바람직하며, 가능한 한 최근에 발표된 국내·외 학술지의 논문을 참고하는 것이 좋다.

〈표 4-3〉 문장 표현 시 주의사항

(1) 정확성
  ① 문장 표현이 문법적으로 정확해야 한다.
  ② 단어, 특히 학술적 용어나 술어의 사용이 정확하고 적절해야 한다.
  ③ 논리적으로 정연한 문장이어야 한다.

(2) 간결성
  ① 논문의 문체로는 간결체와 건조체가 적절하다.
  ② 지나칠 정도로 비슷한 말을 반복하는 것과 불필요한 부연이나 중복을 피한다.

(3) 통일성
  ① 하나의 문장은 길이와 관계없이 하나의 중심 화제로 이루어지도록 통일성을 지녀야 한다.
  ② 논문 전체적으로 필체를 통일해야 한다.
  ③ 자주 사용하는 낱말이나 문구의 표현 방법도 통일성을 지녀야 한다.

(4) 평이성
  ① 문장의 정확성, 간결성 및 통일성은 평이성을 위한 1차적 요건들이다.
  ② 외래어나 한자의 지나친 사용은 피하는 것이 좋다.

3) 연구방법

연구계획서에서 연구대상, 연구절차, 연구도구, 연구가설과 분석방법에 대한 내용을 기술하는 연구방법은 그 무엇보다 중요하다. 연구방법은 연구를 실시하는 세부 절차를 기록하는 부분이므로, 연구가 얼마나 타당하고 신뢰롭게 실시될 것인지에 대한 구체적인 정보를 상세하게 서술한다.

(1) 연구대상

연구대상은 연구에 직접 참여하는 사람들에 대한 정보로서 연구결과에 결정적인 역할을 한다. 연구대상을 기술할 때는 표집 방법, 특성, 표집지역 및 연구대상의 수 등에 대한 구체적인 정보를 제공해야 한다. 연구유형에 따라 연구대상 선정 방법이 달라진다. 실험연구일 경우, 연구대상이 되는 모집단을 대표하는 표본을 무선으로 추출하는 것이 불가능한 경우가 많기 때문에 접촉이 가능한 집단으로부터 연구대상을 추출하여 통제집단이나 실험집단에 무선적으로 할당한다. 이때 연구대상들을 어떤 방법으로 배치할 것인지, 연구대상들이 지니고 있는 배경변인들을 어떻게 통제할 것인지를 상세히 기록해야 한다. 조사연구일 경우, 모집단을 규명하고 그 모집단을 대표하는 연구대상을 추출하는 방법을 상세히 설명해야 한다. 연구수행 시 현실적으로 모집단을 대표하는 표본을 추출하는 데 어려움이 있어서 표집의 타당성에 한계가 있더라도 표집절차를 상세히 설명해 주어야 한다.

(2) 연구도구

연구도구는 연구유형에 따라 다르게 기술하는데, 실험연구인 경우에는 실험에서 사용할 처치와 도구, 비실험연구인 경우에는 사용할 질문지와 검사, 면접 문항에 대해 기술한다. 연구결과를 분석하기 위한 자료를 얻기 위해서는 연구대상의 속성을 측정하는 측정도구가 필요하다. 측정할 내용이 직접 측정이 가능한 혈압의 변화, 키, 무게 등 단순한 직접 측정도구에 대해서는 자세하게 설명할 필요가 없으나, 특수한 기기를 사용할 경우에는 측정도구에 대해 자세한 설명을 해야 한다.

검사나 설문지를 사용할 경우 검사도구의 이름, 검사의 목적, 특성, 문항 수, 타당도와 신뢰도 등의 정보를 자세히 서술한다. 표준화된 질문지를 사용할 경우에는 질문지 사용설명서에 기록되어 있는 질문지의 목적, 특성 등을 요약하여 제시하며, 표준화 검사가 아니라 연구자가 직접 개발한 검사라면 검사의 특성, 측정 목적, 문항의 내용 등을 자세하게 설명한다.

관찰연구 시 관찰내용을 일화기록법으로 기술할 경우, 관찰결과의 측정방법에 대한 자세한 설명이 필요하지 않으나 관찰표에 의하여 연구결과를 기록할 경우는 관찰표의 형식, 관찰내용, 관찰결과의 분류 등을 상세히 기술한다. 한편 측정도구로 쓰이는 검사나 질문지, 관찰표 등은 본문에 포함하지 않고 부록으로 첨부한다.

(3) 연구절차

연구절차에서는 자료 수집을 위한 전반적인 과정이 서술되어야 한다. 즉, 연구결과 이전까지 일어나는 모든 연구행위를 단계적으로 기술한다. 연구실시 방법, 연구기간, 실험방법, 자료 수집방법과 절차 등 연구가 진행될 전반적인 과정에 대해 충분한 정보를 제공한다.

실험연구의 경우 실험실 상황, 실험과정, 사용될 처치의 내용, 실험자의 역할 등을 소개해야 한다. 실험집단과 통제집단을 결정한 후 각 집단에 각기 다른 처치를 가하였다면 어떤 처치를 얼마 동안, 어떤 방법으로 가하였는지를 기록한다. 만약, 실험연구 시 기구나 장비를 사용하였다면 연구에 사용된 기구와 장비에 대해서도 기술해야 한다.

조사연구일 경우도 표집 방법이 결정되었다면 어떤 방법으로 연구를 실시할 것인지 설명해야 한다. 면접법으로 연구를 할 것인지, 질문지 조사로 할 것인지, 면접으로 한다면 언제, 어디서, 어떻게, 무엇을 물을 것인지, 질문지를 사용할 경우 언제, 어떤 방법으로 연구대상에게 발송하고, 언제, 어떤 방법으로 회수하며, 그 후에는 어떤 절차에 의하여 자료를 분석할 것인지 등을 기술한다.

관찰연구일 경우 연구대상의 행위를 어떤 방법으로, 어떻게, 얼마만큼의 시간 간격을 두고 관찰할 것인지, 관찰결과는 어떻게 기록할 것인지, 몇 명의 관찰자가 동원될 것인지, 관찰자의 자질과 훈련 정도는 어떠한지, 그리고 관찰 결과의 불일치가 있을 때는 어떻게 할 것인지 등을 기술해야 한다. 아울러, 연구보조자가 필요한 경우 이들의 교육수준과 배경, 실시할 훈련방법 및 훈련기간 등에 대한 내용도 자세하게 제시한다.

(4) 자료 분석

자료 분석에는 자료 분석과 코딩방법, 연구변인들의 점수 채점방법, 자료 분석에 사용된 통계 프로그램, 연구문제 또는 가설을 검증하기 위해 사용된 통계방법에 대한 구체적인 정보를 제공한다. 자료 분석의 방법은 빈도분석, t검증,

χ^2검증, F검증, 중다회귀분석, 경로분석 등 기술통계 또는 추리통계를 사용할 수 있으며, 이에 대해 구체적으로 기술해야 한다.

4) 기대되는 결과

연구계획서는 연구를 수행하기 전 계획을 수립하는 것이지만, 연구를 통해서 어떠한 결과가 얻어질지 어느 정도는 예측할 수 있다. 문헌조사를 기초로 연구의 동향을 파악하고 연구가설을 세웠기 때문에, 연구가설이 어느 정도는 채택될 것이라는 것을 안다. 그러므로 연구에서 얻어질 결과를 미리 예측해서 쓴다.

5) 연구일정 및 연구예산

연구계획서에 기술되는 연구일정은 연구작업에 필요한 기간을 단계별로 서술한다. 연구내용에 따라 소요되는 연구일정을 계획하고 진행함으로써 연구를 체계적으로 추진할 수 있다. 연구일정에 대한 표준 양식은 없으며, 연구방법에 따라 다소 상이하다. 〈표 4-4〉는 질문지를 사용하는 조사 연구일정표의 예다.

〈표 4-4〉 연구일정표의 예

월 / 연구내용	1	2	3	4	5	6	7	8	9	10	11	12
문헌연구	———	→										
질문지 제작			→									
연구대상 표집				→								
질문지 발송					→							
자료 수집						→						
자료 분석							→					
결과 해석								→				
논문 작성									———	→		
인쇄 및 제출											———	→

연구비를 신청하여 연구를 수행하는 경우에는 소요예산을 항목별로 산정하여 작성해야 한다. 연구비 예산에 관한 표준 양식은 없으나 한국연구재단에서 제시하는 연구비 지원신청서의 기록 양식은 〈표 4-5〉와 같다.

〈표 4-5〉 한국연구재단의 연구비 소요예산의 예

(단위 : 원)

항목		금액	산출기초
1. 인건비적 경비	연구보조원 수당		
2. 연구활동 경비	연구활동비		
	연구회의비		
	여비		
3. 직접성 경비	재료 및 문헌비		
	장비사용료(임차료)		
	연구기기비		
4. 연구운영비	유인물비(인쇄비, 수용비)		
	공공요금 등 잡비		
계			

연구계획서상의 서론, 이론적 배경, 연구방법, 기대되는 결과, 연구일정 및 예산은 앞으로 진행될 내용이므로 현재 또는 미래시제로 기록한다. 연구수행 시 오류를 최대한 줄이기 위해 연구계획서는 치밀하게 작성해야 한다.

6) 참고 문헌

연구자는 연구에 인용한 다른 연구 목록들을 정리해서 참고 문헌으로 제시한다. 참고 문헌은 본문에 제시한 인용 자료의 출처를 밝히고 자료 검색과 인출 시 필요한 정보를 제공해 준다. 참고 문헌 목록의 요소는 저자, 제목 그리고 출판정보이다. 연구에 인용된 모든 참고 문헌을 정리하는 것이 중요하며, 연구자가 읽어 보기는 했지만 연구에 직접적으로 관련되지 않은 문헌은 참고 문헌에 포함하지 않는다. 참고 문헌을 작성하는 방법은 제12장 연구보고서 작성 부분에서 자세히 살펴보겠다.

7) 부록

부록에 있는 자료들은 연구자가 사용한 검사도구나 실험연구의 경우 장비에 대한 정보, 아동을 대상으로 한 연구의 경우 부모동의서, 구체적인 통계적 계산 절차와 같은 내용으로 부록 A, 부록 B 등으로 구분해서 정리한다.

2. 연구계획서의 평가

제출된 연구계획서는 심사자에 의해 평가받게 된다. 학생일 경우 지도교수가 일차적인 평가자가 될 것이다. 연구계획서의 평가 기준은 단체 및 학교에 따라 약간씩 상이하나, 한국의 대표적 연구단체인 '한국연구재단'의 평가 기준은 〈표 4-6〉과 같다. 각 항목의 세부적인 평가는 '매우 우수~매우 미흡'의 5단계로 평가된다. 일반적으로 각 대학교 학위논문 심사의 경우도 이와 비슷한 유형이라고 보면 된다.

〈표 4-6〉 연구계획서의 심사기준 사례

항목	심사기준
연구수행능력	연구업적 등으로 보아 기대하는 만큼의 성과를 이루겠는가?
창의성	연구목적, 계획, 방법이 독창적인가?
연구목적의 명료성 및 연구내용과의 합치성	연구의 구체적인 목표가 설정되어 있으며, 목적과 내용이 합치하는가?
연구방법의 적합성 및 타당성	연구목적을 달성하는 데 적절하며, 연구목적의 해결에 집중되게 짜여져 있는가?
학문 결과의 예상되는 기여도	학문 발전에 얼마나 공헌할 수 있으며, 사회적 활용도가 얼마나 있는가?
연구배경 및 시의성	국내·외 연구동향과의 연관성 및 연구의 시의성이 적합한가?
참고 문헌, 연구기기 선정에 대한 활용도	보유 기기(자료) 혹은 구입하고자 하는 자료가 당해 연구수행에 적합한가?

출처: 한국연구재단(www.nrf.re.kr).

3. 연구윤리

모든 연구활동의 궁극적 목적은 인간 복지의 향상에 있는 것이다. 따라서 연구참여자 및 그를 둘러싸고 있는 사람들의 인격을 침해하거나 신체적 및 심리적 피해를 주는 일은 절대 있어서는 안 된다. 특히, 자신의 일에 대한 의사결정력이 부족하고 문제가 발생할 시 성인보다 더 심각한 아동을 대상으로 연구할 때는 윤리적 문제들을 매우 신중히 고려해야 한다.

유니세프(UNICEF)에서는 2013년 아동연구대상의 연구에서 연구자들이 지켜야 할 윤리지침서인 ERIC(Ethical Research Involving Children)을 발간하였다. 국제 ERIC 헌장에는 연구자의 7대 지침이 제시되어 있는데 그 내용은 〈표 4-7〉과 같다.

〈표 4-7〉 국제 ERIC 헌장 7대 조항

1. 아동을 대상으로 하는 연구의 윤리는 모두의 책임이다.
2. 아동의 존엄성 존중은 윤리적 연구의 핵심이다.
3. 아동을 대상으로 하는 연구는 정당하고 공평해야 한다.
4. 윤리적 연구는 아동에게 득이 되어야 한다.
5. 연구에 참여하는 아동은 결코 위해 상황에 처하지 않아야 한다.
6. 연구는 반드시 아동의 사전 동의와 지속적인 동의를 구해야 한다.
7. 윤리적 연구는 지속적인 성찰을 요한다.

출처: UICEF(2013). Ethical Research Involving Children. (배상률, 2014 재인용)

이 7대 조항을 잘 수행하기 위하여 ERIC에서는 아동을 대상으로 하는 연구를 수행할 때 고려해야 할 윤리지침을 다음과 같이 제시하고 있다(배상률, 2014).

① 윤리지침: 피해와 혜택

- 이 연구를 수행해야 하는가?
- 연구 수행에 필요한 자원이 확보되어 있는가?

- 연구자 자신이 아동을 대하기에 어느 정도 잘 준비되어 있는가?
- 어떻게 아동의 안전을 확보할 것인가?
- 아동이 고충을 받거나 동요할 경우 어떻게 아동에게 대응할 것인가?

② 윤리지침: 사전 동의

- 아동의 연구 참여에 대하여 상의해야 할 그 외 다른 대상은 누구인가?
- 아동의 참여 동의에 필요한 정보는 무엇인가?
- 아동에게 제공되는 정보는 어떤 형태를 취해야 하는가?
- 아동의 기여에 추가 지원이 필요한가?
- 아동의 동의 능력을 어떻게 평가할 것인가?

③ 윤리지침: 개인정보 보호와 기밀 유지

- 아동의 프라이버시와 기밀 유지 권리를 어떻게 존중할 것인가?
- 연구과정에서 야기되는 아동의 안전에 관한 문제에 어떻게 주의를 기울일 것인가?
- 어떻게 연구 조사결과를 안전하게 배포할 것인가?
- 어떤 방법으로 데이터를 안전하게 저장하고 파기할 것인가?
- 아동의 프라이버시와 기밀 유지 권리를 존중하기 위해 직원의 역량을 강화할 추가 전략이 있는가?

④ 윤리지침: 지불과 보상

- 아동의 참여를 인정하고 금전적으로 혹은 달리 지원할 수 있는 방법은 무엇인가?

또한, 미국에서는 1975년 IRB(Institutional Review Board, 기관생명윤리위원회)가 만들어졌는데 현재 모든 연구기관과 대학에 IRB연구윤리위원회를 두어 인간을 대상으로 하는 연구를 수행하는 데 있어 윤리적 지침을 마련하여 인권 침해의 소지를 예방하고 있다. 특히 임산부, 태아, 아동을 대상으로 하는 연구에 있어서는 매우 엄격한 윤리규정을 제시하여 연구에 착수하기 전에 승인을 받도록 하고 있다(배상률, 2014).

우리나라도 현재 많은 연구기관과 대학에 IRB 연구윤리위원회를 두어 인간 대상 연구에 있어서 책임 있는 연구를 수행하도록 하고 있다. 국내 대학에서 아동연구와 관련하여 사용하는 IRB 심의를 위한 양식으로는 연령별(영유아기, 초등학령기, 중·고등학령기) 연구대상자 설명문 및 승낙서, 연구대상자의 부모 또는 보호자를 위한 설명문 및 동의서 등이 있다. 설명의 내용에는 연구의 목적, 연구대상자가 준수해야 할 사항, 연구대상자에게 기대되는 이익, 연구대상자에게 미칠 것으로 예견되는 위험이나 불편, 연구 참여로 인한 손상 발생 시 주어질 보상과 치료방법, 연구참여로 인한 금전적 보상 또는 연구참여자가 부담해야 할 예상 비용, 자발적 참여의 여부와 중도 포기에 대한 고지 등이 포함된다.

서울대학교에서는 2008년 연구윤리지침을 제정하였는데, 이 지침 제5장 20조에서도 인간 대상 연구의 윤리에 대해 다음 내용을 명시하고 있다(www.snu.ac.kr).

- 인간을 대상으로 하는 연구(임상시험, 의생명과학, 행동과학 등을 포함)의 연구자는 연구대상자의 인권과 건강 및 복지를 최대한 존중하여야 한다.
- 연구대상자에게 연구의 목적 및 절차, 예상되는 위험 등에 대하여 충분히 설명한 후 연구대상자의 자발적인 동의를 얻어야 한다. 다만, 서울대학교 생명윤리심의위원회 등 공인된 기구의 사전 허가를 받은 경우에는 예외로 할 수 있다.
- 연구대상자에게 미치는 위험을 최소화하여야 하고, 연구대상자의 건강과 복지를 중대하게 침해하는 연구를 수행해서는 아니 된다.
- 취약한 계층에 속하는 연구대상자는 동의과정이나 위험 등과 관련하여 특별히 배려하여야 한다.
- 연구대상자의 사생활 비밀을 보장하고 개인정보를 보호하여야 한다.

이상에서 살펴본 연구대상에 대한 윤리적 문제 외에 우리나라의 교육과학기술부에서는 〈연구윤리확보를 위한 지침〉을 제정하여 각 연구기관에서 연구부정행위를 방지하고 연구윤리를 확보할 수 있도록 기본적인 원칙과 방향을 제시하고 있다. 〈연구윤리확보를 위한 지침 해설서〉에 따르면 '이 지침은 연구기관으로 하여금 공정하고 객관적인 자체검증시스템을 구축하도록 하기 위한 기본원칙과 방향을 제시한다는 점에서는 가이드라인의 성격을 가지나, 자체검증시스템 구축 시 본 지침에서 제시하는 최소 기준 등을 준수하여야 한다는 점에서는 법규적 성격을 갖는다'고 규정하고 있다. 현재 대부분의 연구기관에서 이 지침에 근거하여 자체 연구윤리 규정을 마련하고 이에 따라 연구진실성 위원회를 운영하고 있다.

〈표 4-8〉 연구윤리 확보를 위한 지침

제정 2007.02.08, 과학기술부훈령 제236호
개정 2018. 07.17, 교육부훈령 제263호

제1장 총 칙

제1조(목적) 이 지침은 「학술진흥법」 제15조에서 위임한 사항을 정함으로써, 연구자 및 대학 등의 연구윤리를 확보하는 데 필요한 역할과 책임에 관하여 기본적인 원칙과 방향을 제시하고, 연구부정행위를 방지하기 위한 사항을 정함을 목적으로 한다.

제2조(정의) **생략**

제3조(적용대상 및 방법) **생략**

제4조(적용범위) 지침은 연구개발의 과제의 제안, 연구개발의 수행, 연구개발 결과의 보고 및 발표 등 연구개발의 전 범위에 적용하며, 다른 법령에서 정한 경우를 제외하고는 이 지침을 따른다.

중 략

제12조(연구부정행위의 범위) ① 연구부정행위는 연구개발 과제의 제안, 수행, 결과보고 및 발표 등에서 이루어진 다음 각 호를 말한다.

(표 계속)

1. “위조”는 존재하지 않는 연구 원자료 또는 연구자료, 연구결과 등을 허위로 만들거나 기록 또는 보고하는 행위
2. “변조”는 연구 재료·장비·과정 등을 인위적으로 조작하거나 연구 원자료 또는 연구자료를 임의로 변형·삭제함으로써 연구내용 또는 결과를 왜곡하는 행위
3. “표절”은 다음 각 목과 같이 일반적 지식이 아닌 타인의 독창적인 아이디어 또는 창작물을 적절한 출처표시 없이 활용함으로써, 제3자에게 자신의 창작물인 것처럼 인식하게 하는 행위
4. “부당한 논문저자 표시”는 연구내용 또는 결과에 대하여 공헌 또는 기여를 한 사람에게 정당한 이유 없이 저자 자격을 부여하지 않거나, 공헌 또는 기여를 하지 않은 자에게 감사의 표시 또는 예우 등을 이유로 저자 자격을 부여하는 행위
5. “부당한 중복제개”는 연구자가 자신의 이전 연구결과와 동일 또는 실질적으로 유사한 저작물을 출처표시 없이 게재한 후, 연구비를 수령하거나 별도의 연구업적으로 인정받는 경우 등 부당한 이익을 얻는 행위
6. “연구부정행위에 대한 조사 방해 행위”는 본인 또는 타인의 부정행위에 대한 조사를 고의로 방해하거나 제보자에게 위해를 가하는 행위
7. 그 밖에 학문분야에서 통상적으로 용인되는 범위를 심각하게 벗어난 행위

이 하 생 략

PART 02

연구의 설계 및 방법

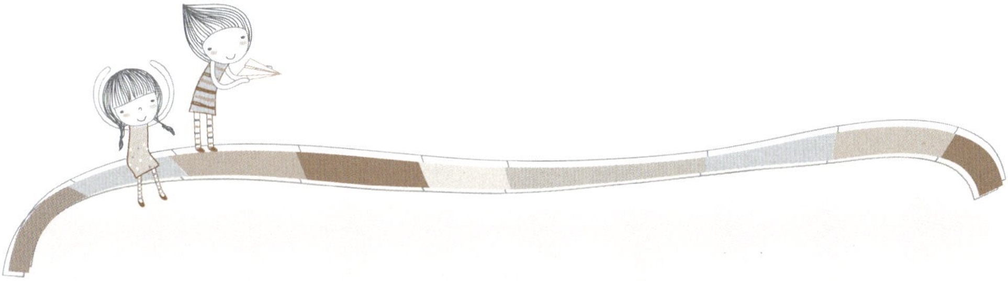

CHAPTER 05 표 집

대다수의 연구들은 모집단 전체를 조사하는 것이 아니라 모집단의 일부를 뽑아내어 그 특성을 파악함으로써 모집단의 속성을 추론한다. 이는 전체 모집단을 조사하는 것이 어려울 뿐 아니라 필요하지도 않기 때문이다. 그래서 모집단의 특성을 대표하는 보다 작은 집단인 표본을 추출하여 모집단에 관해 추론한다. 표집은 모집단을 대표하는 연구대상을 추출하는 과정을 말한다. 표본에서 얻은 결과를 모집단에 일반화시키려면 표본이 모집단을 대표해야 하므로 표본을 추출하는 과정, 즉 표집은 매우 중요하다.

1. 표집과 관련된 용어

표집을 하는 방법은 여러 가지가 있는데, 이를 구체적으로 알아보기 전에 표집에 관련된 기초 용어들을 먼저 살펴본다.

1) 모집단과 표본

연구대상을 선정하는 과정에서 첫 번째 단계는 모집단(population)을 정의하는 것이다. 모집단이란 연구자가 관심을 가지고 연구의 결과를 일반화하려는 집단의 모든 대상을 말하며, 전집이라고도 한다. 이때 대상은 사람, 사건, 반응, 사물, 지역 등 여러 가지 요소를 말한다. 예를 들어, 우리나라 7세 아동의 평균 신장이 얼마나 되는지 조사할 경우, 모집단은 우리나라 7세 아동 전체가 된다. 혹은 우리나라 초등학교 1학년의 학업성취도를 연구한다면, 우리나라 초등학교에 다니는 1학년 전체가 모집단이 된다. 이와 같이 모집단은 연구하고자 하는 집단의 총체, 즉 실제 연구를 위해 표본을 추출해 내는 대상의 전수로 규정하는 집단을 의미한다. 모집단에 속하는 모든 구성원 전체를 조사하는 것을 전수조사라고 한다. 우리나라 전체 국민을 대상으로 정기적으로 실시하는 인구조사가 전수조사에 해당한다.

때로는 모집단의 특성이 관념적인 수준의 집단이라서 그 실체를 정확하게 명시할 수 없는 경우가 있다. 이때 연구의 목적을 위해서 모집단을 조작적으로 규정하기도 한다. 즉, 모집단의 정의는 연구목적에 따라 달라질 수 있다. 그런데 연구자가 모집단을 협소하게 정의하면 할수록 시간, 비용, 노력을 절약할 수 있으나 연구결과의 일반화는 제한된다.

표본(sample)은 조사 대상 전체의 특성을 반영하는 모집단의 대표적인 일부분, 모집단을 구성하는 일부를 말한다. 즉, 연구자가 정의한 모집단에 포함된 사례의 일부를 표본이라고 한다. 모집단의 특성을 알고 싶을 때 모집단 전체에 대한 전수조사를 할 수도 있지만 시간, 노력, 비용이 많이 들기 때문에 현실적으로 어려움이 따른다. 그러므로 모집단으로부터 표본을 뽑아서 모집단의 특성을 추정하는 것이다. 모집단으로부터 표본을 뽑는 과정을 표집(sampling)이라고 하며, 이때 표본은 모집단을 대표할 수 있어야 한다. 즉, 표본으로부터 얻은 결과를 모집단에 일반화하기 위해서는 표본이 편중되지 않고 모집단과 체계적으로 다르지 않아야 한다. 표본을 통해 얻은 조사 결과를 모집단에 일반화하기 위해서 가장 중요한 것은 바로 대표성이다. 즉, 표본은 모집단을 대표해야 하고 모집단과 같아야 한다는 것이다.

2) 모수치와 통계치

모수치(parameter)는 모집단이 가지고 있는 어떤 특성을 요약한 수치를 말하며 전집치라고도 한다. 통계치(statistics)는 표본에서 어떤 변인이 가지고 있는 특성을 요약한 수치를 말한다. 대부분의 경우 모수치는 정확히 알아내기가 어렵기 때문에 표본조사를 통해 얻은 통계치를 바탕으로 모수치를 추정한다. 모수치는 상수와 같아서 오직 하나의 평균, 표준편차, 상관계수 등이 있으나 표본에서 얻은 통계치는 표본오차로 인하여 표본에 따라 달라질 수 있다.

3) 표집단위

표집단위(sampling unit)는 표집과정에서의 표집대상을 말한다. 표본 추출이 여러 단계에 걸쳐 이루어질 때는 표집단위가 개인이 아닌 집합체가 되기도 한다. 가령, 서울특별시에서 취학 전 자녀를 둔 어머니의 양육 태도를 조사할 때 동을 선정하고 각 동에서 가구들을 표집하여 가구 내에 영유아 자녀를 둔 어머니를 추출한다면, 표집단위는 동, 가구, 개인이 된다.

4) 관찰단위

관찰단위(observation unit)는 직접적인 조사 대상을 뜻한다. 관찰단위는 분석단위와 동일한 경우가 많지만 반드시 일치해야 할 필요는 없다. 만약 가구 구성원들에 대한 자료를 수집하기 위하여 가구주를 면접한다면, 이때 분석단위는 개별 가구 구성원들이지만 관찰단위는 가구주가 된다.

5) 표집의 틀

표집의 틀(sampling frame)은 연구대상 모집단 전체의 목록을 의미한다. 표집은 일반적으로 어떤 목록으로부터 표본을 선택함으로써 이루어진다. 어느 대학교 학생들을 대상으로 표본조사를 하고자 할 때 학생들의 이름이나 학번을 적어 놓은 학생명부를 기초로 하여 표본을 추출한다면 그 명부가 표집의 틀이 된다.

6) 표집오차

연구자들은 표본 자체의 특성보다는 그를 통해 모집단의 특성을 추리하는 데 관심이 있다. 그런데 표본을 통해 얻은 통계치는 대개의 경우 모수치와 정확하게 일치하지는 않는다. 이러한 불일치는 표집 과정에서의 체계적인 오차와 확률적인 오차 때문이다. 표집오차(sampling error)란 표본이 추출되는 모집단의 특성과 표본의 특성 간의 차이를 말한다. 즉, 표집오차는 표집분포의 표준편차로서, 표본의 통계치가 모수치와 정확히 일치하지 않고 그 주위에 분산된 정도를 말한다.

일반적으로 표본의 크기가 클수록 그리고 표본의 분산이 작을수록 표집오차는 작아지며, 따라서 표본에 근거한 모집단의 추정이 보다 정확해진다. 비확률표집일 경우에는 이러한 표집오차를 계산해 내기가 어렵지만, 확률표집은 확률이론에 근거하여 표집오차를 추정할 수 있다.

2. 표집의 유형

표집 방법에는 크게 두 개의 유형, 확률표집(probability sampling)과 비확률표집(non probability sampling)이 있다. 확률표집은 모집단으로부터 어떤 구성원이 표본으로 선정될 확률을 알려 주나 비확률표집은 그 확률을 알 수 없다. 예를 들어, 한 도시에 5,000명의 초등학생이 있고 이 중에 남학생이 3,000명이라면 표본에 남학생이 뽑힐 확률은 3000/5000이다. 그러나 그 도시에 초등학생이 몇 명인지 알 수 없다면 어떤 초등학생이든 표본으로 선정될 확률을 계산할 수 없다. 확률표집은 표본으로 얻은 결과를 모집단에 일반화할 수 있는 장점이 있으나, 비확률표집 방법에 비해 시간과 비용이 많이 든다. 따라서 표집 방법을 선택할 때는 모집단의 특성이나 연구의 목적 및 연구 제반 상황 등을 고려해야 한다.

다음 〈표 5-1〉에 확률표집과 비확률표집의 특징을 비교하여 정리하였으며, 이들 방법에 대해서 구체적으로 알아보기로 한다.

〈표 5-1〉 확률표집과 비확률표집의 특징

확률표집	비확률표집
• 표본으로 추출될 확률을 알 수 있음 • 무작위 표본 추출 • 표본 분석 결과의 일반화 가능 • 표본오차의 추정 가능 • 시간과 비용이 많이 듦	• 표본으로 추출될 확률을 알 수 없음 • 인위적 표본 추출 • 표본 분석 결과를 일반화하는 데 제약이 있음 • 표본오차의 추정 불가능 • 시간과 비용이 적게 듦

1) 확률표집

확률표집은 모집단의 요소들이 표본에 추출될 가능성이 동등하고 표집 확률이 알려져 있는 방법을 말한다. 확률표집은 무작위 추출 절차를 사용하며 이 방법에 의해 얻은 표본은 그 모집단을 대표한다. 확률표집에는 단순무선표집, 체계적 무선표집, 집락표집, 층화표집이 있으며, 이들의 특성을 구체적으로 살펴보기로 한다.

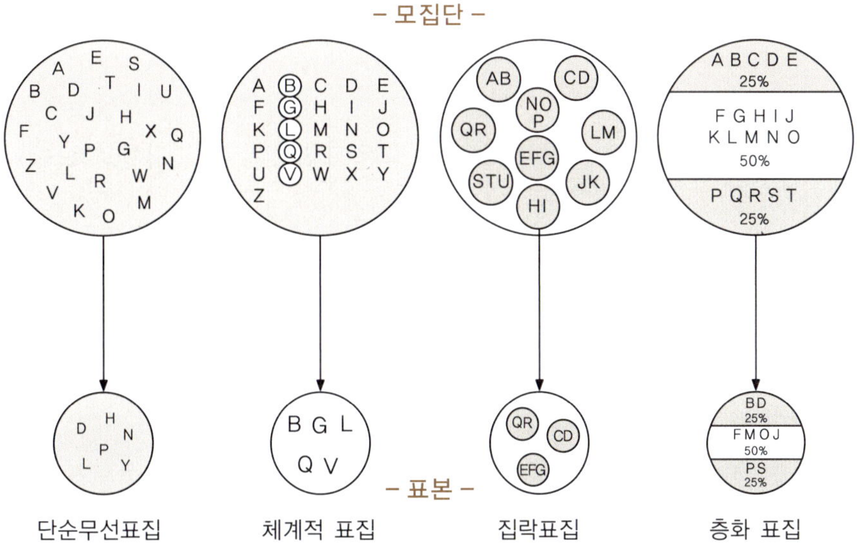

출처: Fraenkel, J. R., & Wallen, N. E. (2011). *How to design and evaluate research in education*, p. 86.

[그림 5-1] 확률표집

(1) 단순무선표집

단순무선표집(simple random sampling)은 마치 제비를 뽑는 것처럼 특별한 기준이 없이 표본을 무작위로 추출하는 방법으로서, 확률표집 가운데 가장 기본적인 유형이다. 다시 말해, 단순무선표집은 모집단을 구성하는 모든 요소가 표본에 선택될 확률이 동등하고 어느 구성 요소의 추출이 다른 구성 요소가 추출되는 데 영향을 주지 않는 표집 방법이다. 가령, 100,000명의 아동 중에 100명을 표집한다면, 각각의 아동이 표본에 포함될 확률은 1/1,000이다. 단순무선표집은 모집단을 구성하고 있는 요소가 동등하게 뽑힐 확률을 가지고 있어 대표적인 표본이 될 가능성이 높다. 그러나 모집단이 소수의 사례만이 갖고 있는 어떤 특성이 있을 경우 그러한 사례가 반드시 표집이 된다는 보장이 없다. 동일한 크기의 표집일 경우 층화표집에서보다 단순무선표집에서 표집오차가 더 클 가능성이 있다.

단순무선표집은 모집단의 크기가 클 때 모집단을 대표하는 표본을 추출할 수 있는 효과적인 방법이지만, 표본 요소(예: 가구, 가족, 개인 등)의 목록이 있어야 하고 모집단의 전체 수를 파악해야 하기 때문에 실제로는 거의 사용하지 않는다. 모집단의 완전한 목록을 가지는 것은 매우 어려울 뿐 아니라 모집단이 클 경우에는 목록을 입수해도 이 방법을 사용하여 표집하는 것은 시간과 노력의 낭비일 수 있다.

단순무선표집은 일반적으로 모집단을 정의하고 모집단의 개별 구성 요소를 확인한 다음에 동등한 기회를 가지고 개별 요소를 표본으로 뽑는 방식으로 이루어진다. 만일 모집단의 구성원이 적을 때는 이름이나 고유번호를 종이에 적어 통에 넣고 잘 섞은 후에 표본의 수만큼 뽑아도 된다. 그러나 모집단이 1,000명 이상일 경우 이러한 방법은 충분하지 않을 수 있으므로 난수표를 이용하는 것이 바람직하다. 난수표는 모든 숫자가 동등하게 나타날 확률을 갖는 조건에 따라 숫자 간에 특별한 규칙이나 체계성이 없는 수의 표이다. 단순무선표집을 하는 과정은 다음과 같다.

목표: 20명의 모집단에서 5명의 표본을 표집

1단계: 모집단을 구성하고 있는 각 구성원에게 1에서 20까지 번호를 배정한다.

2단계: 난수표를 사용한다. 아래의 숫자는 난수표의 일부이다.

2 2 1 7 6 8 6 5 8 4 6 8 9 5
1 9 3 6 1 7 5 9 4 6 1 3 7 9
1 6 7 7 2 3 0 2 7 7 0 9 6 1
7 8 0 3 7 6 7 1 6 1 2 0 4 4
0 3 2 8 1 2 2 6 0 8 7 3 3 7

3단계: 난수표에서 시작점을 찾는다. 시작점은 어느 곳이라도 가능하다. 만약 세 번째 칸의 첫 번째 열에서 시작한다고 가정할 경우, 숫자는 1이다. 그런데 모집단은 1번에서 20번까지 20명이 있으므로 두 자리 숫자를 사용해야 한다. 그러므로 여기에서 시작점은 1과 그 옆에 있는 7까지 사용해야 한다.

4단계: 시작점을 17로 하여 1에서 20에 속하는 숫자로 5명의 표본을 찾는다. 첫 번째 표본은 17번 번호를 가진 구성원이다.

5단계: 1에서 20 사이의 번호를 가진 5명을 찾을 때까지 두 개의 열을 계속해서 내려간다. 표본에 포함된 구성원은 난수표에서 밑줄 친 번호이며, 화살표는 숫자를 찾는 방향이다.

2 2 <u>1 7</u> 6 8 6 5 8 4 6 8 9 5
1 9 ↓ 3 6 1 7 5 9 4 6 1 3 7 9
1 6 7 7 2 3 <u>0 2</u> 7 7 0 9 6 1
7 8 <u>0 3</u> 7 6 7 1 6 1 2 0 4 4
0 3 2 8 <u>1 2</u> 2 6 <u>0 8</u> 7 3 3 7

이와 같이 표본에는 17, 3, 12, 2, 8의 번호를 가진 구성원이 포함된다. 만약 20번보다 큰 번호(예: 36)나 이미 뽑힌 번호(예: 17)가 다시 나올 경우에는 무시하고 지나간다.

[그림 5-2] 단순무선표집

① 모집단을 정하고 모든 표본 요소를 작성한다. 즉, 표집의 틀을 구성한다. 이때 목록은 가능한 최근에 작성된 것으로 정확해야 한다.

② 표본의 크기를 결정한다.

③ 모집단의 모든 요소에다 번호를 부여한다.

④ 난수표에서 임의로 숫자를 선택한다.

⑤ 선택한 숫자에서 모집단의 구성 요소에 부여된 자릿수만 본다. 가령, 모집단의 구성원이 800명이라면, 난수표에서 세 자릿수만 사용하면 되고, 만일 90명이라면 두 자릿수만 사용하면 된다.

⑥ 모집단 각각에게 부여된 번호가 난수표의 숫자와 같으면 그 번호를 가진 구성원은 표본에 포함된다. 만약에 모집단이 500명이 있고 난수표의 숫자가 375이면 375에 부여된 구성원은 표본에 포함된다. 그러나 모집단이 300명이라면 375의 숫자는 무시한다.

⑦ 난수표에서 다음 숫자를 넘어가면서, 표본의 크기만큼 구성원이 확보될 때까지 ⑥과 ⑦의 순서를 반복한다.

앞에서 알아본 것과 같이 단순무선표집을 직접 손으로 할 수 있지만 컴퓨터를 사용해서 할 수 있다. 그러나 새로운 것을 배울 때는 그 과정이 어떻게 이루어지는지를 이해하기 위하여 먼저 수작업해 보는 것이 바람직하다. SPSS 통계 프로그램에서 무선표본을 자동으로 만들어 주는 작업을 하려면 메뉴 중 '데이터(D)'로 들어가서 '케이스 선택(S)'을 클릭한다. 그리고 '케이스의 무작위 표본 추출(D)'을 선택하고 '표본(S)'을 클릭하면 [그림 5-3]처럼 다이얼로그 박스가 뜬다. 여기에 원하는 만큼의 표본의 크기를 정하고 계속 을 클릭하면 된다.

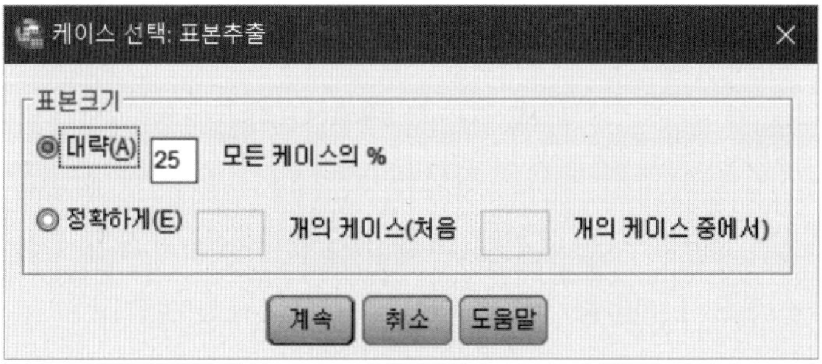

[그림 5-3] SPSS를 이용한 무선표집

(2) 체계적 무선표집

체계적 무선표집(systematic sampling)은 모집단 목록으로부터 n번째의 요소를 체계적으로, 즉 일정한 간격으로 추출하는 표집 방법이다. 가령, 5,000명의 구성원이 있는 모집단에서 500명의 표본을 선정할 경우, 500명이 채워질 때까지 목록에서 매 10번째에 해당되는 요소를 뽑는 것이다. 체계적 무선표집과 관련하여 자주 사용되는 용어는 표집 간격(sampling interval)과 표집 비율(sampling ratio)이다. 표집 간격은 표본에 선정되는 각 요소 사이의 거리이고, 표집 비율은 모집단의 요소들이 표본에 선정되는 비율이다. 위의 예에서, 표집 간격은 10이고 표집 비율은 1/10이다.

표집 간격 = 모집단 크기 / 표본 크기

표집 비율 = 표본 크기 / 모집단 크기

체계적 무선표집은 단순무선표집과 마찬가지로 정해 놓은 모든 구성원의 목록이 있을 때 사용할 수 있다. 단순무선표집과 다른 점은 모집단에서 표본으로 선정될 구성 요소가 독립적으로 선정되지 않는다는 점이다. 즉, 첫 구성원이 결정되면 그 표본의 다른 구성원이 자동으로 결정된다. 체계적 무선표집은 단순무선표집 방법보다 쉽고 빠르게 모집단을 대표하는 표본을 추출할 수 있다.

그러나 이 방법은 모집단의 목록이 어떤 주기적인 순서로 배열되어 있지 않을 때에 사용할 수 있다. 목록에 주기성이 있을 때, 예를 들어 매 n번째 사람이 전체 모집단의 구성원들이 가지지 않은 특징을 가진다면 단순무선표집 방법을 사용하는 것이 좋다. 왜냐하면 목록이 어떤 유형을 가지고 배열되어 있다면 이 방법은 편중된 표본을 추출할 가능성이 있기 때문이다. 특히 목록이 어떠한 주기를 가지고 있고 이 주기가 표집 간격과 우연히 일치할 때 이러한 문제가 발생한다. 예를 들어, 어린이집 원아의 명단이 남 / 여 / 남 / 여로 배열되어 있는 경우 매 4번째 아동을 추출한다면 첫 번째 추출되는 아동에 따라 모두 같은 성의 아동만이 뽑히게 된다. 따라서 이 방법을 사용하기 전에 모집단의 목록이 어떤 규칙을 가지고 배열되어 있는지를 세심하게 살펴보아야 한다. 체계적 무선표집은 다음과 같은 단계를 통해 이루어진다.

① 모집단을 정의한다.

② 필요한 표본 크기를 결정한다.

③ 모집단의 목록을 확인하고 목록의 구성 요소에 번호를 부여한다.

④ 모집단의 수를 필요한 표본의 크기로 나누어서 표집 간격을 결정한다.

예: 1,000명 중에서 100명의 표본을 선정하려고 한다면 표집 간격은 10이다.

표집 간격 = 1,000(모집단) / 100(표본) = 10

⑤ 모집단의 목록에서 표집 간격보다 더 작은 한 숫자를 무작위로 선정한다.

예: 10보다 작은 수 3을 선정한다.

⑥ 모집단의 목록에 부여된 3번 숫자에서 시작하여 매 10번째 구성원(3, 13, 23, 33 …)을 선정하고 필요한 표본 크기가 될 때까지 계속한다.

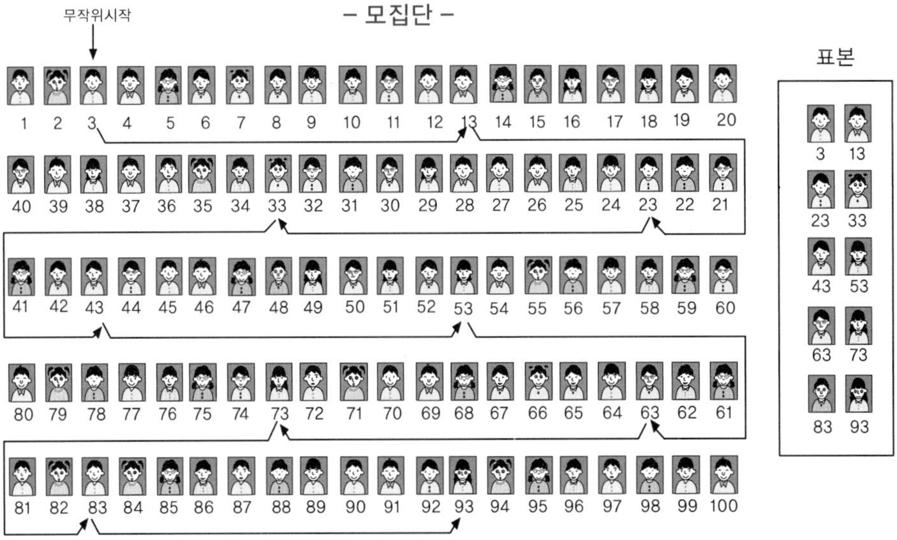

[그림 5-4] 체계적 무선표집

(3) 집락표집

집락표집 또는 군집표집(cluster sampling)은 모집단을 구성하고 있는 요소들을 하나하나 표집하는 것이 아니라 개개 요소들이 묶여 있는 집단을 단위로 표집하는 방법이다. 표본을 집락으로 묶어 집단을 선택하고 다시 선택된 집단에서 표본을 선정한다. 함께 묶여 있는 집단을 집락이라 하며 집락표집에서 표집의 단위는 개인이 아니라 자연발생적으로 생긴 개인의 집단이다.

집락표집은 모집단의 구성 요소들이 포함된 목록을 얻는 것이 현실적으로 어려울 때 사용된다. 개인 단위의 목록을 마련하는 것이 현실적으로 불가능할 때에 일단 집락으로 추출한 후에 다시 개인을 추출하는 방법을 사용한다. 가령, 어떤 한 도시에서 거주하는 25세 이상의 부모들이 모집단이라고 가정할 때, 최근에 작성된 인구센서스 자료가 있다면 단순무선표집이나 체계적 무선표집을 사용할 수 있으나, 그렇지 않을 경우 집락표집을 사용하는 것이 적절하다. 즉, 한 도시의 지역을 행정단위인 구나 동별로 나눈 후에 각 구나 동을 무선으로 표집하여 선정된 지역에서 25세 이상 된 부모를 최종적으로 표본으로 추출하는 것이다.

집락표집에서는 표집 단위를 여러 층으로 구분함으로써 층화표집의 원리를 적용할 수도 있다. 유아교육기관을 유치원과 어린이집으로 구분하여 각 기관을 선정한 다음, 각 기관에서 남녀 아동을 구분하여 추출할 수 있다. 집락표집은 다음과 같은 단계에 의하여 이루어진다.

① 모집단을 확인하고 정의한다.
② 필요한 표본 크기를 결정한다.
③ 집락(예: 도시, 구, 동 등)을 확인하고 정의한다.
④ 집락의 모집단을 구성하는 목록을 작성한다.
⑤ 집락당 구성원의 평균 숫자를 계산한다.
⑥ 표본 크기를 집락의 예상된 크기로 나누어 필요한 집락의 수를 결정한다.
⑦ 난수표를 이용하여 필요한 집락을 무선으로 선정한다.
⑧ 선정된 각각의 집락에 있는 모든 구성원을 조사 대상으로 한다.

집락표집은 개인보다는 집단을 무선으로 표집한다는 점을 제외하고는 단순무선표집과 유사하다. 집락표집은 모집단에서 각 개인을 선정하는 것보다 각 개인의 집단들을 선정하는 것이 편리하고 유용할 때 사용한다. 집락표집은 시간과 경비를 절감할 수 있는 장점이 있다. 그러나 집락표집에 의한 표본은 모집단을 정확하게 대표하지 못할 가능성이 단순무선표집보다 더 높다. 이는 단순무선표집에서는 단 한 번의 표집오차가 있을 수 있지만 집락표집에서는 단계마다 표집오차가 있을 수 있기 때문이다. 표집 단위의 수, 즉 집락의 수가 적을수록 표집오차가 커져서 모집단을 대표하는 표본을 얻기가 어려워진다.

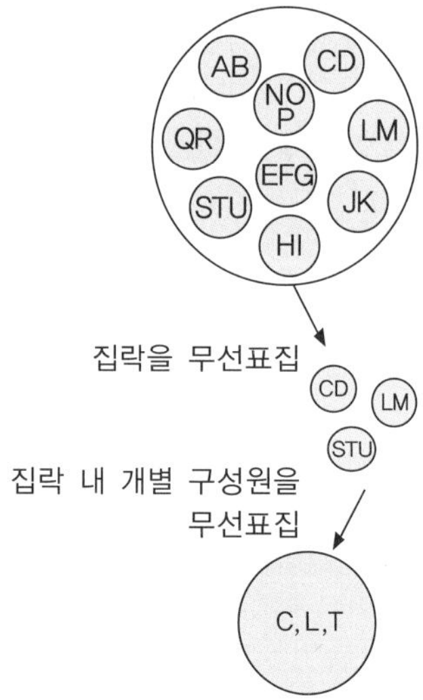

출처: Fraenkel, J. R., & Wallen, N. E. (2011). *How to design and evaluate research in education*, p. 86.

[그림 5-5] 집락표집

(4) 층화표집

층화표집 또는 유층표집(stratified sampling)은 모집단을 그 집단이 가지고 있는 중요한 특성을 기준으로 몇 개의 하위그룹 또는 층으로 나누고 그 하위집단으로부터 표본을 추출하는 방법이다. 즉, 모집단으로부터 표본을 한 번에 추출하는 것이 아니라 모집단을 동일한 속성을 가진 집단으로 구분하고 각 집단에서 표본을 추출하는 것이다. 이 방법은 모집단이 동질적이면 이질적일 때보다 표집오차를 줄일 수 있다는 논리에 기초를 둔 것으로, 모집단을 동질적인 소집단들로 나누고 그 집단의 크기에 따라 단순무선표집이나 체계적 무선표집을 한다. 예를 들어, 아동 100명을 추출할 경우 단순무선표집을 하면 남녀 아동의 구성 비율이 반드시 모집단의 구성 비율과 같지 않을 수도 있다. 그러나 모집단을 남녀로 구분한 후에 모집단의 구성 비율대로 뽑는다면 이때 표본은 성별에 따른 표집오차가 0으로 감소한다.

층을 나누는 기준은 연구의 성격과 초점에 따라 성별, 학년, 교육 수준, 거주 지역 등 다양할 수 있으며 한 개 이상의 기준을 동시에 사용하여 층을 구분할 수도 있다. 즉, 아동을 성별에 따라 두 개 집단으로 나누거나 성별과 연령을 동시에 고려하여 두 개 이상의 집단으로 구분할 수 있다.

[그림 5-6] 층화표집

층화표집에는 비율적 층화표집(proportional stratified sampling)과 비비율적 층화표집(nonproportional stratified sampling)의 두 가지 유형이 있다. 비율적 층화표집은 모집단을 층으로 나눈 다음 각 층의 표집 비율을 모집단의 구성 비율과 동일하게 표집하는 방법이다. 이러한 방법으로 표집하려면, 먼저 연구에서 중요하게 고려하는 변인에 따라 모집단을 분류한다. 예컨대, 응답자들의 성, 연령, 교육 정도, 생활 수준 등을 기준으로 모집단을 여러 층으로 나누는 것이다.

그런 다음 각 층의 모집단에 대한 구성 비율을 알아내 표본 내에서도 그 구성 비율이 같도록 표집하면 된다. 〈표 5-2〉와 같이, 아동 10,000명의 모집단을 학년(1학년 40%, 3학년 40%, 5학년 20%)과 거주지(농촌 30%, 도시 70%)의 변인으로 층화한다. 표본 크기를 1,000명으로 할 경우, 각 층으로부터 10%를 추출해야 한다. 그러면 농촌에 거주하는 1학년 아동은 1,200명 중에 10%인 120명이, 도시에 사는 5학년 아동은 전체 1,400명 중 140명이 무작위로 추출된다(Salkind, 2003).

〈표 5-2〉 학년과 거주지를 유층화한 비율적 층화표집

지역	학년			합계
	1학년	3학년	5학년	
농촌	1,200 (120)	1,200 (120)	600 (60)	3,000 (300)
도시	2,800 (280)	2,800 (280)	1,400 (140)	7,000 (700)
합계	4,000 (400)	4,000 (400)	2,000 (200)	10,000 (1,000)

한편, 비비율적 층화표집은 모집단을 구성하는 하위집단의 크기에 비례해서 표집하는 것이 아니라 각 집단에서 필요한 수만큼 표집하는 것이다. 즉, 모집단의 구성 비율이 표집에 반영되지 않는 방법이다. 이 표집 방법은 하위집단의 구성 비율이 차이가 나서 크기에 비례한다면 한쪽은 큰 표본이 되고 다른 한쪽은 작은 표본이 되어 각 집단을 서로 비교하기 어려울 때 사용한다. 예를 들어, 만 5세 아동 중에 유치원이나 어린이집에 다니는 아동과 취학 전 교육을 전혀 받지 않은 아동의 학교준비도를 비교한다고 가정하자. 이때 모집단의 구성 비율이 8 : 2이고, 이 비율에 맞추어 100명을 표집한다면, 취학 전 교육을 받지 않은 아동의 수가 너무 적어 두 집단을 비교하기에는 어려움이 있다. 이때 표본을 모집단의 구성 비율로 표집하는 것보다는 각 집단에서 동일한 크기나 필요한 수만큼 표집하는 비비율적 층화표집 방법이 더 바람직하다. 이와 같이 비비율적 층화표집은 모집단에 대한 추정보다는 각 층의 비교 검토가 목적일 때 사용한다. 층화표집은 다음과 같은 단계를 거쳐 이루어진다.

① 모집단을 확인하고 정의한다.

② 필요한 표본 크기를 결정한다.

③ 모집단의 동질성을 확보하는 변인과 하위집단을 확인한다.

④ 모집단의 모든 구성 요소들을 하위집단 중 하나에 분류한다.

⑤ 난수표를 이용하여 각 하위집단으로부터 구성 요소들을 무작위로 선정한다.

층화표집은 여러 하위 집단을 비교하는 것이 목적일 때 유용할 뿐 아니라 표집오차를 감소시킴으로써 표본의 대표성을 높일 수 있는 방법이다. 그러나 이 표집 방법은 모집단의 중요한 특성과 하위집단 간의 구성 비율에 관한 정보를 가지고 있어야 한다. 그리고 층을 구분하는 기준에 따라 상이한 표본을 얻을 수 있다는 문제점도 있다.

확률표집의 유형별 특징 및 장단점을 〈표 5-3〉에 정리하였다.

〈표 5-3〉 확률표집의 유형과 장단점

유형	특징	절차	장점	단점
단순 무선 표집	• 모집단 내 구성원들이 중요한 변인과 관련하여 동질적일 때 사용	• 난수표를 사용하여 필요한 표본의 수를 선택	• 절차 간편 • 모집단에 대해 최소한의 정보만 필요	• 모집단 내 모든 구성원의 명단 필요
체계적 무선 표집	• 모집단 내 구성원들이 중요한 변인에 대해 서로 유사할 경우에 사용	• 모집단의 목록에서 무선으로 한 번호를 선택하여 매 n번째 구성원 추출	• 표본 추출이 간단함 • 대표성 높음 • 난수표를 사용할 필요 없음	• 모집단 내 모든 구성원이 표본에 선택될 확률이 동등하지 않음 • 목록이 주기적인 순서로 되어 있다면 표본이 편중될 가능성 존재
집락 표집	• 모집단이 개인보다는 단위(unit)로 이루어져 있을 때 사용	• 개인이 아니라 집단으로 추출 • 필요한 표본 수는 무선으로 표집	• 편리하고 효율적 • 모집단 내 모든 구성원의 목록이 필요하지 않음	• 표집단위의 수가 적으면 대표 표본을 얻을 가능성이 낮음
층화 표집	• 모집단이 명확하게 층으로 되어 있고 각 층의 구성원들이 동질적일 때 사용	• 모집단을 여러 수준 혹은 층으로 나눈 후 각 층에서 표본을 무선으로 표집	• 표본은 모집단을 이루고 있는 모든 층에 대한 대표성 높음	• 시간 소모적 • 모집단 내 모든 구성원의 목록 필요

2) 비확률표집

앞에서 살펴본 확률표집은 편중되지 않은 표본을 얻을 큰 장점이 있지만 실제적으로 연구를 수행할 때 확률표집을 사용하는 것이 불가능하거나 필요하지 않을 수 있다. 그러한 경우에 연구자들은 비확률표집 혹은 비무선표집을 사용하여 표본을 선정한다. 비확률표집은 모집단의 구성 요소들이 표본에 선정될 확률이 동등하거나 독립적이지 않다. 즉, 비확률표집은 연구자의 주관적 판단에 의해 임의로 표집하는 방법이기 때문에 표본으로부터 얻은 연구결과를 모집단에 일반화하는 데 제한이 있다. 비확률표집에는 임의표집, 할당표집, 눈덩이 표집, 목적표집이 있는데 이에 대한 특징을 살펴보기로 한다.

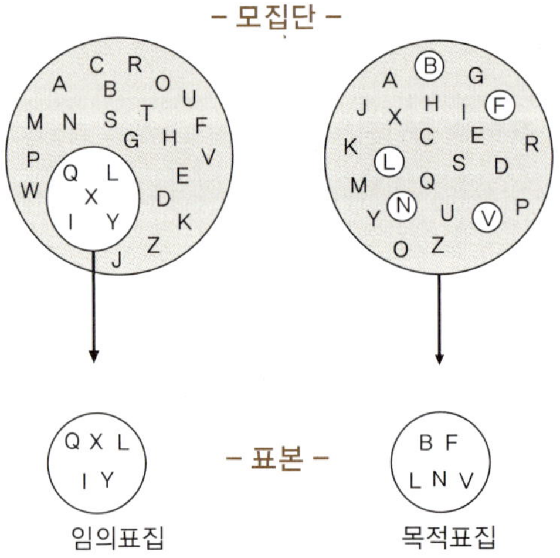

출처: Fraenkel, J. R., & Wallen, N. E. (2011). *How to design and evaluate research in education*, p. 89.

[그림 5-7] 비확률표집

(1) 임의표집

임의표집(convenience sampling)은 편의표집(accidental sampling) 혹은 우발적 표집(haphazard sampling)으로 불리기도 하며, 연구자가 손쉽게 구할 수 있는 연구대상을 임의로 표집하는 방법이다. 가령, 사람들이 많이 오가는 거리나지하철 같은 장소에서 아무나 선정하여 인터뷰를 하거나 조사하는 방식이 임의표집의 예이다. 그리고 교사들이 자신의 학급 학생들에게 설문조사를 하는 것도 임의표집하는 것이다. 이 표집 방법은 모집단에 대한 정보가 없거나 모집단의 구성 요소 간에 차이가 없다고 판단될 때 사용된다.

임의표집은 매우 편리하고 시간과 비용을 절약할 수 있는 장점이 있지만 표본이 편중될 수 있다는 단점이 있다. TV 리포터가 거리를 지나가는 사람 중 아무나 인터뷰한 경우를 보면, 그날 그 거리를 지나가지 않은 사람들은 인터뷰할 기회가 없었을 것이고 인터뷰 주제에 대해 관심이 없거나 의견이 없는 사람들은 인터뷰에 응하지 않았을 가능성이 있다. 따라서 임의표집에 의해 선정된 표본은 모집단을 대표하지 않을 가능성이 높다. 만약 임의표집에 의해 연구가 수행된다면 유사한 표본을 가지고 연구가 반복될 필요가 있다.

(2) 할당표집

할당표집(quota sampling)은 모집단이 갖는 특성의 비율에 맞추어 표본을 추출하는 방법이다. 할당표집의 명칭은 여러 유형의 사람을 할당하거나 배당한 데서 유래하였다. 할당표집은 대규모 조사연구에서 관심이 있는 모집단의 목록을 작성할 수 없을 때 주로 많이 사용된다. 할당표집은 성별, 연령, 교육 수준, 출신 지역(도시, 농촌), 종교, 인종, 직업 등의 구체적인 특성을 가진 연구대상자를 포함시키기 위하여 할당(비율)을 정하여 표집하는 것이다. 할당표집은 층화표집의 방법과 유사하지만 모집단의 목록을 작성할 수 없으므로 표본을 무선으로 표집하지 않는다는 점에서 차이가 있다.

할당표집을 사용하기 위해서는 모집단에 대한 사전지식이 있어야 할당 기준을 마련할 수 있다. 그러나 표본을 추출하기 전에 연구대상자에 대한 개별적인 정보가 필요하지는 않다. 할당표집은 모집단을 구성하는 여러 요소의 비율로 표본을 추출하므로 대표성이 있을 것으로 보이지만, 실제적인 표본 추출과정에서 연구자의 편견이 개입될 가능성이 크다.

(3) 눈덩이표집

눈덩이표집(snowballing sampling)은 연구에 적합한 몇 명의 연구대상을 찾아서 정보를 수집하고 그 연구대상자들이 다른 연구대상자를 소개해 주어 표본을 확보하는 방식이다. 눈덩이표집의 명칭은 눈덩이를 언덕 아래로 굴리면 눈덩이가 점점 커지는 것에 비유한 것이다. 눈덩이표집은 연구에 필요한 대상을 찾기 어려울 때 적절하다. 예를 들어, 다문화가족, 주말부모, 입양가족, 탈북가족 등을 연구대상으로 하는 경우이다. 유사한 상황에 있는 사람들끼리는 네트워크를 형성하므로 한 사람만 찾으면 연속적으로 쉽게 찾을 수 있다. 그러나 이 표집 방법은 표본이 편중될 위험이 있는데, 이는 네트워크의 일부가 아닌 사람은 지명되지 않아 표본에 포함되지 않을 가능성이 있기 때문이다.

(4) 목적표집

목적표집 혹은 유의표집(purposive sampling)은 연구자의 판단에 의해 모집단을 가장 잘 대표한다고 생각하는 대상만을 임의로 표집하는 방법이다. 다시 말해, 연구의 목적이나 연구자의 판단에 기초하여 표본을 선정하는 것이다. 때때로 모집단에 관해 연구자 자신의 지식에 기초하여 표본을 선정하는 것이 적절할 때가 있다. 가령, 아동발달 이론가들의 활동과 관심을 평가하기 위해 아동발달에 관한 이론적인 논문이나 책을 출판한 적이 있고 이론에 관한 워크숍에 참석한 적이 있는 아동발달 전문가들을 대상으로 조사한다면 목적표집을 하는 것이다. 이와 같이 목적표집에서는 연구대상자들이 그들이 가진 특성 때문에 의도적으로 선택된다.

목적표집은 특히 연구의 초기 단계에서 질문의 적용 가능성과 조사 도구의 타당성을 검토하기 위해 사용되거나 사전조사를 위해 쓰이기도 한다. 목적표집은 간편하게 표집할 수 있고 비용을 절약할 수 있는 장점이 있지만 연구자가 의도적으로 표본을 선정하므로 연구자의 판단과 편견이 개입될 수 있다. 따라서 이 표집 방법을 통해 얻은 결과가 실제로 연구자의 관심 모집단을 대표하는지를 알 수 없는 것이 문제점이다.

비확률표집의 유형별 특징 및 장단점을 〈표 5-4〉에 정리하였다.

〈표 5-4〉 비확률표집의 유형과 장단점

유형	특징	장점	단점
임의 표집	• 표집이 쉬운 표본을 선택함	• 편리하고 비용이 적게 듦	• 모집단에 일반화가 제한됨
할당 표집	• 적절한 속성을 기초로 모집단을 하위집단으로 분류하고 각 하위집단의 상대적 크기를 결정함	• 하위집단의 비율에 대한 정확한 자료가 있다면 경제적임	• 하위집단에 대한 최근 자료가 필요함 • 임의로 하위집단을 분류할 가능성이 있음
눈덩이 표집	• 사전에 식별된 표본이 추가적인 표본을 추천함	• 표본단위의 목록이 없는 경우에 사용될 수 있음	• 추천에 의한 표본이 편포될 가능성이 있음
목적 표집	• 현존 정보에 입각하여 모집단을 대표한다고 보는 부분집단을 선정하고 그 집단을 전수조사 혹은 표본 추출함	• 시간과 비용을 줄일 수 있음	• 모집단과 선정된 부분 집단에 관한 지식이나 가정이 필요함

3. 표본의 크기

표집과 관련하여 가장 궁금한 것 중의 하나는 연구대상을 얼마나 표집해야 하는가이다. 모집단을 대표하기 위한 표본의 크기가 어느 정도나 되어야 하는지에 대한 답은 간단하지가 않다. 흔히 표본이 클수록 좋다고 생각하는 경향이 있는데, 다른 조건이 모두 같다면 표본의 크기가 클수록 표본에서 얻은 통계치들은 모집단의 모수치를 대표할 가능성이 높아지기 때문에 좋다고 말할 수 있는 것이다. 왜냐하면 표본의 크기가 증가함에 따라 표집오차는 점차 감소하기 때문이다. 그리고 표본의 크기는 통계적 가설 검증과 밀접하게 관련이 있기 때문에 표본의 크기가 클수록 영가설이 실제로 거짓이었을 때 기각하지 않을 가능성이 작아진다. 반면, 표본이 클수록 표집오차가 작아지므로 표본이 모집단을 대표할 가능성은 높아지지만, 표본이 크다 보면 그만큼 시간과 비용이 많이 들게 된다.

따라서 표본은 연구문제에 대한 해답을 얻을 수 있을 정도로 충분히 커야 하지만 경제적인 측면도 함께 고려하여 적절한 크기로 표집하는 것이 좋다. 실제로 표본의 크기는 연구의 목적이나 모집단의 크기 등을 고려하여 결정한다.

1) 연구의 목적에 따른 표본의 크기

모집단을 대표할 수 있는 최소한의 표본 크기는 연구의 유형에 따라 다르다. 한 연구에서 적절한 표본의 크기를 결정하는 데 적용할 만한 어떤 확고한 기준은 없지만, 실험연구에서는 최소 30명 정도의 연구대상자가 바람직하다. 우선 실험연구의 경우, 각 하위 집단에 최소한 15~30명의 피험자가 있어야 한다. 표본이 크면 클수록 비교 집단 간의 차이를 발견해 낼 가능성이 커진다. 특히 상관연구에서 조사하는 변인 간의 상관관계가 낮을 것으로 예상될 경우에는 보다 큰 표본을 사용하는 것이 바람직하다. 가령, 교사가 아동들에게 수학개념을 가르치는 데 도움이 될 만한 시각적인 보조 자료를 개발하는 것이 목적인 연구에서, 보조 자료의 효과를 평가하기 위해 시각적 자료를 사용한 교실의 아동들과 사용하지 않은 교실의 아동들을 비교한다. 사실 그러한 시각적 보조 자료만 사용해서는 아동의 수학적 성취에 큰 차이가 나타나지 않을 수 있다. 이때 표본 크기가 작다면 집단 간(보조 자료를 사용한 교실과 사용하지 않은 교실)의 중요한 차이는 감지하지 못할 가능성이 있다. 이와 같이 변인 간의 상관관계가 낮거나 집단 간의 차이가 작을 때는 표본의 크기가 커질수록 이를 간파할 기회가 커진다.

기술연구에서는 모집단의 20~30% 정도로 표집하는 것이 일반적이나, 조사하려는 모집단의 크기에 따라 표집 비율은 달라질 수 있다. 우편조사를 통하여 자료를 수집할 때는 우편물이 분실되거나 질문지에 응답하지 않을 대상자들을 미리 참작하여 계획하였던 표본 크기보다 40~50% 정도 더 표집할 필요가 있다.

한편, 종속변인을 측정하는 연구도구의 신뢰도가 높지 않을 때도 표본의 크기가 커야 한다. 연구주제에 따라서 신뢰도가 높은 측정 도구가 개발되지 않아 신뢰도가 낮은 도구를 사용해야 할 상황이 있을 수 있다. 신뢰도가 낮은 도구는 측정오차를 만들어 내기 때문에 작은 차이를 찾아내는 데 민감하지 못하다. 그러므로 표본의 크기가 작은 연구에서 신뢰롭지 못한 측정 도구를 사용하게 되면 작은 차이를 발견해 낼 가능성이 작아진다(Borg & Gall, 1989).

2) 모집단의 특성이나 규모에 따른 표본의 크기

표본의 크기는 모집단의 특성이나 규모에 따라 달라질 수 있다. 모집단에 있는 모든 구성원들이 조사하려는 변인에 대해 동일한 속성을 가진다면 하나의 연구대상자로도 충분할 것이다. 그러나 모집단 내에서 구성원들의 이질성이 클수록 모집단을 정확하게 대표하기 위해서는 보다 큰 표본이 필요하다. 다시 말해, 모집단의 구성원들이 서로가 다르다면 표본의 크기가 커야만 다양한 특성의 구성원들을 골고루 포함시킬 수 있게 된다. 따라서 모집단이 이질적이라고 판단된다면 이질적인 사례들을 충분히 대표할 수 있도록 표본의 크기를 크게 하는 것이 바람직하다.

모집단의 크기에 따라서 모집단의 표집 비율은 달라진다. 〈표 5-5〉는 다양한 규모의 모집단으로부터 대표적인 표본을 얻기 위해 요구되는 적정한 표본 크기를 계산해 놓은 참조표이다. 이 표에서 알 수 있듯이, 모집단의 규모가 클수록 표본 크기의 비율은 작아지고, 반대로 모집단의 규모가 작으면 표본 크기의 비율은 커진다. 예를 들어, 모집단의 크기가 100명이나 이보다 작다면 모집단의 거의 전체를 조사해야 하고, 모집단의 크기가 500명 정도이면 최소한 50%인 250명을 표집하는 것이 바람직하다. 그러나 모집단의 구성원이 1,500명일 경우 20% 정도를 표집해도 된다.

〈표 5-5〉 모집단 크기(*N*)에 따른 표본의 크기(*S*)

N	*S*	*N*	*S*	*N*	*S*	*N*	*S*	*N*	*S*
10	10	100	80	280	162	800	260	2,800	338
15	14	110	86	290	165	850	265	3,000	341
20	19	120	92	300	169	900	269	3,500	346
25	24	130	97	320	175	950	274	4,000	351
30	28	140	103	340	181	1,000	278	4,500	354
35	32	150	108	360	186	1,100	285	5,000	357
40	36	160	113	380	191	1,200	291	6,000	361
45	40	170	118	400	196	1,300	297	7,000	364
50	44	180	123	420	201	1,400	302	8,000	367
55	48	190	127	440	205	1,500	306	9,000	368
60	52	200	132	460	210	1,600	310	10,000	370
65	56	210	136	480	214	1,700	313	15,000	375
70	59	220	140	500	217	1,800	317	20,000	377
75	63	230	144	550	226	1,900	320	30,000	379
80	66	240	148	600	234	2,000	322	40,000	380
85	70	250	152	650	242	2,200	327	50,000	381
90	73	260	155	700	248	2,400	331	75,000	382
95	76	270	159	750	254	2,600	335	100,000	384

출처: Gay, L. R., & Airasiam, P. (2003). *Educational research: Competencies for analysis and applications*, p. 113.

앞에서 살펴보았듯이, 표본 크기는 여러 상황을 고려하여 결정해야 한다. 그런데 표집과 관련하여 연구자가 중요하게 고려해야 할 사항은 표본의 크기보다는 표본의 대표성이다. 표본의 크기와 대표성은 반드시 정비례 관계가 있는 것이 아니다. 표집 방법에 따라서는 소규모의 표본이 오히려 대규모의 표본보다 모집단을 더 잘 대표할 때도 있다. 그러므로 표집을 할 때 크기에만 신경을 쓸 것이 아니라 대표성에 보다 많은 주의를 기울여야 한다.

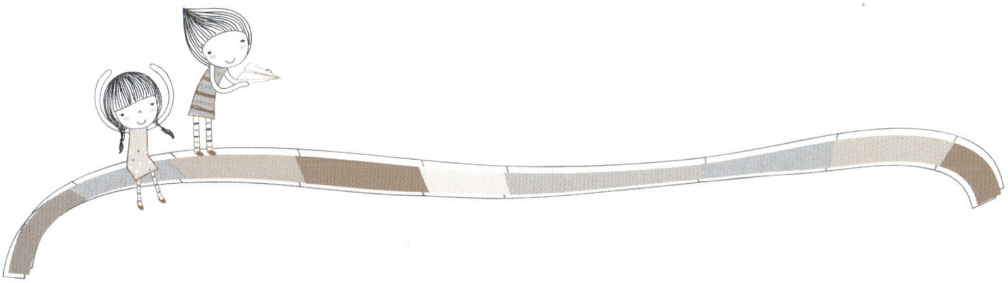

CHAPTER 06 측 정

이 장에서는 아동연구에서 사용되는 변인들을 어떻게 측정할 것인가에 대한 내용을 다룬다. 우리가 연구하고 있는 아동의 행동 및 발달 특성은 추상적 개념으로, 이를 어떻게 측정하고 어떤 방식으로 숫자를 부여할 것인지, 그리고 이러한 방식이 우리가 측정하고자 하는 아동의 특성과 행동을 신뢰롭고 타당하게 측정하고 있는지를 살펴보는 것은 매우 중요하다. 아동연구에 사용되는 측정과 척도의 기본 개념을 살펴보고 이러한 측정의 적절성을 평가하는 신뢰도와 타당도에 대하여 알아본다.

1. 측정의 이해

아동 대상 연구는 아동의 연령, 성별 등의 아동의 행동 및 발달적 특성과 관련한 아동의 개인적 특성뿐만 아니라 아동의 행동 및 발달에 중요한 역할을 수행하는 부모, 교사, 또래 및 관련 변인들 간의 관계를 파악하는 데 주된 목적이 있다. 그렇다면, 아동의 행동이나 발달 특성과 관련한 변인들을 어떻게 측정할 수 있는지 생각해 보자.

측정(measurement)이란 아동의 행동 및 발달 특성과 같은 아동연구의 대상이 되는 변인에 일관성 있게 숫자를 부여하는 과정을 말한다. 다시 말해, 측정이란 구성개념이나 추상적인 개념을 일정한 규칙에 따라 경험적 자료로 나타내는 방식이다. 연구의 대상이 되는 유아의 연령, 유아교육기관의 규모, 유아의 수, 또래 관계, 언어능력 등과 같이 아동을 둘러싼 다양한 변인의 특성을 나타내기 위하여 일정한 수를 부여해야 한다. 예를 들면, 유아의 연령을 월령으로 측정할지, 유아가 속한 반이 몇 세 반인지를 질문하여 측정할지를 결정하여야 하며, 유아의 언어능력을 주어진 상황에서 정해진 시간 동안 나타난 발화 수로 측정할지, 선별된 어휘를 이해하는 정도로 측정할지를 결정하여야 한다.

이와 같이 아동의 행동과 발달 특성에 체계적으로 숫자를 부여하는 과정, 즉 측정을 구체적으로 이해하기 위해서는 측정의 대상이 되는 변인의 개념과 측정의 단위인 척도를 이해할 필요가 있다.

1) 변수와 상수

앞 장에서 이미 설명한 것처럼, 아동연구를 수행하기 위하여 우선 변수(변인)들 간의 관계로 진술되는 연구문제를 설정하여야 한다. 모든 연구문제는 연구의 대상이 되는 변수로 구성되며, 연구문제를 구성하는 각 변수는 둘 이상의 값이나 수준으로 구성된다. 실제로 우리가 만나는 모든 아동은 각기 다른 특성을 지닌다. 성별, 연령, 가정환경, 발달 특성, 자극에 대한 반응 등에 있어서 다양하다. 그러나 아동연구에서 사용되는 대부분의 변수는 눈으로 직접 관찰하기 힘든 추상적인 개념으로, 각 변수를 적절히 측정하려면 보다 체계적인 절차가 필요하다.

(1) 상수

우리가 다루는 모든 아동의 발달 및 행동 특성은 동일하지 않다. 그러나 특정 상황에서 모든 연구대상자가 동일한 특성을 지닐 경우, 이를 상수(constant)라고 한다. 예를 들어, 우리가 서울 지역 유아를 대상으로 자료를 수집한 경우 연구대상자 모두는 서울이라는 동일한 지역에 거주하므로 이 경우 거주지역은 상수가 된다.

(2) 변수

실제로 우리가 다루는 모든 연구문제는 개별 아동이나 특정 집단이 왜, 어떻게 다른지에 초점을 두고 있다. 예를 들면, 어떤 아동은 환경의 변화에 민감하게 반응하고, 어떤 아동은 환경의 변화에 좀 더 느긋하게 반응한다. 이러한 반응의 차이에 관심을 가지고 왜 다른지, 어떻게 다른지에 관해 연구문제를 설정할 것이다. 이와 같이 개인마다 다른 다양한 특성을 변수(variable)라고 한다. 즉, 변수(변인)란 어떤 사건, 상황 또는 행동이나 성격 등에서 나타나는 다양성을 나타낸다. 일반적으로 변수는 연구의 핵심적인 특성이나 사건으로 정의되며, 측정 가능하여야 한다.

2) 척도

아동연구에 사용되는 변인은 대부분 추상적 개념으로 구성된다. 예를 들어, 연령이나 성별, 몸무게, 키 등은 관찰 가능하고 수량화를 하기 쉽지만, 아동의 언어능력, 자아개념, 행복감 등은 추상적 개념으로 직접 관찰하기도 힘들고 다차원적일 수 있으므로 측정에 어려움이 있다. 따라서 이러한 추상적 개념의 경우 직접 관찰 가능할 정도로 구체적인 측정방법을 포함하여 기술하여야 한다. 이러한 측정방법에 따라 다양한 순으로 수량화할 수 있는데, 수량화 과정에 나타나는 측정의 수준을 척도(scale)라고 한다. 척도는 사물이나 사람의 특성을 구체화하는 수량화에 사용되는 측정의 단위를 말한다.

각 변인은 적어도 두 개 이상의 값이나 수준으로 나타낼 수 있으며, 양적으로 다양한 값으로 나타내거나 질적으로 다른 범주로 나타낼 수 있다. 즉, 척도의 성격에 따라 크게 질적 변인과 양적 변인으로 나뉜다. 일반적으로 척도의 수준에 따라 명명척도, 서열척도, 동간척도, 비율척도로 구분된다(Stevens, 1975). 각 변인의 척도는 통계분석방법을 결정하므로 척도를 바르게 이해하는 것은 분석방법을 이해하는 데 매우 중요하다.

(1) 척도의 수준

① 명명척도

명명척도(nominal scale)는 수적인 개념이나 양적인 크기를 갖지 않으며 범주나 그룹으로 나누어지는 변인을 말한다. 사람이나 사물을 구분하고 분류하기 위하여 마치 이름을 부여하는 것처럼 숫자를 부여하는 것을 명명척도라고 한다. 대표적인 예로 성별, 기관 유형, 지역 등이 있다. 성별에 어떠한 수를 부여하더라도 그 값은 수적인 의미를 지니지 않으며, 단순히 각 범주에 이름을 부여하는 것과 같은 의미를 지닌다.

〈표 6-1〉 명명척도의 예

변인	분류 구분
기관 유형	어린이집, 유치원
유아의 성별	남아, 여아
기질 유형	순한 기질, 까다로운 기질, 느린 기질

② 서열척도

서열척도(ordinal scale)는 사물이나 사람의 특성을 상대적 서열에 따라 비교하는 데 사용하는 척도로, 관찰된 내용을 범주로 분류하고 서열이나 등위로 측정한다. 서열척도는 각 사물이나 사람에 부여된 숫자의 순서나 서열을 나타내며, 상대적으로 크고 작음의 순서로 구분하고, 부여된 숫자의 간격은 일정하지 않다. 대표적인 예로 질문지에서 흔히 사용하는 Likert 5점 척도가 있다. 5점 척도의 경우, '아주 그렇다(5)', '그렇다(4)', '보통이다(3)', '그렇지 않다(2)', '아주 그렇지 않다(1)'의 순으로 동의의 정도를 나타내지만, '아주 그렇다'의 5점과 '그렇다'의 4점의 간격이 '보통이다'의 3점과 '그렇지 않다'의 2점의 간격과 같지는 않다. 즉, Likert 5점 척도는 동의의 정도를 서열적으로 구분하여 제시한 것이다.

③ 동간척도

동간척도(interval scale)는 서열적 의미와 더불어 점수 간 동일한 간격을 지닌 척도로, 임의의 단위와 임의의 영점에 기초하고 있다. 따라서 일반적인 덧셈의 법칙은 성립하지만 곱셈의 법칙은 성립하지 않는다. 대표적인 예로 온도와 지능이나 학업성취와 같은 검사점수가 있다. 예를 들면, 10℃와 20℃의 차이가 20℃와 30℃의 차이와 같다. 그러나 20℃가 10℃보다 2배 높다고 말할 수는 없다. 또한, 0℃는 온도가 전혀 없음을 의미하지 않으며, 우리가 임의로 물이 어는 점을 0℃라고 정의한 것이다. 마찬가지로 학업성취 점수에서 20점과 40점의 차이가 40점과 60점의 차이와 같으나, 40점은 20점보다 2배의 학업성취 능력을 가졌다고 볼 수는 없다. 특히 5점 평점의 경우 개별 문항은 서열척도의 성격을 지니지만, 20문항으로 구성된 5점 평점 검사의 경우 총점은 20점에서 100점의 범위로 분포되며 동간척도에 가까운 성격을 지니게 된다. 이와 같이 대부분의 심리검사 결과는 동간척도의 성격을 지닌다.

④ 비율척도

비율척도(ratio scale)는 양적인 의미와 더불어 서열적이며 동간적인 특성과 절대 영점의 특성이 추가된다. 비율척도의 경우, 덧셈의 법칙과 곱셈의 법칙이 모두 적용될 수 있다. 대표적인 예로, 영아의 주의집중 시간이나 유아의 표현어휘 수 등이 있다. 새로운 사물에 대한 주의집중 시간이 60초인 유아는 30초인 유아보다 2배의 주의집중 시간을 보인다고 말할 수 있다. 지능검사나 성취도검사에서 각 검사의 정답 수가 이에 해당한다. 지능검사에서 10문항을 맞춘 유아는 5문항을 맞춘 유아보다 2배 많은 문항을 성공적으로 수행했다고 말할 수 있다.

그러나 앞서 얘기한 것처럼 대부분의 심리검사 결과는 동간척도로 제시된다. 검사결과를 환산하여 제시되는 지능지수 등은 비율척도가 아닌 동간척도를 사용한다. 지능지수가 120인 유아가 100인 유아의 1.2배라고는 할 수 없으므로, 지능지수는 비율척도이기보다는 동간척도이다.

(2) 질적 변인과 양적 변인

① 질적 변인

질적 변인(qualitative variable)은 질적으로 다른 성격을 지닌 범주로 구성된 변인으로, 비연속변인(uncontinuous variable) 혹은 범주변인(categorical variable)이라고 한다. 대부분의 명명척도가 여기에 해당하며 일부 서열척도를 포함한다. 대표적인 예로 성별, 기관유형, 경력 등이 있다. 예를 들어, 교사의 경력을 교사의 발달단계에 따라 생존단계(1년), 강화단계(2년), 갱신단계(3~4년), 성숙단계(5년 이상)로 구분할 경우 서열적 의미를 지닌 질적 변인으로 이해될 수 있다.

② 양적 변인

양적 변인(quantitative variable)은 연속변인(continuous variable)이라고도 하며, 양적인 크기를 나타내는 연속성을 지닌 값으로 구성된 변인을 의미한다. 대표적인 예로 경력(연), 어휘 수, 지능지수 등이 있다. 예를 들어, 경력을 앞서 질적 변인에서 설명한 것처럼 교사의 발달단계에 따라 구분하기보다는 실제 근무 연수로 산출하여 제시할 경우, 경력은 양적 변인이며 연속적인 의미를 지니게 된다.

3) 측정과 통계

(1) 측정과 통계의 개념

양적 연구에서는 가능한 모든 측정의 결과를 수량화하고자 하며, 이러한 수량화 과정을 측정이라고 한다. 즉, 측정(measurement)은 사물의 성질을 구체화하기 위하여 일정한 규칙에 따라 사물이나 사건에 수를 할당하는 절차를 말하고, 통계(statistics)는 주어진 현상을 기술하고 예측하고 설명하기 위하여 수집한 자료를 요약·정리하여 불확실한 사실에 대한 결론이나 일반적인 규칙을 밝혀내는 과정을 말한다. 따라서 측정은 각 변인의 수량화 방식을 다루고, 통계는 각 변인 간의 관계를 다룬다.

아동연구에서 선정된 자료 수집방법에 따라 적절한 통계분석방법을 적용하는 것은 올바른 연구수행의 핵심이며 기본적인 요건이다. 특히 각 변인이 측정된 척도에 따라 적절한 통계적 방법을 적용해야 하므로, 척도를 명확하게 이해하는 것은 올바른 통계방법을 적용하는 데 있어 매우 중요하다.

(2) 측정과 측정오차

① 구성개념과 조작적 정의

아동연구에서 측정대상은 대부분 직접적으로 측정이 불가능한 추상적 개념으로, 아동이나 교사, 부모 등 인간의 잠재적 특성(latent trait)을 다룬다. 구성개념(construct)이란 직접적인 측정이 불가능한 인간의 내재적 특성, 즉 추상적 개념을 설명하기 위해 존재하는 가설적 개념이다. 따라서 구성개념의 내재적 특성을 구체적으로 어떻게 측정하는지 명확히 하기 위해 조작적 정의를 제시하여야 한다. 조작적 정의(operational definition)는 주어진 변인을 직접 관찰할 수 있을 정도로 구체적으로 측정방법을 기술하는 것을 말한다. 모든 아동연구에서 조작적 정의는 주어진 변인을 측정하거나 조작하는 데 반드시 요구되는 과정이다. 각 구성개념이 적절히 측정되고 있는지는 각 구성개념을 측정하는 측정도구의 신뢰도와 타당도에 달려 있다.

② 측정오차

모든 측정은 오차를 포함한다. 이러한 오차를 이해하기 위해서는 오차가 발생하는 원인을 적절히 파악하여야 한다. 측정오차(measurement error)가 발생하는 원인을 살펴보면, 측정하고자 하는 속성이 아닌 다른 속성(개념)을 측정하였기 때문에 발생하는 경우가 있고, 응답자가 가지고 있는 독특한 특성에 의해 응답의 차이가 발생하기도 한다. 또한, 응답자의 일시적인 변화로 인하여 오차가 발생하기도 하며, 측정시간이나 환경 등의 측정 상황이 달라짐에 따라 응답이 달라져서 오차가 발생하기도 한다. 이와 같이 측정오차가 발생할 수 있는 가능성을 이해하고, 각 변인을 측정하기 전에 측정오차를 최소화하는 방법을 수립하여야 한다.

측정오차는 크게 체계적 오차(systematic error)와 비체계적 오차(random error, probabilistic error)로 구분한다. 체계적 오차는 측정 시 일정한 방식으로 나타나는 오차이다. 이러한 오차의 발생은 타당도(validity)에 영향을 미치는데, 해당 개념을 측정도구가 실제로 측정하지 못할 때 나타난다. 반면, 비체계적 오차는 연구대상자의 피로, 기억, 감정의 변화와 같은 요인이 측정내용, 측정과정, 측정수단 등에 일관성 없이 무선적으로 발생하는 오차를 말한다. 이러한 오차는 신뢰도(reliability)에 영향을 미친다.

(3) 통계와 통계적 오류

통계란 수집된 자료에 기초하여 변인들 간의 관계를 검증할 때 자료 분석에 사용되는 방법이다. 즉, 연구의 대상이 되는 변인에 대한 자료를 수집하여 통계를 사용하여 자료를 분석한다. 따라서 모든 양적인 연구는 수집된 자료에 기초하여 산출된 통계값을 검토하여 연구문제에 따라 설정된 가설을 검증하는 통계적 절차를 거친다. 이러한 통계적 검증과정에서 오류가 발생할 수 있다.

일반적으로 통계검증값이 실제로 참인 영가설을 기각하는 오류를 범하기도 하고, 반대로 실제 참이 아닌 영가설을 기각하지 못하는 오류를 범할 수도 있다. 일반적으로 전자를 제1종 오류(α)라고 하며, 후자를 제2종 오류(β)라고 한다. 즉, 영가설이 참일 때 이를 부정할 확률을 제1종 오류(α)라 하고 영가설이 거짓일 때 이를 부정하지 못할 확률을 제2종 오류(β)라 한다. 이때 $1-\beta$, 즉 제2종 오류를 범하지 않을 확률을 통계적 검증력(power)이라고 한다. 즉, 통계적 검증력은 영가설이 참이 아닐 때 이를 부정할 확률을 의미한다.

통계적 검증과정에서 우리는 제1종 오류를 최소화하고 통계적 검증력을 극대화하고자 한다. 통계적 검증의 유의수준(significance level)을 $\alpha = .05$, $\alpha = .01$, $\alpha = .001$에서 검토할 수 있으나 관습적으로 $\alpha = .05$의 유의수준을 선호하는 이유는 일반적으로 $\alpha = .05$에서 검증력이 극대화되기 때문이다.

〈표 6-2〉 가설검증과 의사결정

의사결정 (가설검증 결과)	진실(실제 모집단의 특성)	
	H_0 : 참	H_0 : 거짓
H_0 부정 못 함 (채택)	☺ 옳은 결정 $(1-\alpha)$	제2종 오류 (β)
H_0 부정함 (기각)	제1종 오류 (α)	☺ 옳은 결정 $(1-\beta)$ 통계적 검증력

2. 신뢰도

1) 신뢰도의 이해

(1) 신뢰도의 개념

측정을 통해 얻은 자료가 적절한지 판단하기 위해서는, 우선 측정이 일관된 결과를 제공해 주는지를 살펴보면 된다. 신뢰도(reliability)는 측정의 일관성(consistency)과 안정성(stability)에 관한 것으로, 동일한 대상을 반복적으로 측정할 때 동일한 결과를 가져올 수 있는 정도를 나타낸다. 측정하려는 대상이 측정할 때마다 일관되게 동일한 결과를 얻게 된다면 신뢰로운 도구라고 할 수 있다. 반면 측정할 때마다 다른 결과를 얻게 된다면 신뢰롭지 못하다고 하며, 이러한 일관되지 못한 부분을 측정오차(measurement error)라고 한다.

어떤 대상의 특성을 측정하여 얻은 관찰점수는 측정대상이 가지고 있는 실제점수(true score)와 오차점수(error score)로 구성된다.

관찰점수(X) = 실제점수(T) + 오차점수(E)

따라서 관찰점수에 실제점수가 더 많이 포함되어 있을수록 측정의 오차는 줄어들게 되어 관찰점수는 더 신뢰로운 점수가 된다. 반면, 관찰점수가 오차점수를 많이 포함하면 할수록 관찰점수는 신뢰하기 어려운 점수가 된다.

반복 측정된 점수의 일관성을 이해하기 위하여 반복 측정된 점수의 변화량을 변량의 개념으로 살펴볼 수 있다. 즉, 실제적인 차이로부터 오는 것을 실제점수의 변량이라고 한다면, 측정의 오차로부터 발생하는 것은 오차점수의 변량이라고 한다.

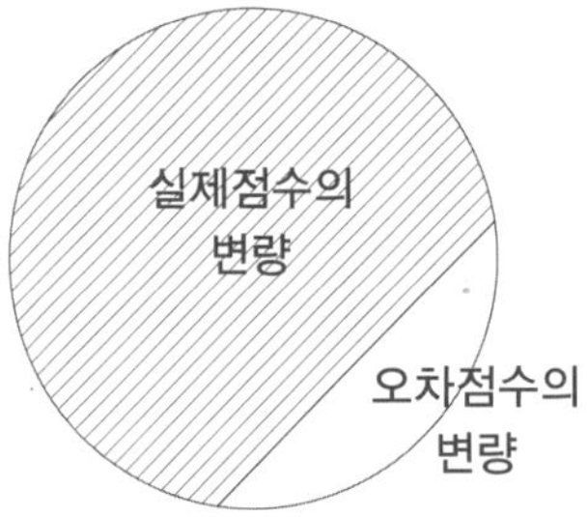

전체변량(total variance: σ_X^2)
= 실제점수의 변량(true variance: σ_T^2) + 오차점수의 변량(error variance: σ_e^2)

[그림 6-1] 전체 변량의 구성

이때 오차점수의 변량이 0이면 측정오차가 없음을 의미하며 전체변량은 실제점수의 변량이 된다. 반면, 오차점수가 커질수록 전체변량에서 실제점수가 차지하는 비율이 점점 낮아지고 측정의 오차가 커져서 측정의 일관성이 떨어지게 된다. 그러므로 신뢰도는 전체변량에서 실제점수의 변량이 차지하는 비율을 의미한다.

$$\text{신뢰도}(\rho_{XX'}) = \frac{\text{실제점수의 변량}}{\text{전체 변량}} = \frac{\sigma_T^2}{\sigma_X^2} = \frac{\sigma_X^2 - \sigma_e^2}{\sigma_X^2} = 1 - \frac{\sigma_e^2}{\sigma_X^2}$$

이때 오차가 0이 되면($\sigma_e^2 = 0$), $\sigma_X^2 = \sigma_T^2$이 되며 $\rho_{XX'} = 1$이 되어 완전히 신뢰할

수 있는 측정도구가 된다. 반면 오차가 커지면 커질수록 신뢰도는 1보다 작아지게 된다.

(2) 비체계적 측정오차

비체계적 측정오차가 발생하는 원인은 측정시간에 따른 오차, 문항구성에 따른 오차, 관찰자에 따른 오차 등으로 나누어 볼 수 있다.

① 측정시간에 따른 오차

측정시간에 따른 오차는 반복 측정된 검사의 시간 차이에서 오는 오차이다. 측정시간의 변화에 따른 오차로는 관찰 대상자가 관찰되는 시점의 기분이나 건강상태 등에 영향을 받아 발생하는 오차와 장소나 상황에 따라 발생하는 오차 등이 있다. 이러한 측정시간에 따른 오차는 하루나 일주일 정도의 단기적인 기간에 따른 오차와 한두 달의 장기적인 기간에 따른 오차를 포함한다.

② 문항구성에 따른 오차

여러 개의 문항으로 구성된 연구도구에서 선정된 문항으로 인해 발생하는 오차를 말한다. 연구도구가 어떠한 문항으로 구성되었는가에 따라 각 연구도구의 측정오차가 달라진다. 각 문항이 일관되게 해당 특성을 다루고 있다면 문항구성에 따른 오차가 줄어든다. 일반적으로 연구도구를 구성하는 문항이 많을수록 오차가 감소하는 경향을 보인다.

③ 관찰자에 따른 오차

관찰자(혹은 면접자, 평가자)에 따른 오차는 자료를 수집한 관찰자의 특성에 따라 관찰결과가 다를 때 나타난다. 여러 명의 관찰자에 의해 자료가 수집될 경우, 이러한 관찰자 간의 개인차나 주관적 편견으로 인해 오차가 발생하게 된다.

2) 신뢰도의 종류

비체계적 측정오차가 발생하는 원인을 고려하여 다양한 방식으로 신뢰도를 산출할 수 있다. 신뢰도를 산출하는 방식으로는 검사-재검사 신뢰도, 동형검사 신뢰도, 반분검사 신뢰도, 내적합치도, 관찰자 간 신뢰도 등이 있다.

(1) 검사-재검사 신뢰도

검사-재검사 신뢰도(test-retest reliability)는 동일집단에 동일한 검사를 일정 시간 간격을 두고 반복적으로 실시한 후 얻은 관찰점수의 안정성이라고 할 수 있다. 따라서 이를 안정도 계수(coefficient of stability)라고도 한다. 반복 실시된 검사에서 얻은 관찰점수의 상관관계에 의하여 산출된 r_{tt}를 검사-재검사 신뢰도라고 한다. r_{tt}가 1에 가까울수록 한 시점에 측정된 검사결과가 또 다른 시점에 측정된 결과와 일치됨을 의미한다. 만약 r_{tt}가 .80이라면, 관찰된 변량의 80%가 실제점수의 변량이며 나머지 20%가 시간의 오차로 인한 변량이라고 할 수 있다. 검사-재검사 신뢰도의 연구사례를 〈표 6-3〉에 제시하였다.

검사-재검사 신뢰도의 경우, 먼저 실시된 검사가 이후에 실시된 검사에 미치는 학습효과와 두 검사 간 시간적 거리에 따라 발생하는 아동의 성숙이나 발달 등을 고려하여야 한다. 두 검사 시점 사이의 시간 간격이 너무 길면 응답자의 성숙에 따라 실제점수가 변할 수도 있기 때문에 신뢰도가 실제보다 낮게 나올 수도 있다. 반면, 시간 간격이 너무 짧은 경우 기억에 의해 반응하는 이월효과가 커지면 신뢰도가 실제보다 높아질 수도 있다. 예를 들면, 유아의 경우 시간 간격이 너무 길면 성숙효과가 개입될 수 있으며, 성인의 경우 시간 간격이 너무 짧아지면 검사문항의 기억효과로 인해 신뢰도의 측정이 적절하지 않게 된다.

〈표 6-3〉 검사-재검사 신뢰도의 연구사례

〈표 3〉 K-WPPSI-Ⅳ의 검사-재검사 상관

지표점수	n	1차 검사		2차 검사		r
		평균	표준편차	평균	표준편차	
언어이해	100	105.09	16.66	106.79	16.31	.88*
시공간	100	104.32	13.34	105.82	12.97	.80*
유동추론	67	102.21	14.46	102.73	14.39	.88*
작업기억	100	102.41	13.68	102.72	13.75	.75*
처리속도	67	104.54	12.31	105.36	12.25	.79*
전체IQ	100	104.19	12.87	106.19	13.29	.90*

* $p < .05$

검사-재검사 신뢰도는 전 연령을 대상으로 Pearson의 적률상관계수를 사용하여 추정하였다. 표 3에서 제시된 바와 같이 2세 6개월~7세 7개월 유아의 K-WPPSI-Ⅳ 5개의 기본지표 및 전체 지능의 검사, 재검사 수행 간의 상관은 .90~.75의 상관을 보이고, 언어이해지표의 상관이 시공간지표와 작업기억지표보다 높은 것으로 나타났다. 이러한 결과는 K-WPPSI-Ⅳ가 모든 연령에 걸쳐 적절한 측정의 안정성을 보여줌을 알 수 있다. 또한, 그림기억 소검사를 제외한 모든 소검사에서 재검사의 전체 평균 수행이 1차 검사 시의 점수보다 모두 높은 것으로 나타났는데, 재검사 신뢰도의 추정을 위해서는 동일한 피험자에게 동일한 검사를 일정한 시간 간격을 두고 두 번 실시하기 때문에 소검사 간의 연습효과를 추정할 수 있다(문수백, 2000; WPPSI-Ⅳ, 2012).

출처: 박혜원, 이경옥, 이상희, 박민정(2016). 한국 Wechsler 유아지능검사 4판(K-WPPSI-Ⅳ)의 표준화연구: 신뢰도와 타당도분석. **한국보육지원학회지**, 12(4), pp. 120-121.

(2) 동형검사 신뢰도

동형검사 신뢰도(equivalent-forms reliability, alternate-forms reliability)는 동형의 검사나 유사한 검사를 활용한 신뢰도 측정방법으로, 두 개의 동형검사를 동일한 집단에 동시에 시행하여 동형의 두 검사도구의 일치도를 비교하는 방식으로 이루어진다. 동형검사는 각 검사의 성격이나 목적, 구성내용, 문항구성, 검사실시 과정, 난이도 및 변별도 등 모든 면에서 동일하고 문항내용만 달라야 한다. 또한, 각 검사도구의 평균, 표준편차, 문항수도 같아야 한다. 따라서 동형의 검사를 제작하는 것은 쉬운 일이 아니다.

동형검사 신뢰도는 같은 응답자들에게 동형의 두 검사를 실시한 후, 두 검사

점수 간의 상관계수를 통해 산출된다. 동형검사에서는 동일한 유형의 검사를 동시에 실시하므로 순수하게 측정하려는 변인 이외에 기억이나 학습효과 등의 측정오류를 어느 정도 방지할 수 있다. 그러나 동형의 두 검사를 시행할 때 발생한 시간차로 인한 오차는 여전히 남아 있을 수 있다.

(3) 반분신뢰도

반분신뢰도(split-half reliability)는 하나의 검사를 동일한 검사대상 집단에게 실시한 다음, 적절한 방법에 의해 측정도구를 반으로 나누어 각 부분을 독립된 검사로 간주하고, 둘 사이의 상관관계를 산출하여 신뢰도를 추정하는 방식이다. 이는 검사를 크게 둘로 나누어 측정도구의 두 부분이 지닌 측정의 유사성을 통하여 검사도구의 일관성을 추정하는 방법이다.

반분신뢰도의 경우, 동형의 검사도구를 제작할 때 발생하는 문제를 피할 수 있으며, 하나의 검사를 시행하기 때문에 시간차로 인한 오차를 배제할 수 있다는 장점이 있다. 따라서 측정이 이루어지는 동안의 시간차나 이에 따른 피로도의 차이, 문항의 제시 순서에 따른 문제(예: 처음에는 쉬운 문제, 나중에는 까다로운 문제 등) 등 구성문항 이외의 요소로 인해 신뢰도 계수에 영향을 미칠 수 있는 요소가 발생하지 않도록 주의하여야 한다. 측정도구를 둘로 나누어 양분된 각 도구가 하나의 완전한 척도를 구성하기에 충분한 문항수를 포함해야 한다. 반분신뢰도를 적용하려면 적어도 10문항 이상의 문항으로 구성되어야 한다.

반분신뢰도가 가진 가장 큰 문제점은 문항을 나누는 방식에 따라 신뢰도가 달라진다는 점이다. 따라서 반분신뢰도를 산출할 때 유의해야 할 점은 어떤 방식으로 전체 측정도구를 나누는가이다. 측정도구를 양분하는 방식으로는 무작위로 문항을 나누는 방식과 홀수 문항과 짝수 문항으로 나누는 방식(기우법) 등이 있다. 경우에 따라서는 검사도구를 구성하는 문항 특성(형식, 내용, 난이도, 문항 변별도 등)을 고려하여 나누는 방식이 있다.

반분된 검사도구에 의해 산출되는 신뢰도는 검사 전체의 신뢰도가 아닌 반분된 검사 점수 사이의 신뢰도이기 때문에 과소 추정의 우려가 제기된다. 따라서 적절한 공식을 사용해 전체 검사의 신뢰도 계수로 교정하여야 한다. 따라서 반분신뢰도의 산출은 반분된 두 검사결과에 대한 단순상관관계를 사용하지 않고, Spearman-Brown이 제안한 반분신뢰도 산출 공식을 사용한다. Spearman-Brown의 반분신뢰도 산출 공식은 다음과 같다.

$$\rho_{XX'} = \frac{2r_{XX'}}{1+r_{XX'}}$$

일반적으로 반분신뢰도 계수 $\rho_{XX'}$은 반으로 나누어진 검사점수의 상관관계계수 $r_{XX'}$보다는 다소 큰 값을 갖게 된다. 예를 들면, $r_{XX'}=.6$이면, $\rho_{XX'}=.75$이고, $r_{XX'}=.8$이면, $\rho_{XX'}=.89$이다. 이러한 반분신뢰도 계수도 문항수의 영향을 받는다. 일반적으로 문항수가 많아지면 신뢰도 계수가 높아지고, 문항수가 줄어들면 신뢰도 계수는 감소한다. 반분신뢰도의 연구사례를 〈표 6-4〉에 제시하였다.

〈표 6-4〉 반분신뢰도의 연구사례

〈표 4〉 K-WPPSI-Ⅳ(4:0~7:7세)의 반분신뢰도

지표	해당 소검사	Spearman-Brown 계수
언어이해	상식, 공통성	.934
시공간	토막짜기, 모양맞추기	.847
유동추론	행렬추리, 공통그림찾기	.957
작업기억	그림기억, 위치찾기	.847
처리속도	동형찾기, 선택하기	.777
전체IQ	토막짜기, 상식, 행렬추리, 동형찾기, 그림기억, 공통성	.917

각 소검사의 신뢰도 계수는 미국판 WPPSI-Ⅳ와 비교하기 위해 미국판과 동일하게 반분신뢰도를 산출하였고, 그 결과는 표 4에 제시하였다. 처리속도검사는 반분신뢰도를 산출하기에 적절하지 않은 소검사(WPPSI-Ⅳ, 2012)로 신뢰도를 산출하지 않았다. 분석결과, 예비연구에 사용된 지표의 신뢰도는 .847~.957로 높게 나타났다. 이러한 결과는 미국판 표준화 연구에서 제시된 결과와 유사한 수준으로 한국 유아의 지능검사에도 적절한 도구임을 확인할 수 있었다.

출처: 이경옥, 박혜원, 이상희(2015). 한국 웩슬러 유아지능검사(K-WPPSI-IV) 표준화를 위한 예비연구. **열린유아교육 연구**, 20(1), pp. 824-825.

(4) 내적합치도

내적합치도(internal consistency)는 하나의 개념을 여러 개의 문항으로 측정하는 검사도구의 신뢰도를 추정하는 방법으로 주어진 문항의 일관성을 평가한다. 한 검사를 구성하는 문항들을 각각 독립된 검사로 간주하여 그 문항들이 동일 측정대상을 어느 정도 일관성 있게 측정하는지를 반영하여 내적합치도를 산출한다. 내적합치도 계수를 추정하는 방법은 Kuder와 Richardson의 KR-20와 Cronbach에 의해 개발된 Cronbach's α가 있으며, 한 번의 검사시행으로 신뢰도를 추정할 수 있다는 장점이 있다. KR-20는 이분문항에만 적용되며, Cronbach α는 이분문항이나 연속변인에 모두 적용 가능하다. 따라서 Cronbach α가 내적합치도를 산출하는 데 주로 사용된다. Cronbach α는 문항 간의 일관성에 기초하여 단일한 신뢰도 추정결과를 얻는다는 장점이 있으며, 검사-재검사 신뢰도, 동형검사 신뢰도, 반분신뢰도의 문제점을 극복할 수 있다. 그러나 Cronbach α는 신뢰도를 과소평가한다는 단점이 있다. Cronbach α는 관찰점수의 분산과 실제점수의 분산의 비율에 기초하여 산출된다.

$$\alpha = \frac{n}{n-1}\left[1 - \frac{\sum_{i=1}^{n}\sigma_{Y_i}^2}{\sigma_X^2}\right]$$

n : 문항수
$\sigma_{Y_i}^2$: 각 문항의 변량
σ_X^2 : 총점의 변량

Cronbach α를 사용하여 신뢰도 결과를 해석할 때 Cronbach α값이 .7을 넘을 경우 연구목적으로 사용하기에 적절하다고 본다. 그러나 새로운 측정도구를 개발한 경우나 집단비교 등을 위한 목적으로 사용할 경우 Cronbach α값이 .6 이상이면 적절하다고 판단한다(Nunnally, 1978). 반면, 성취도검사나 지능검사와 같이 개인에 대한 평가를 목적으로 할 경우에는 신뢰도가 .9 이상을 요구하기도 한다.

또한, 전체 신뢰도와 더불어 항목-총계 통계량에 제시된 수정된 항목-전체 상관관계와 주어진 항목이 삭제된 경우의 Cronbach α값을 함께 참고할 수 있다. 일반적으로 수정된 항목-전체 상관관계가 .3을 넘어야 적절한 문항이라고 본다. 동시에 주어진 항목이 삭제된 경우의 Cronbach α값이 전체 신뢰도 α값보다 낮아진다면 이 문항이 포함될 경우의 신뢰도가 더 높아 이 문항을 검사도구에 포함시키는 것이 적절하다. 반대로 수정된 항목-전체 상관관계가 .3 이하이거나 주어진 항목이 삭제된 경우의 Cronbach α값이 전체 신뢰도 α값보다 높아진다면 이 문항을 제거하는 것이 전체 신뢰도 α값을 향상시켜 주어 검사도구의 신뢰도를 적절하게 해준다. 내적합치도의 연구사례를 〈표 6-5〉에 제시하였다.

〈표 6-5〉 내적합치도 연구사례

〈표 5〉 교사 평정의 내적합치도

척도(문항수)	점수범위		*M*	*SD*	Cronbach's α	문항-전체 상관 중간값
	최솟값	최댓값				
품행장애(27)	27	107	35.12	12.95	.95	.64
주의·충동성문제(15)	15	71	21.35	9.39	.94	.70
정서문제(17)	17	56	22.98	6.58	.87	.51
사회위축(9)	9	36	11.77	4.01	.84	.58
신체문제(9)	9	37	12.07	4.49	.84	.63
자신감결여(10)	10	38	13.40	4.39	.82	.54
지적문제(6)	6	24	7.77	3.15	.83	.65

K-BBRS-2의 내적합치도를 살펴보기 위해 93문항에 대한 신뢰도 분석을 실시하였다. 분석결과, 표 5에 제시한 바와 같이 각 척도별 신뢰도는 .82~.95로 높았고, 각 척도 내 문항-전체 상관의 중간값은 .51~.70로 양호하였다.

출처: 이경옥, 오새니, 심혜진, 이상희(2016). 한국 유아용 Burks 행동평정척도(K-BBRS-2) 타당화를 위한 예비연구. **한국보육지원학회지**, 12(3), p. 167.

(5) 관찰자 간 신뢰도

관찰에 기초한 자료의 경우, 관찰자가 아동이나 연구대상자의 행동을 관찰하고 이에 대해 평점을 부여하거나 어떤 판단을 하게 된다. 개별관찰자는 이러한 평가나 판단을 하는 데 필요한 기본적인 기준을 가지고 있다. 관찰자 간 신뢰도(interobserver reliability 혹은 평정자 간 신뢰도: inter-rater reliability)는 관찰결과가 관찰자 간에 얼마나 일치하는가를 측정하는 것이다. 주어진 특성에 대해 관찰자의 주관적인 판단이 달라진다면 이로 인해 관찰결과의 일관성과 동질성에 많은 문제가 발생한다.

관찰자 간 신뢰도의 산출방식은 사용되는 관찰척도에 따라서 달라진다. 예를 들어, 놀이행동에서 나타나는 유아의 친사회적 행동을 관찰하고 적절한 평점을 부여할 수 있다. 이 경우 평점결과는 연속적인 양적 변인이 사용된다. 이와 같이 양적 변인인 경우, Pearson의 단순상관계수를 사용한 관찰자 간 신뢰도를 산출하면 된다. 반면, 놀이행동의 유형을 관찰한 후, 유아의 놀이행동을 비참여적 놀이, 방관자적 놀이, 혼자놀이, 병행놀이, 연합놀이, 협동놀이 등의 유형으로 구분할 수 있다. 이 경우에는 앞서 친사회적 행동의 특성을 연속인 평점을 부여하는 경우와 달리 각 놀이행동 유형으로 판단하는 범주변인으로 구성한다. 질적인 범주변인으로 평가될 경우 관찰자 간 신뢰도는 일치도(agreement, %)나 Kappa(K)값을 사용하여야 한다. 관찰자 간 신뢰도에 관한 연구사례는 〈표 6-6〉에 제시하였다.

〈표 6-6〉 채점자 일치도 연구사례

WPPSI-IV에 포함된 소검사 중 상식, 공통성, 어휘, 이해 검사는 채점자가 피검자의 반응을 기록하고, 지침서에 제시된 기준에 따라 채점자가 점수를 부여하기 때문에 채점자의 주관이 개입될 여지가 있다. 언어검사에 대한 채점기준이 채점자 간 일관성을 유지하는지를 검토하기 위해 훈련받은 2명의 채점자가 46명 아동의 소검사 결과를 독립적으로 채점하여 채점자 간 일치도와 소검사 평균에 대한 상관계수를 산출하였다. 각 소검사 반응에 대한 채점자 간 일치도는 상식 100%, 공통성 99%, 어휘 99%, 이해 99% 일치하는 것으로 나타났다. 이는 채점자들 간의 채점기준에 일관성이 있음을 보여주는 결과이다.

출처: 이경옥, 박혜원, 이상희(2015). 한국 웩슬러 유아지능검사(K-WPPSI-IV) 표준화를 위한 예비연구. **열린유아교육연구**, 20(1), p. 823.

3) 신뢰도에 영향을 미치는 요인

신뢰도는 검사를 구성하고 있는 문항의 특성이나 연구도구의 특성에 의해 많은 영향을 받는다. 뿐만 아니라 수집된 자료의 특성에 따라 달라진다. 예를 들면, 신뢰도 계수는 연구도구의 유형, 문항수, 문항의 구성, 문항난이도, 자료 수집의 범위 등 여러 요인의 영향을 받는다.

(1) 연구도구의 유형

신뢰도는 연구도구의 유형에 따라 달라진다. 일반적으로 신뢰도는 동일한 특성을 다양한 문항으로 측정하고자 할 때 산출되는 것으로 연구도구를 구성하는 문항의 동질성이 높아질수록 신뢰도가 증가한다. 특히 성취도검사의 경우, 심리검사와 달리 각기 다른 능력을 측정하는 문항들로 구성될 수 있으며, 이로 인해 신뢰도가 다소 낮아질 수 있다. 이 경우 신뢰도에만 의존하기보다는 내용타당도도 함께 검토하여 문항 및 연구도구의 적절성을 판단하는 것이 좋다.

(2) 문항수

신뢰도는 연구도구를 구성하는 문항수에 따라 달라진다. 일반적으로 문항수가 많으면 많을수록 연구도구의 신뢰도는 높아진다. 여러 개의 문항으로 측정할 경우 측정의 오차를 최소화하여 신뢰로운 척도를 구성할 수 있다. 예를 들면, 5문항으로 구성된 연구도구보다는 10문항으로 구성된 연구도구가 신뢰도는 더 높아진다. 그러나 지나치게 많은 문항으로 구성된 연구도구의 경우, 응답자의 피로도가 누적되어 신뢰도에 부정적인 영향을 미칠 수 있으므로 주의하여야 한다. 반면 문항수가 너무 적을 경우 신뢰도가 낮게 나타날 수 있으므로 적절한 문항수로 연구도구를 구성할 필요가 있다.

(3) 문항의 동질성

문항이 동질한 요소를 측정하도록 구성된 검사도구인 경우, 보다 높은 신뢰도를 가질 수 있다. 아동의 능력이나 특성 중 한 가지 요소를 측정하기 위하여 설계된 연구도구의 경우 각 항목은 동질적이라고 볼 수 있으며, 이 경우 내적인 일관성이 높게 나타날 것이다. 그러나 여러 가지 다른 능력이나 속성을 하나의 연구도구에 포함하여 측정하는 경우 내적 일관성을 유지하기 어려울 것이다. 따라서 동질적인 하위척도로 구성된 연구도구의 경우 전체 신뢰도를 산출하는 것이 가능하나, 이질적인 하위척도로 구성된 연구도구의 경우 전체 신뢰도를 산출하는 것은 무의미하다. 예를 들면, Thomas와 Chess(1977)의 기질척도의 경우, 각 하위척도별 신뢰도 산출은 가능하나 모든 하위척도를 포괄한 기질 전체 신뢰도의 산출은 무의미하다.

(4) 점수의 편차

다양한 집단의 표본으로부터 수집된 자료에 기초하여 연구도구의 신뢰도를 산출할 경우 신뢰도가 비교적 높게 나타나지만 동질적인 집단으로부터 수집된 자료에 기초한 신뢰도는 낮게 나타난다. 또한, 연구도구 자체가 변별력이 없는 문항으로 구성된 경우에도 신뢰도가 낮게 나타난다. 이는 상관관계계수를 산출할 때 연구대상의 범위가 특정 집단으로 축소되어 편차가 없을 경우 상관관계가 낮아지는 것과 같은 결과이다.

(5) 문항난이도

연구도구의 신뢰도를 확보하기 위해서는 문항난이도가 적절하여야 한다. 연구도구를 구성하는 문항의 난이도가 지나치게 높거나 낮을 경우, 즉 평균값이 지나치게 높거나 낮은 경우 신뢰도가 저하된다. 이 경우 앞서 말한 결과점수의 편차가 적어지는 것과 같은 결과를 초래한다. 또한, 적절한 난이도는 검사에 임하는 아동이 지나치게 불안을 느끼거나 부주의하게 반응하지 않도록 하여 최적의 반응을 이끌어 낼 수 있다. 아동이 검사에 적절하게 반응할 때 신뢰도도 향상될 수 있다.

(6) 반응선택지의 수

일반적으로 검사도구의 신뢰도는 각 문항의 반응선택지의 수가 5~7일 때 적절하다. 그러나 아동의 경우 반응선택지가 많으면 적절히 응답하기 어려우므로 아동의 연령을 고려하여 반응선택지의 수를 조정하는 것이 좋다. 특히 어린 유아의 경우, 유아가 응답하기 좋은 그림자료를 활용하거나 단계별로 응답할 수 있게 하여 정확하게 응답하도록 도와주어야 한다. 예를 들면, 표정으로 구성된 응답이나 원그래프 모양의 그림자료를 활용할 수 있다. 또는 '예'와 '아니요'로 응답하게 한 후, 다음 단계로 '아주 많이'와 '조금 많이'로 응답하도록 하여 유아의 응답을 얻어내는 방법을 사용한다.

3. 타당도

1) 타당도의 개념

타당도(validity)는 주어진 연구도구가 측정하고자 하는 것을 얼마나 정확하게 측정하느냐와 관련이 있다. 즉, 타당도란 주어진 변인의 조작적 정의에 대한 적절성을 판단한다. 변인의 조작적 정의는 변인이 지닌 이론적 의미를 실제로 어느 정도 반영하는지, 주어진 측정도구가 측정하고자 하는 구성개념의 구성요소를 적절히 포함하는지, 주어진 측정도구가 실제로 구성개념이 측정하고자 하는 것을 적절하게 측정하고 있는지를 파악하는 근거가 된다. 예를 들면, 유아의 발달수준을 측정하기 위한 유아발달검사도구가 있다면, 이에 기초한 발달이론을 적절히 반영하고 있는지, 유아의 발달을 파악하기 위한 충분한 발달영역을 포함하고 있는지, 유아의 발달을 정확하게 측정하는지가 중요하다. 타당도에는 내용타당도, 준거타당도, 구성개념타당도, 수렴 및 변별타당도 등이 있다.

측정하고 있는 구성개념을 명명하는 데 오류를 범하고 있는 경우를 명명오류(nominal fallacy)라 한다. 예를 들면, 창의성 도구가 그리기 능력을 측정하고 있다면 이는 명명오류이다. 타당도의 경우 이론적 타당성(nomothetic network, conceptual framework)이 매우 중요하다. 타당도를 설명할 때, 명명하고자 하는 개념이 이론 전체에서 어떤 위치를 차지하는지 설명하고, 명명하는 개념과 명칭의 정확성과 개념 간의 관련성에 관한 이론적 중요성을 명확히 밝혀야 한다.

타당도의 개념을 변량의 관점에서 살펴보면, [그림 6-2]에 나타난 것처럼, 관찰점수의 변량은 실제점수의 변량과 오차점수의 변량으로 나뉜다. 이때 실제점수의 변량은 다시 타당한 실제점수의 변량(▩)과 타당하지 않은 실제점수의 변량(▨)으로 나뉜다. 그중 타당한 점수의 변량이 타당도에 해당한다.

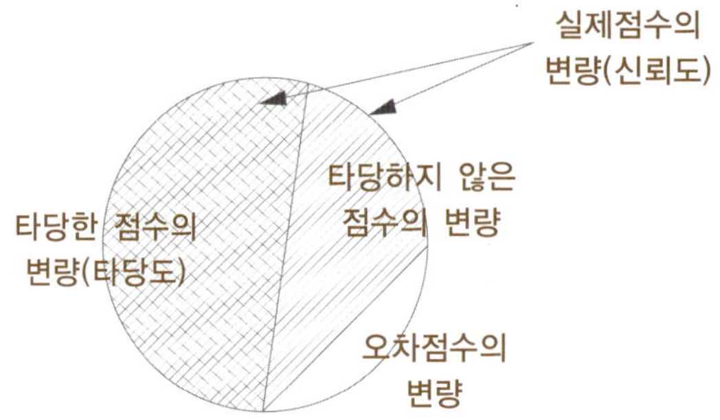

관찰점수의 변량 = 실제점수의 변량 + 오차점수
= {타당한 실제점수(▩) + 타당하지 않은 실제점수(▨)} + 오차점수(□)

[그림 6-2] 전체 변량과 타당한 점수의 변량

2) 타당도의 종류

(1) 내용타당도

내용타당도(content validity)란 논리적 사고에 기초한 분석과정을 통해 얻어지는 주관적인 타당도이다. 즉, 주어진 연구도구의 내용이 측정하고자 하는 것을 정확하게 측정하였는지를 전문가의 논리적 분석이나 경험적 절차에 의해 평가하는 것을 내용타당도라 한다.

내용타당도와 혼동하여 사용되고 있는 안면타당도(face validity)는 연구도구에 포함된 문항들이 측정하려는 내용이 무엇인지를 연구대상자가 이해하는 정도를 말한다. 그러나 안면타당도의 개념은 문항의 친숙도에 기초한 것으로 연구도구 자체의 속성과 무관하거나 학문적인 과학성이 결여된 것으로 보고 안면

타당도란 용어를 사용하지 않을 것을 권장하기도 한다(성태제, 2005).

내용타당도는 우선 측정하고자 하는 아동의 특성이나 능력의 내용영역을 명료화하고 이를 하위영역별로 구분하여 정의한 뒤, 검사도구의 내용이 내용영역의 특성을 잘 대표하는지를 비교·분석해 준다. 대부분의 경우, 내용타당도는 다분히 전문가의 주관적인 판단에 의존하여 계량화되지 않은 방식을 사용하기 때문에 타당도의 정도를 적절히 표기하기 어렵다는 단점이 있다. 경우에 따라 전문가의 평가비율을 산출하여 적절성을 검토하기도 한다. 그러나 내용타당도는 수량화된 결과보다는 얼마나 내용영역을 정확하고 구체적으로 기술하는지가 더 중요하다.

따라서 내용타당도에 있어서 수량화된 내용타당도 분석보다는 전문가에 의한 내용분석(content analysis)이 더 중요하다. 내용분석이란 측정의 대상이 되는 속성을 포함하는 모든 자료의 내용을 체계적으로 분류하여 분석하는 과정을 말한다. 내용분석의 절차는, 먼저 내용의 분석대상 모집단(예: 사회과 교재 내용, 공격적 행동)을 정의하고 유목화한다. 분석대상을 유목화할 때, 분석단위를 단어, 주제, 속성 등의 다양한 방식으로 설정할 수 있다. 분석내용을 수량화할 경우 빈도표를 작성하거나 서열화, 평정 등의 방법을 사용하면 보다 체계적으로 자료를 제시할 수 있다.

내용타당도는 특히 성취도검사에서 많이 사용된다. 성취도검사에서는 교육목표 분류표에 기초하여 검사문항을 개발하고 선정하며, 교과 내용 전문가들은 검사문항이 측정하고자 하는 내용을 적절히 포함하여 구성되었는지에 대한 판단 근거로 이러한 분류표를 활용하여 내용타당도를 검토한다. 반면, 심리검사에서는 이론적 근거에 기초하여 문항을 개발하고, 해당 이론에 기초하여 전문가의 의견이 일치되는 정도에 의해 내용타당도를 검토한다.

(2) 준거타당도

준거타당도(criterion validity)는 관찰점수와 준거(검사를 통해서 파악하고자 하는 특성과 관련한)와의 상관관계에 기초하며, 주어진 준거와의 관련성이나 이에 대한 예측 가능성을 통해 연구도구의 타당성을 평가하는 방법이다. 이때 준거는 측정하고자 하는 아동의 특성이나 능력을 측정하고 있는 기존의 공인된 측정도구이다. 따라서 준거타당도는 기존에 공인된 측정도구가 존재할 경우에만 가능하다. 준거타당도는 연구도구를 평가하는 준거가 현재인지 미래인지에 따라 공인타당도와 예측타당도로 나누어진다. 현재의 다른 측정결과와의 연관성은 공인타당도라고 하고, 미래의 측정결과와의 연관성은 예측타당도라고 한다.

① 공인타당도

공인타당도(concurrent validity)는 관찰점수와 준거자료를 동시에 수집하여 자료를 분석하는 것으로, 주어진 관찰결과가 준거자료와 얼마나 공통적인 요인을 측정하고 있는지 평가한다. 즉, 공인타당도는 관찰결과와 기존에 타당성을 인정받은 측정도구의 관찰결과 간의 상관관계를 구하여 산출한다. 준거로 삼는 측정도구의 점수가 같은 시점에서 얻어지므로 공인타당도라 부른다. 예를 들어, 어느 교사가 유아발달을 평가하기 위한 간단한 체크리스트를 개발하였다고 하면, 이러한 발달체크리스트의 공인타당도는 기존의 타당도 검증을 거친 공인된 유아발달검사를 준거로 사용하여 자료를 수집한 후, 체크리스트 결과와 유아발달검사의 결과에 대한 상관관계를 산출하여 검토한다.

② 예측타당도

예측타당도 또는 예언타당도(predictive validity)는 관찰점수가 미래의 어떤 행동이나 특성과의 관계에 기초하여 추정되는 타당도를 말한다. 즉, 현재의 관찰점수가 미래의 행동을 얼마나 잘 예측하느냐와 관련이 있다. 예측타당도는 공인타당도와 마찬가지로 상관계수를 산출하여 검토하며, 관심 있는 행동이나 특성을 측정하고 일정 기간이 지난 후 측정결과와 관련이 있는 행동이나 특성에 대한 공인된 측정도구의 결과와의 상관관계를 산출한다. 예를 들어, 유아의 학습준비도 검사에서 예측타당도는 유아가 초등학교에 입학한 후 학업성취도의 점수를 산출하여 추정할 수 있다. 즉, 여기서 학습준비도 검사와 학업성취도 검사 간의 상관관계가 학습준비도 검사의 예측타당도를 나타낸다.

(3) 구성개념타당도

구성개념타당도(construct validity)란 우리가 측정하는 구성개념을 조작적으로 정의하고 이러한 조작적 정의에 따라 구성개념을 적절히 측정하였는지를 검토하는 과정을 말한다. 즉, 검사가 본래 의도한 측정대상인 이론적 구성개념이나 특성을 얼마나 적절히 측정하는지의 정도를 나타내는 것을 구성개념타당도라고 한다. 구성개념타당도를 수행하는 과정은 다양한 조건에서 측정대상인 구성개념의 이론적 배경을 만족하는 경험적 증거들을 축적하는 과정을 포함한다. 따라서 구성개념타당도를 통해 서로 다른 연구대상자 집단 간의 차이, 검사점수의 변화에 대한 증거, 외적 준거와의 상관에 대한 증거, 검사문제 해결과정에 대한 증거 등이 이론적 예측과 일치하는가를 검토할 수 있다.

구성타당도는 수렴과 변별의 개념의 기초하여 측정하고자 하는 행동이나 특성에 대한 이론적 타당도를 제시한다. 수렴타당도(convergent validity)는 같은 내용 혹은 같은 특성을 측정할 경우 두 특성 간의 상관관계를 나타내며, 두 검사점수가 유사한지를 검토한다. 반면, 변별타당도(discriminant validity)는 다른 내용 혹은 다른 특성을 측정할 경우의 상관관계로 나타내며, 두 특성이 서로 변별되는 특성인지를 검토하여 타당도를 검토한다. 예를 들면, 하나의 구성개념을 측정하기 위해 만들어진 문항들이 하나의 요인으로 수렴하고, 서로 다른 구성개념들을 측정하기 위해 만들어진 문항들이 서로 구분된다면, 그 측정도구는 수렴 및 변별타당도를 가지고 있다고 할 수 있다.

Campbell과 Fiske(1959)가 제시한 다특성-다방법(Multiple-Trait Multiple-Method: MTMM)은 이러한 수렴타당도와 변별타당도를 검토하게 해준다. 즉, 다특성-다방법은 행렬에서 같은 특성과 같은 방법(same traits, same methods)이 신뢰도에 해당하며 가장 높은 상관관계를 보인다. 같은 특성과 다른 방법(same traits, different methods)이 수렴타당도(convergent validity)를 나타내며 신뢰도 다음으로 높은 상관을 보이는 반면, 다른 특성과 같은 방법(different traits, same methods)은 방법의 효과(method effect)를 나타내고 다른 특성과 다른 방법(different traits, different methods)은 변별타당도(discriminant validity)로 가장 낮은 상관관계를 보인다. 다특성-다방법의 사례를 〈표 6-7〉에 제시하였다.

〈표 6-7〉 다특성-다방법의 연구사례

〈표 7〉 초등학교 2학년아를 위한 자아개념에 대한 Multitrait-multimethod matrix

		초등 2학년아				부				모				교사			
		1	2	3	4	1	2	3	4	1	2	3	4	1	2	3	4
초등2학년아	1. 능력	.83															
	2. 신체	.69	.76														
	3. 가정	.75	.71	.83													
	4. 사회	.68	.70	.68	.78												
부	1. 능력	.17	.18	.15	.23	.96											
	2. 신체	.07	.19	.09	.20	.91	.93										
	3. 가정	.13	.13	.10	.18	.92	.91	.96									
	4. 사회	.14	.16	.11	.19	.90	.89	.91	.94								
모	1. 능력	.31	.25	.28	.30	.56	.50	.50	.50	.94							
	2. 신체	.20	.30	.20	.24	.52	.58	.49	.49	.87	.90						
	3. 가정	.27	.22	.26	.24	.50	.48	.51	.45	.87	.84	.94					
	4. 사회	.29	.26	.26	.30	.53	.48	.48	.52	.86	.80	.85	.91				
교사	1. 능력	.30	.09	.24	.15	.24	.16	.21	.23	.25	.14	.20	.17	.95			
	2. 신체	.10	.12	.08	.14	.15	.20	.12	.15	.17	.19	.14	.12	.49	.87		
	3. 가정	.28	.11	.20	.18	.15	.12	.20	.13	.23	.16	.26	.15	.72	.37	.87	
	4. 사회	.25	.14	.20	.19	.17	.16	.18	.22	.19	.13	.19	.14	.68	.53	.61	.85

1. 능력=능력에 대한 자아개념 2. 신체=신체에 대한 자아개념
3. 가정=가정에 대한 자아개념 4. 사회=사회에 대한 자아개념
* 대각선은 신뢰도, 음영 부분은 수렴타당도(STDM), 삼각형 부분은 방법의 효과(DTSM)에 해당한다.

아동의 자아개념과 부모의 자아개념 추론의 일치도를 살펴보기 위하여 유치원아와 초등학교 2학년아를 위한 MTMM 분석결과를 제시하였다. MTMM correlation matrix는 아동의 자아개념과 추론된 자아개념 사이의 실제적인 상관을 보여주는 동시에 자아개념의 수렴타당도와 변별타당도를 검증하는 중요한 분석도구로 사용될 수 있다. 표 7에 나타난 초등학교 2학년아의 자아개념 역시 모에 의한 자아개념 추론이 아동의 자아개념과 가장 높은 상관관계(.26~.31)를 나타내었고, 교사(.12~.30)나 부(.10~.19)에 의한 추론은 상대적으로 낮은 상관을 보였다. 특히 부에 의한 추론은 가장 낮은 상관을 나타내어 교사에 의한 추론이 부에 의한 추론보다 더 아동의 자아개념과 일치하고 있음을 나타내었다.

출처: 김흔숙, 이경옥(2000). 아동의 자아개념 발달과 부·모·교사의 자아개념 추론에 관한 연구. **아동학회지,**' 21(1), pp. 79-80.

일반적으로 구성개념타당도는 요인분석을 사용하여 이루어진다. 요인분석이란 여러 개의 문항 혹은 여러 개의 측정변인으로 구성된 측정도구의 문항 혹은 측정변인 간의 상호관계를 분석하여 서로 상관이 높은 변인들을 모아 하나의 요인을 구성하고, 그 요인에 의미를 부여하는 통계적 방법이다. 다시 말해, 요인분석을 통해 여러 개의 관찰변인들이 설명하는 몇 개의 요인으로 축약할 수 있다. 요인분석에서는 모든 관찰변인이 그에 수반되는 잠재적이고 가설적인 구성개념을 가지고 있다고 가정하며, 관찰된 변인들 간의 상관관계에 기초하여 요인들 간의 잠재적인 구조를 추출한다.

요인분석은 일반적으로 탐색적 요인분석(exploratory factor analysis)과 확인적 요인분석(confirmatory factor analysis)으로 나뉜다. 탐색적 요인분석은 이론상으로 그 구조가 확립되어 있지 않거나 자료의 기본 구조가 알려지지 않을 때 사용하며, 확인적 요인분석은 변인들 간의 기존 관계를 가설로 설정하고 요인분석을 통하여 그 관계를 입증하는 데 이용하는 방법이다. 최근 들어 구조방정식을 사용한 확인적 요인분석은 기존의 탐색적 요인분석과 더불어 구성타당도의 검증을 위해 많이 활용된다.

① 탐색적 요인분석

탐색적 요인분석은 특정한 요인의 구조를 가정하지 않은 요인분석으로, 각 측정변인과 요인 간의 관계에 대한 연구자의 강한 가정 없이 표본자료에 기초하여 주어진 측정변인을 구성하는 요인의 구조를 밝히는 데 의의가 있다. 탐색적 요인분석을 실시하는 방법을 간단히 요약하면 다음과 같다. 첫째, 상관관계 분석결과를 검토하여 요인 가능성을 검토한다. 다음으로 요인분석에 사용된 분석 방식과 더불어 회전 방식을 선택하여 요인분석을 실시한 후, 초기 요인부하량(factor loading)을 검토하고 고윳값(eigenvalue)과 각 요인에 의해 설명되는 변량의 비율(%)을 파악한다. 이때 고윳값과 더불어 Scree Plot을 검토하여 요인의 수를 결정한다. 일단 요인의 수가 결정되면, 수행된 요인분석 결과를 분석하여 각 요인별 요인부하량의 적절성을 검토한다. 이때 요인 추출 방식과 요인 선정의 기준을 구체적으로 제시하여야 한다. 일반적으로 각 측정변인의 요인부하량은 .4나 .35를 넘어야 한다. 마지막으로, 요인들 간의 상관관계를 검토하고 필요한 경우 요인점수 산출방식을 결정한다. 또한, 분석된 요인분석 결과를 정리하고 요인별 신뢰도를 산출하여 각 요인 구성의 적절성을 재검토한다. 일반적으로 요인분석이라고 하면 확인적 요인분석보다는 탐색적 요인분석을 의미한다.

탐색적 요인분석의 연구사례로 유아 기질 척도의 타당화 연구(이경옥, 2004) 사례를 〈표 6-8〉에 제시하였다. Rothbart(1996)는 외향성, 부정정서, 주의통제를 기질의 핵심요소로 보고 이러한 구성요소에 기초하여 기질의 개념을 체계화하여 조작적 정의를 제시하였다(이경옥, 2004). 이러한 조작적 정의에 의해 측정된 기질의 개념이 적절히 평가되고 있는지를 평가하기 위하여 탐색적 요인분석을 실시한 사례이다.

② 확인적 요인분석

확인적 요인분석은 명확한 이론적 가설이나 근거에 의해 설계되거나 가정된 가설적 요인구조를 자료에 적용시켜서 이러한 가설적 요인구조의 타당성을 확인하는 방식으로 이루어진다. 탐색적 요인분석과 대조되는 방식으로 요인 및 그에 대한 측정변인, 측정잔차(측정오차) 등을 포함한 모델로 구성된다. 확인적 요인분석을 위해 LISREL, EQS, LISCOMP, COSAN, AMOS 등의 다양한 통계프로그램이 사용되고 있으나, 그래픽모드에 기초하여 초보자들도 분석하기에 편리한 AMOS 프로그램이 널리 사용된다.

확인적 요인분석의 연구사례로 한국 웩슬러 유아지능검사 중 2세 6개월~3세 11개월 연령군의 기본지표에 대한 확인적 요인분석 결과를 〈표 6-9〉에 제시하였다. 2세 6개월~3세 11개월 연령군의 경우, 언어이해지표는 수용어휘와 상식 소검사에 기초하여 산출하고, 시공간지표는 토막짜기와 모양맞추기에 기초하고, 작업기억은 그림기억과 위치찾기에 기초하여 산출됨을 확인하였다.

〈표 6-8〉 탐색적 요인분석의 연구사례

〈표 8〉 유아 기질 척도의 탐색적 요인분석 결과

	요인		
	주의통제	외향성	부정정서
접근성	.237	.511	.574
강한 자극 선호성	.144	.780	.068
미소/웃음	.759	.411	.099
활동수준	.332	.683	.086
충동성	.099	.806	.133
수줍음	.077	-.565	.297
불안	.230	-.077	.679
공포	.294	-.313	.572
분노/좌절	-.299	.229	.749
슬픔	-.102	.088	.773
반응회복률/진정성	.694	.169	-.228
자극의 통제	.738	-.346	-.096
주의집중력	.687	.114	-.039
낮은 자극 선호성	.781	.139	.248
자극 민감성	.771	.088	.337

CBQ의 15개 하위영역에 대한 탐색적 요인분석을 위하여 주성분 분석과 직교회전을 실시하였으며, eigenvalue와 scree plot에 기초하여 3개의 요인으로 구성된 요인구조가 추출되었다. 3개의 요인에 의해 총변량의 61.27%가 설명되었다. 탐색적 요인분석 결과, CBQ의 15개 하위영역은 외향성, 부정정서, 주의통제의 세 가지 요인으로 구성되어 있음을 보였다. 세 가지 상위요인에 대한 15개 하위영역의 요인부하량에 대한 결과는 Rothbart, Ahadi, Hershey와 Fisher(2001)의 연구결과와 유사하였으며, 이는 한국 유아의 기질 측정 구조 역시 다른 나라의 유아와 마찬가지로 외향성, 부정정서, 주의통제의 세 가지 요인으로 구성되어 있음을 보여주고 있다. 요인 1은 총변량의 28.60%를 설명하였으며, 주로 자극의 통제, 주의집중, 낮은 자극 선호성, 자극 민감성 등에 의해 '주의통제'를 설명하는 요인으로 나타났다. 요인 2는 총변량의 17.54%를 설명하면서, 주로 접근성, 강한 자극 선호성, 미소/웃음, 활동수준, 충동성, 수줍음 등과 같은 '외향성(Extraversion/Surgency)'을 설명하는 요인으로 구성되었다. 요인 3은 총변량의 15.21%를 설명하였으며, 주로 불안, 공포, 분노/좌절, 슬픔 등과 같은 '부정정서'에 해당하는 하위영역을 포함하고 있는 것으로 나타났다.

출처: 이경옥(2004). 유아 기질 척도(CBQ)의 타당화를 위한 기초 연구. **유아교육연구**, 24(5), p. 110.

〈표 6-9〉 확인적 요인분석의 연구사례

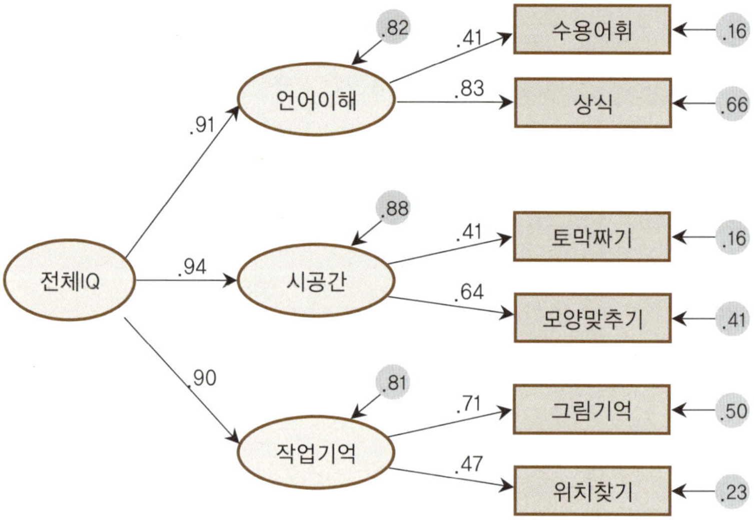

[그림 9] 대상 유아의 기본지표 소검사의 지능구조 분석 결과

2세 6개월~3세 11개월 연령군은 언어이해, 시공간, 작업기억 등 3개의 기본지표로 구성됨을 확인하였다. 이에 각 지표를 대표하는 소검사 2개로 구성된 요인구조가 유아의 지능을 설명하는지 분석하였다. 연구결과 모델의 적합도 지수는 $\chi^2(6)$=8.45, CFI=1.00, TLI=.99, RMSEA=.03 95% CI [.00, .06]로 우수하였으며, 그림 9에 제시된 것처럼 잠재변인에 대한 설명력이 적절하였다. 그러나 관찰변인 수와 표본의 크기가 상대적으로 낮아 CFI 값이 경우 1.00으로 나타났다. 이러한 결과는 WPPSI-Ⅳ 표준화 연구결과와 동일한 현상이다(Wechsler, 2012).

출처: 이경옥, 박혜원, 이상희(2016). 한국 웩슬러 유아지능검사 4판(K-WPPSI-IV)의 지능구조에 관한 연구. **아동학회지**, 37(6), pp. 112-113.

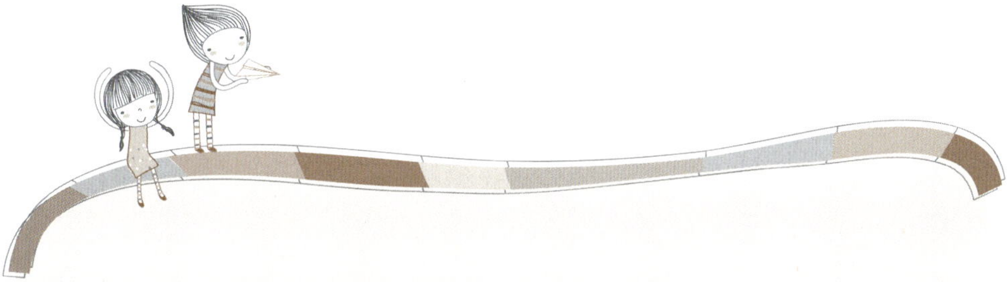

CHAPTER 07 조사연구

조사연구는 사회과학 분야에서 가장 빈번하게 사용되는 연구방법으로, 사람들의 의견, 태도, 특성, 이전의 경험들에 대한 정보를 질문이나 면접, 검사 등의 수단을 사용하여 수집하는 방법이다. 따라서 조사연구는 모집단이 너무 커서 직접 관찰이 불가능하거나 곤란한 사회·심리적 현상의 상대적인 영향력이나 분포 상태, 관계 정도 등을 밝혀내는 데 유용한 연구방법(Kerlinger, 1986)으로, 현상을 파악하기 위해 사용하는 자료 수집방법이라 할 수 있다. 이 장에서는 체계적인 정보를 수집하기 위한 조사연구의 절차와 대표적인 조사연구방법인 질문지법, 면접법, 검사법의 특성에 대해 살펴본다.

1. 조사연구의 절차

조사연구(survey research)는 전집으로부터 표본을 추출하여 정보를 수집하고 이러한 결과를 전집에 대해 일반화하는 방법으로, 기술적 조사(descriptive survey)나 규범적 조사(normative survey)라고도 부른다(Leedy & Ormrod, 1993). 조사연구의 자료는 전적으로 연구대상의 응답에 의존하므로 적절한 반응을 이끌어낼 수 있는 질문을 하지 못했거나 전집을 대표할 수 있는 연구대상을 선정하지 못했을 때 오류가 발생하게 된다. 그러므로 조사연구에서 질문을 하는 방법과 연구대상을 선정하는 과정은 연구의 질을 결정하는 데 중요한 부분을 차지한다(이은해 외, 2006). 조사연구를 수행하기 위한 일반적 절차는 다음과 같다.

① 연구문제와 연구설계 등을 계획한다.

연구문제는 충분한 이론적 고찰을 통해 도출되어야 하며, 일반적으로 전집의 특성을 기술하거나, 특정 변인에서의 집단 간 차이를 분석하거나, 변인들 간의 관계를 기술하는 문제로 나누어 볼 수 있다. 또한, 연구문제에 대한 자료를 수집하는 데 있어서 종단적 설계를 적용할 것인지, 횡단적 설계를 적용할 것인지 등 연구의 전반적인 접근방법을 결정해야 한다.

② 연구대상을 선정한다.

전집이 너무 커서 직접 관찰이 어려울 경우에는 전집의 특성을 대표할 수 있는 표본(sample)을 추출하여야 한다. 표집(sampling)을 할 때는 표본의 크기, 표본의 대표성, 표본의 접근 가능성, 사용할 표집 방법 등에 대해 결정해야 하므로 표집과정에는 상당한 노력과 시간이 소요된다.

③ 측정도구를 선정한다.

연구자가 질문지나 면접을 위한 설문지를 개발하여 사용할 때는 연구변인을 타당하고 신뢰롭게 측정할 수 있도록 예비조사(pilot run)를 실시해야 한다. 예비조사의 목적은 결과의 일반화에 있는 것이 아니라, 연구대상이 질문의 내용을 연구자의 의도대로 이해하고 반응하는지, 각 문항이 측정하고자 하는 변인을 잘 변별하는지를 평가하기 위함이다. 따라서 예비조사의 대상은 전집의 일부이어야 하며, 본조사에 포함되지 않는 작은 규모를 대상으로 실시한다(이은해 외, 2006).

④ 자료를 수집하고 수집한 자료를 통계분석하여 연구문제를 검증한다.

수집된 자료를 부호화하고 각각의 연구문제에 적합한 통계분석을 실시함으로써 연구문제를 검증한다. 그리고 분석된 결과에 기초하여 연구보고서를 작성한다.

이러한 조사연구의 일반적 절차를 그림으로 제시하면 다음 [그림 7-1]과 같다.

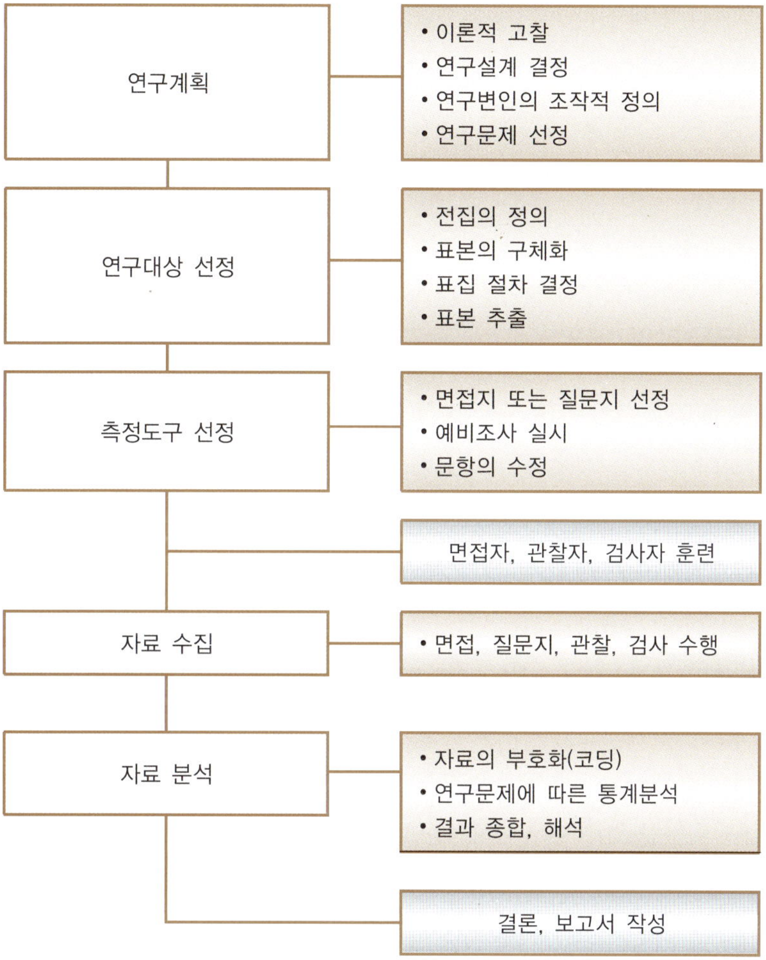

[그림 7-1] 조사연구의 일반적 절차

2. 질문지법

질문지법(questionnaire method)은 질문지를 사용하여 연구대상의 생각이나 느낌, 태도, 신념, 가치, 성격 및 의도 등에 대한 정보를 수집하는 방법이다. 질문지법은 연구대상으로 하여금 제시된 일련의 질문들에 스스로 응답하도록 하여 자료를 수집하는 방법으로, 실시하는 데 편리하기 때문에 실험이나 관찰 등의 방법과 함께 병행하여 사용되기도 한다. 그러나 질문지법을 실시하기 위해서는 사전에 문항 제작을 위한 기본 지식을 갖추고 이에 대한 충분한 조사를 한 후 사용해야만 객관적이고 타당한 자료를 얻을 수 있다(조성연 외, 2008). 이에 다음에서는 질문지의 개발, 질문지의 구성, 질문지의 회수 및 평가 등에 대해 살펴보도록 한다.

1) 질문지의 개발

연구의 목적과 내용에 적절한 질문지를 개발하기 위해서는 먼저 연구자가 어떠한 형식의 질문을 사용해야 자료를 보다 효과적으로 수집할 수 있는지를 결정하고 연구문제와 관련된 일련의 문항들을 구성한 후 예비조사하는 과정이 이루어져야 한다.

(1) 문항의 형식

질문지의 문항은 크게 개방형 질문과 폐쇄형 질문으로 구분된다. 개방형 질문이란 응답자로 하여금 자유롭게 자신의 생각과 의견을 서술하도록 하는 형식이고, 폐쇄형 질문은 연구자가 제시하는 몇 개의 범주에서 하나 또는 그 이상의 응답을 선택하도록 질문하는 형식이다(표 7-1 참조). 어떻게 질문하는지에 따라 수집될 응답의 형태가 좌우되기 때문에 연구자는 다양한 문항의 형식을 고려해서 연구목적에 가장 적합한 형식을 선택해야 한다(전경원, 김누리, 2015; 황해익, 2017).

① 자유반응형 질문

자유반응형 질문은 응답자가 주어진 질문에 대해 자유롭게 자신의 생각과 의견을 답할 수 있는 형식이다. 이 형식은 연구자가 생각하지 못했던 창의적이고 흥미로운 응답이 나올 수 있으므로, 응답자의 깊이 있는 생각이나 동기를 살펴보는 데 효과적이다.

그러나 자유반응형 질문은 응답하는 데 시간과 노력이 많이 소요되기 때문에 성의 없는 응답이나 무응답률이 높고, 응답을 얻은 후에도 반응을 유형별로 나

〈표 7-1〉 개방형 질문과 폐쇄형 질문의 비교

	개방형 질문	폐쇄형 질문
문항형식	• 자유반응형	• 체크리스트형 • 선다형 • 평정척도형 • 순위형 • 선별형
문항제작 시간	• 문항을 제작하는 데 비교적 시간이 적게 걸린다.	• 문항을 제작하는 데 시간이 많이 걸린다.
응답시간	• 응답하는 데 더 어렵고 시간이 많이 걸릴 수 있다.	• 더 쉽고 빠르게 응답할 수 있다.
응답방식	• 응답자가 자유롭게 응답할 수 있다. • 자유롭게 기술하기 때문에 충실하게 응답하지 않을 수 있다. • 폐쇄형 질문지를 만들기 전에 응답 가능한 반응을 탐색하는 데 사용할 수 있다.	• 제한된 응답범주에 따라 응답해야 하므로 응답자에게 자유가 없다. • 응답방식이 간단하므로 모든 질문에 대해 충실하게 응답할 수 있다. • 응답자가 자유롭게 답할 수 있도록 질문지 끝에 개방형 질문 문항을 넣을 수 있다.
응답자의 문제제기	• 응답자가 새로운 문제를 제기할 수 있다.	• 응답자가 새로운 문제를 제기할 수 없다.
코딩	• 다수의 질문인 경우에 코딩하기가 어렵다.	• 코딩이 쉽다.

출처: 조성연 외(2008). **아동관찰 및 행동연구**, p. 178.

누고 코딩해야 하므로 시간과 비용이 더 드는 단점이 있다. 이러한 단점을 극복하기 위해서 연구자는 질문을 할 때 구체적이고 세부적인 응답기준을 제시해야 한다. 예를 들면, '유치원/어린이집에 대해 만족하십니까?'보다는 '유치원/어린이집의 부모교육에 대해 만족하십니까?'로 분명한 응답기준과 보다 명확한 의미를 담아 질문하는 것이 바람직하다.

② 체크리스트형

체크리스트형은 주어진 질문에 대해 '예, 아니요', '유, 무' 등으로 양자택일하여 응답하는 방법으로 가장 짧은 시간 내에 응답할 수 있다. 체크리스트 형식으로 답하는 질문에서는 '언제나, 반드시' 등의 부사는 편파적으로 응답하게 할 가능성이 있으므로 사용하지 않는 것이 좋다(조성연 외, 2008).

예: OO(이)는 휴대폰이나 스마트폰이 있습니까?
1) 예 2) 아니요

출처: 육아정책연구소(2015). 한국아동패널 8차(2015) 어머니 대상 질문지.

③ 선다형

선다형은 한 문항에 3개 이상의 선택지를 작성해 놓고 응답자로 하여금 적당한 선택지를 선택하도록 하는 방법이다. 이때 유의해야 할 사항은 가능한 한 여러 가지 반응의 내용이 선택지에 포함되어야 하며, 선택지끼리 중복되거나 모순되지 않도록 사전 예비조사를 충분히 할 필요가 있다.

예: OO(이)는 TV, 컴퓨터, 태블릿PC, 스마트폰(휴대폰) 등을 주로 어떠한 이유로 사용합니까?
① OO(이)가 좋아해서
② 또래와의 교류 및 공감대 형성을 위해서
③ 정보 검색 및 학습을 위해서
④ 습관적으로
⑤ 기타(________________________)

출처: 육아정책연구소(2015). 한국아동패널 8차(2015) 어머니 대상 질문지.

④ 평정척도형

평정척도형은 응답자로 하여금 사전에 정해 놓은 척도 중 한 가지를 답하도록 만든 형식으로, 특성의 존재 유무를 넘어서 그 특성의 정도나 질적 수준을 평가할 때 사용된다.

예: OO(이)는 숙제할 때 형제자매나 성인으로부터 도움(또는 감독)을 받습니까?
① 전혀 도움받지 않는다 ② 가끔 도움받는다
③ 자주 도움받는다 ④ 항상 도움받는다

출처: 육아정책연구소(2015). 한국아동패널 8차(2015) 어머니 대상 질문지.

⑤ 순위형

순위형은 제시된 항목들을 일정한 기준에 따라 순위를 정하도록 하는 방식이다. 제시된 항목이 너무 많으면 응답이 어려워지고 신뢰성이 낮아지므로 10개 이내가 적합하며, 서열로 정할 항목을 단일 차원으로 구성하여 응답자의 혼돈을 방지해야 한다.

예: OO(이)가 교내 방과 후 교실을 이용하는 이유를 우선순위대로 1위부터 10위까지 (　　) 안에 써 넣으시오.

(　　) OO(이)가 원해서
(　　) OO(이)가 재능을 보여서
(　　) 취미활동이나 자기개발을 위해서
(　　) 선행학습을 하기 위해서
(　　) 학교수업 보충 차원으로
(　　) 어머니의 시간활용을 위해서
(　　) 방과 후 OO(이)를 돌봐줄 사람이 마땅치 않아서
(　　) 대부분의 학생들이 이용하므로
(　　) 친구와 어울리기 위해서
(　　) 교육비 지원을 받을 수 있어서

출처: 육아정책연구소(2015). 한국아동패널 8차(2015) 어머니 대상 질문지, 재구성.

⑥ 선별형

선별형은 응답자에게 불필요하거나 해당하지 않는 질문을 피하기 위해 고안된 질문 형태이다. 응답자에게 해당하지 않는 질문을 피할 수 있다는 장점이 있지만, 선별형 질문이 너무 많을 경우에는 수집된 자료의 신뢰성에 문제가 있을 수 있음을 유념해야 한다(정옥분, 2008).

예: 1. OO(이)가 지난 학기 동안 학교를 결석한 적이 있습니까?

① 있다(1-1번 문항으로)　　② 없다(2번 문항으로)

1-1. OO(이)가 결석한 이유는 무엇입니까? 모두 골라 주십시오.

① 사고로 몸을 다쳐서　　② 질병으로 몸이 아파서
③ 가족행사 또는 여행 때문에　　④ 가기 싫어서 또는 별 이유 없이
⑤ 기타(__________________)

출처: 육아정책연구소(2015). 한국아동패널 8차(2015) 어머니 대상 질문지.

(2) 문항의 서술

질문지의 문항을 서술하는 데 있어서 일반적으로 고려해야 할 사항은 다음과 같다.

- 응답자의 인구학적 정보를 묻는 문항을 제외하고는 모든 질문은 연구목적 및 문제와 직접적으로 관련되어 있어야 한다.
- 질문은 한 번 읽어서 이해할 수 있도록 짧고 명확해야 한다. 이를 위해 응답자가 이해할 수 있는 용어를 선택해야 하며, 전문용어나 은어, 애매모호한 단어는 사용하지 않도록 한다.
- 하나의 문항에는 한 개의 질문 내용만을 포함하도록 한다. 예를 들어서, '당신은 학생들에게 학력평가를 실시하고, 교사들에게 교원평가를 실시하는 것을 찬성하십니까?'라는 질문에는 2개의 질문 내용이 포함되어 있기에 분리하도록 한다.
- 편파된 응답을 유도할 가능성이 있는 질문은 사용하지 않는다. 이러한 질문에는 연구자의 의도나 기대하는 결과가 담겨 있으므로 응답자로 하여금 특정 방향으로 답하도록 유도할 수 있다.
- 사회적 바람직성의 오류(error of social desirability)를 유도하는 질문은 사용하지 않는다. 사회적 바람직성이란 응답자들이 부정적인 평가를 피하고 사회적으로 바람직한 특성에 기초하여 응답하는 것을 말한다. 예로, 교사에게 '학생들이 수업에 집중하도록 하는 데 어려움이 있습니까?'라는 질문을 할 경우, 실제로는 어려움이 있으면서도 유능하지 못하다고 평가받을까봐 어려움이 없다는 의사를 표시할 수 있는 것이다. 이러한 오류를 해결하기 위해서는 연구대상의 응답에 대한 익명성 보장을 강조하고 지나치게 사회적 바람직성이 시사되는 서술은 피하는 것이 좋다(이은해 외, 2006).
- 응답자가 응답할 수 있는 정보만을 질문하도록 한다. 즉, 응답자가 답할 수 없거나 정보가 없는 질문은 하지 않는다.

- 질문을 서술할 때 응답자에게 적절한 수준으로 기술한다. 일반적으로 '강한' 어감의 단어보다는 '부드러운' 어감의 단어를 사용하도록 한다. 예를 들어, 교사들에게 질문할 때 '처벌'보다는 '교정'이나 '교정하는 행동'이라는 단어를 사용하도록 한다.
- 응답자가 질문에 바르게 응답할 수 있도록 질문은 가치중립적으로 기술한다. 예를 들어, 교육성과에 대한 만족도 수준을 조사하고자 할 때, '당신은 A라는 결과에 대해 매우 만족하고 있다.'라고 문항을 기술하고 이에 대한 응답반응을 '매우 만족한다'에서 '매우 만족하지 않는다'로 구분해 놓는다면 이 문항은 만족도 수준을 적절히 평가하지 않는 것이다. 따라서 이와 같은 경우에는 '당신이 A라는 성과에 대해 만족하는 정도를 평가하시오.'라고 기술한 후 응답반응을 '매우 만족한다'에서 '매우 만족하지 않는다'로 구분해 놓는 것이 옳다.
- 부정문은 긍정문보다 의미를 정확하게 이해하기 어려우므로 가능하면 질문은 긍정문으로 작성한다. 아동의 읽기 능력에 관련된 문항으로 '나는 책을 혼자서 읽을 수 없다'라고 진술하기보다는 '나는 책을 혼자서 읽을 수 있다'라고 진술하는 것이 이해하기 쉽다.

(3) 예비조사

질문지를 최종 완성하기 전에 전집의 대상보다 작은 규모의 대상에게 예비조사를 실시해야 한다. 이는 질문지를 사전검사하는 것으로, 단순히 문항들을 살펴볼 때는 발견되지 않았던 결점들이 나타날 수 있다. 예비조사는 전집의 일부이되 본조사에는 포함되지 않는 사람을 대상으로 실시하도록 한다. 또한, 척도를 사용한 질문지의 경우에는 신뢰도와 타당도 분석을 실시함으로써 문항을 수정, 삭제 혹은 첨가하는 작업을 해야 한다.

다음은 25명의 응답자에게 예비조사를 실시한 문항이다. 보기에 대한 응답의 빈도는 괄호 안에 제시되어 있다.

> 다음의 보기 중 당신의 총 교사경력이 포함되는 곳에 √표 하세요.
> ① 1~10년 (15) ② 11~20년 (9) ③ 21~30년 (1) ④ 30년 이상 (0)

위와 같은 결과는 응답자들의 반응이 두 범주에만 집중되어 있어 유용한 정보를 제공해 주지 못하고 있다. 따라서 이러한 예비조사결과에 기초해서 보기의 범주를 다음과 같이 수정하면 응답자의 교사경력에 대해 보다 세분화된 정보를 제공받을 수 있다.

> 다음의 보기 중 당신의 총 교사경력이 포함되는 곳에 √표 하세요.
> ① 1~5년 (8) ② 6~10년 (7) ③ 11~15년 (5) ④ 16~20년 (4) ⑤ 21년 이상 (1)

2) 질문지의 구성

일반적으로 질문지는 겉표지와 질문내용으로 구성되어 있다.

(1) 겉표지 구성

질문지의 겉표지는 연구대상에게 질문지의 목적을 소개하고 응답을 요청하는 부분으로 다음의 내용을 포함하도록 한다. 첫째, 연구의 목적과 의의를 설명하고 응답자의 성실한 응답이 매우 가치 있게 사용될 것임을 서술한다. 둘째, 응답내용은 익명으로 처리하고 연구목적을 위해서만 사용될 것임을 밝힌다. 셋째, 질문지 작성일과 함께 연구자의 이름과 소속을 명기한다. 넷째, 우편조사인 경우에는 질문지를 연구자에게 돌려주는 방법과 시기에 대해서도 알려 준다. 질문지 표지의 예는 [그림 7-2]와 같다.

한국아동·청소년패널조사 2018
아동·청소년(초등학교 4학년 코호트)

한국아동·청소년패널조사(초4 코호트 제1차)

승인번호 제 402002 호

「통계법」 제33조(비밀의 보호 등) 통계 작성과정에서 알려진 사항으로서 개인 또는 법인이나 단체의 비밀에 속하는 사항은 보호되어야 한다.

조사주관기관 한국청소년정책연구원

조사대행기관 KANTAR PUBLIC

안녕하십니까?

한국청소년정책연구원은 국무총리 소속의 국책연구기관으로서, 우리나라 아동·청소년의 성장발달과정을 체계적으로 파악하기 위하여 '한국아동·청소년패널조사'(KCYPS) 사업을 추진하고 있습니다.

한국아동·청소년패널조사는 국가승인통계(제402002호)로서 조사를 통해 얻은 개인 및 학교 관련 정보는 「통계법」 제33조(비밀의 보호 등)와 「개인정보 보호법」 제3조(개인정보 보호 원칙)에 따라 철저하게 비밀이 보장됩니다.

조사결과는 오직 정책 개발과 학술 연구의 목적으로만 활용될 예정이오니, 각 조사항목에 대하여 자신에게 해당되는 내용을 있는 그대로 솔직하게 응답해 주시기 바랍니다.

귀중한 시간을 내어 조사에 참여해 주신 점 깊이 감사드리며, 여러분의 건강과 무궁한 발전을 기원합니다.

조사주관기관

한국청소년정책연구원
홈페이지: www.nypi.re.kr
데이터아카이브: www.nypi.re.kr/archive
TEL: 044-415-2120
E-mail: kcyps@nypi.re.kr

조사대행기관

칸타퍼블릭
홈페이지: kantarpublic.co.kr
TEL: 010-0000-0000
E-mail: jiyoung.hwang@kantarpublic.com

출처: 한국청소년개발원(2018). 한국아동·청소년패널조사 2018.

[그림 7-2] 질문지 겉표지의 예

(2) 질문내용 배열

문항을 어떠한 순서로 배열하는가는 문항의 서술이나 형식만큼 질문지 작성에서 가장 중요한 요인이다. 질문내용을 배열할 때 고려해야 할 원칙은 다음과 같다.

- 겉표지에서 연구의 목적을 설명하고 성실한 응답에 대한 협조를 요청했기 때문에, 질문지의 앞부분부터 연구문제와 관련된 질문들을 바로 제시하는 것이 좋다. 다만, 처음부터 어렵고 복잡한 질문이 나오면 응답자가 부담을 느끼고 포기하는 경향이 있기 때문에, 처음에는 응답자가 흥미를 가질 만하고 응답하기 쉬운 문항을 제시하여 응답자가 편안한 마음으로 끝까지 조사에 참여할 수 있도록 하는 것이 좋다. 일반적으로 응답자의 인구학적 정보를 묻는 질문은 연구목적과 직접적인 관련이 없기 때문에 질문지의 끝에 배열하는 것이 효과적이다.
- 문항은 단순한 질문에서 복잡하고 어려운 질문으로, 일반적인 사항에서 구체적인 사항으로 제시하며, 논리적으로 관련되는 질문들과 문항의 형식이 동일한 질문들은 모아서 배열하는 것이 좋다. 또한, 개방형 질문들을 질문지의 중간 중간에 배열하여 흐름을 분산시키지 말고 질문지의 끝에 모아서 배열하는 것이 바람직하다.
- 질문지는 형식과 체제가 단순하고 깔끔하여야 하며 응답자가 보기에 쉬워 보여야 한다. 그러기 위해서는 지면에 문항 수를 적게 배치하고 적당히 여백을 두는 것이 좋다. 또한, 지면마다 쪽 번호를 매기고, 질문과 그에 대한 보기는 같은 페이지에 제시하도록 한다. 그리고 질문지의 마지막에는 연구에 참여해 준 것에 대한 감사함을 표하는 것도 잊지 않도록 한다.

3) 질문지의 회수

질문지법을 사용하는 조사연구에서 일관되게 나타나는 문제는 바로 낮은 회수율이다. 회수율이란 연구대상에게 분배한 질문지 수 중 회수된 질문지 수를 백분율로 산출한 것이다. 조사연구의 타당성은 회수율과 응답의 질에 달려 있으므로, 회수율이 낮으면 연구결과를 일반화하는 데 어려움이 있고 연구대상이 전집을 대표하지 못하는 문제점이 나타날 수도 있다.

그렇다면 적절한 회수율은 어느 정도일까? Porter와 Whitcomb(2003)은 회수율이 최소 50%만 넘으면 자료를 사용할 수 있다고 보았다. 이은해, 이미리와 박소연(2006)은 추후 독촉을 통해 회수율을 10% 정도 높일 수 있다고 설명하면서, 최소 60%를 넘는 회수율을 보여야 어느 정도 일반화 가능성이 있다고 하였다.

〈표 7-2〉 회수율에 영향을 미치는 방법들의 순위

방법	순위	내용
질문지 발송을 요청하는 후속 이메일, 문자와 전화	1	응답자에게 질문지 회수를 요청하기 위한 다양한 후속 프로그램이 필요하다. 이메일과 문자, 전화 모두 유용한 방법이 될 수 있다.
소정의 기념품	2	질문지와 함께 질문지 작성에 대한 감사의 표시로 소정의 기념품을 제공한다. 이러한 기념품은 응답자에게 질문지 작성에 대한 책임감을 부여한다.
질문지 분량	3	질문지 분량은 적을수록 좋다. 질문지가 10쪽 이상이면 대체로 응답자들은 질문지를 작성하지 않는다.
권위 있는 연구기관(연구자)	4	사람들은 권위 있는 연구기관에서 실시하는 질문지에 더 많이 반응한다.
질문지 협조 요청문	5	사람들이 질문지를 작성하도록 그들의 마음을 움직일 수 있는 내용이 좋다. 간략한 연구 소개와 함께 연구의 중요성, 연구자(기관) 등을 제시한다.
반송봉투 동봉	알려지지 않음	응답자가 작성한 질문지를 보내기 위해 수고하지 않아도 되도록, 연구자의 주소가 기록된 별도의 봉투에 우표를 붙여 질문지와 함께 보낸다.
질문지의 구성과 편집	알려지지 않음	질문지의 구성이 매력적이어야 한다. 글자 크기가 너무 작으면 응답자들은 쉽게 중도에 그만둔다. 따라서 질문지의 글씨체와 여백을 적절히 편집한다.
응답자 선정	알려지지 않음	글을 읽고 쓰는 것이 어려운 사람에게는 가급적 우편조사법을 사용하지 않는다(예: 노인, 아동, 장애인 등). 교육수준이 높을수록 질문지의 회수율이 높은 경향이 있다. 사무직과 전문직에 종사하는 사람들이 상업이나 노동직의 사람들보다 회수율이 높다.

출처: 정옥분(2008). **아동학 연구방법론**, p. 180.

회수율을 높이기 위해서는 다음의 몇 가지 단계를 사용할 수 있다(이은해 외, 2006). 첫째, 질문지를 우송할 때 수취인 부담의 반송용 봉투를 동봉하며 이에 대한 안내문을 함께 보낸다. 둘째, 처음 우편조사 후 2주가 지나도 질문지를 돌려보내지 않은 응답자에게 질문지를 다시 우송한다. 셋째, 질문지를 다시 우송한 후에도 응답을 하지 않은 응답자에게 응답을 요청하는 문자나 이메일을 보내거나 전화로 질문지 반송을 부탁하는 것과 같은 추후 독촉을 하면 10% 정도의 회수율을 높일 수 있다.

이 외에도 응답자에게 간단한 기념품을 제공함으로써 회수율을 높일 수 있다. Hopkins와 Gullickson(1992)은 기념품이 회수율에 미치는 영향을 메타 분석한 결과, 기념품은 회수율을 20% 정도 높일 수 있다고 보고하였다. 따라서 우편조사의 경우에는 질문지의 회수율을 높이기 위한 다각적인 방법을 모색할 필요가 있다.

4) 질문지의 수집방법

질문지를 배포하고 수집하는 방법에는 응답자에게 질문지를 직접 또는 간접 전달하여 수집하는 방법, 전화로 질문하고 응답을 받아내는 전화조사, 질문에 대한 응답을 응답자에게 스스로 기입하도록 하는 우편조사, 인터넷을 이용하여 질문지를 수집하는 인터넷조사가 있다(정걸진, 양영종, 김상훈, 2000; 정옥분, 2008; 조성연 외, 2008; 황해익, 2017).

(1) 직접/간접 전달조사

직접 전달조사는 응답자에게 질문지를 직접 전달한 후 질문지를 회수하는 방법으로, 질문지 회수율을 높일 수 있는 장점이 있으나 시행이 번거로운 단점이 있다.

간접 전달조사는 제3자나 기관을 통하여 간접적으로 조사를 실시하는 방법이다. 예를 들면, 교사들에게 질문지를 실시하기 위하여 유아교육기관의 원장을 통하여 질문지를 배부하고 회수하거나 부모의 의견을 묻기 위하여 아동을 통해 질문지를 배부하고 회수하는 경우이다.

(2) 전화조사

전화조사는 면접원이 응답자에게 전화를 걸고 사전에 준비된 질문지에 따라 질문을 하는 방법으로 전국표집이 요구될 때 가장 타당한 자료 수집방법으로 평가된다. 이 방법은 내용이 비교적 간단하고 신속하게 조사할 필요가 있는 주제를 조사하는 데 적합하며, 응답자의 거부감을 없애고 성실한 응답을 유도하기 위한 면접원의 사전 훈련이 요구된다. 전화조사는 전화번호부를 이용한 무작위 추출이 가능하며, 짧은 시간 내에 광범위한 지역의 응답자들로부터 필요한 정보를 신속하게 수집할 수 있고, 응답자의 사정에 따라 시간 조정이 가능하며, 재조사가 쉽다는 장점이 있다. 하지만 시간 제약을 받아 간단한 질문만 가능하기 때문에 심도 있는 질문을 하기 어렵고, 그림, 도표 등을 사용할 수 없다는 단점이 있다.

최근 많이 실시되는 ARS 전화조사는 한꺼번에 여러 회선을 이용해 응답자와 접촉할 수 있고, 수집된 정보를 컴퓨터가 자동으로 분석할 수 있다는 점에서 일반 전화조사에 비해 신속하게 조사를 진행할 수 있다는 장점을 갖는다. 또한, 면접원을 동원하는 전화조사에 비해 비용도 적게 든다. 그러나 ARS 전화는 사전에 프로그램화된 순서와 내용에 따라 일방적으로 내용이 진행되기 때문에 응답자의 응답 기피가 늘어나 표본오차가 커질 수 있고, 응답자가 질문을 이해하지 못해도 이를 반복 질문하거나 추가로 설명하기 어렵기 때문에 조사결과의 정확성이 떨어질 가능성이 높다.

(3) 우편조사

우편조사는 응답자에게 우편을 통해 질문지를 배부한 후 우편으로 다시 반송하도록 하는 방법이다. 우편조사의 장점은 다음과 같다. 첫째, 면접이나 관찰과 같은 연구방법에 비해 많은 연구대상을 한 번에 표집하여 자료를 수집할 수 있기 때문에 시간과 비용이 절약된다. 둘째, 면접이나 관찰은 연구자의 존재가 미치는 영향을 제거할 수 없지만, 질문지조사는 연구자와 직접 접촉하지 않음으로써 연구자로 인한 오차를 줄일 수 있다. 셋째, 응답자가 익명으로 응답함으로써 사적인 문제나 응답을 꺼리는 질문에도 솔직하게 반응할 수 있다. 넷째, 응답자가 자신에게 편리한 시간에 응답하기 때문에 질문에 대해 시간적 여유를 가지고 신중히 응답할 수 있다.

한편 우편조사의 단점은 다음과 같다. 첫째, 회수율이 낮다. 낮은 회수율은 표본의 편파성과도 직결되어 연구결과의 일반화에 어려움을 갖게 한다. 둘째, 응답상황을 통제할 수 없다. 즉, 응답자가 질문에 빠짐없이 응답하고 있는지, 자신의 견해에 따라 솔직히 응답하고 있는지에 대해 전혀 통제할 방법이 없다. 셋째, 응답내용에 대한 추가적인 검증이 어렵다. 우편조사된 일부 문항의 미응답에 대해서나 응답자의 모호한 응답에 대해 연구자가 추가로 확인하여 재조사하기 어렵다.

(4) 인터넷조사

인터넷조사는 인터넷이라는 사이버 공간을 통해서 응답자에게 질문을 실시하고 회수하는 방법으로, 우편조사를 실용적으로 대체할 수 있는 조사방법이다. 이 방법은 전자메일(e-mail)이나 홈페이지 혹은 인터넷카페 등을 통하여 질문지를 다운로드하여 응답하거나 인터넷상에서 직접 입력하여 응답하도록 하는 등 다양한 방법으로 자료를 수집한다. 먼저 인터넷조사의 장점을 살펴보면 다음과 같다. 첫째, 시간이 절약된다. 질문지 우송과 회수의 과정이 필요하지 않아 응답자의 반응을 얻는 데 걸리는 시간이 상대적으로 짧다. 또한, 응답자의 응답과 동시에 응답내용이 데이터 파일로 입력되어 분석이 이루어지기 때문에 조사결과를 얻는 데 시간이 절약된다. 둘째, 경제적이다. 우편요금이나 질문지의 복사비가 지출되지 않으므로 비용이 저렴하다. 또한, 응답을 하지 않은 응답자들에게 전자메일로 질문지에 대한 응답을 다시 요청할 수 있기 때문에 경제적이다. 셋째, 시간과 공간의 제약 없이 많은 수의 응답자를 표집할 수 있다. 즉, 컴퓨터와 인터넷만 설치되어 있으면 어떤 지역도 가능하므로 조사지역과 연구대상이 보다 광범위하다.

반면 인터넷조사의 단점은 다음과 같다. 첫째, 인터넷조사는 컴퓨터나 스마트폰이 있고 인터넷을 사용할 줄 아는 계층이나 연령대의 사람들만 응답할 수 있기에, 저소득층이나 노년층이 소외될 가능성이 높다. 둘째, 응답자가 아닌 사람이 응답하거나 한 사람이 여러 번 응답할 수 있기 때문에 산출된 결과를 전체 집단에 일반화하는 데 어려움이 있다. 셋째, 스팸메일로 분류되어 메일이 삭제되는 경우가 늘어나 회수율이 낮아지는 경향을 보이고 있다.

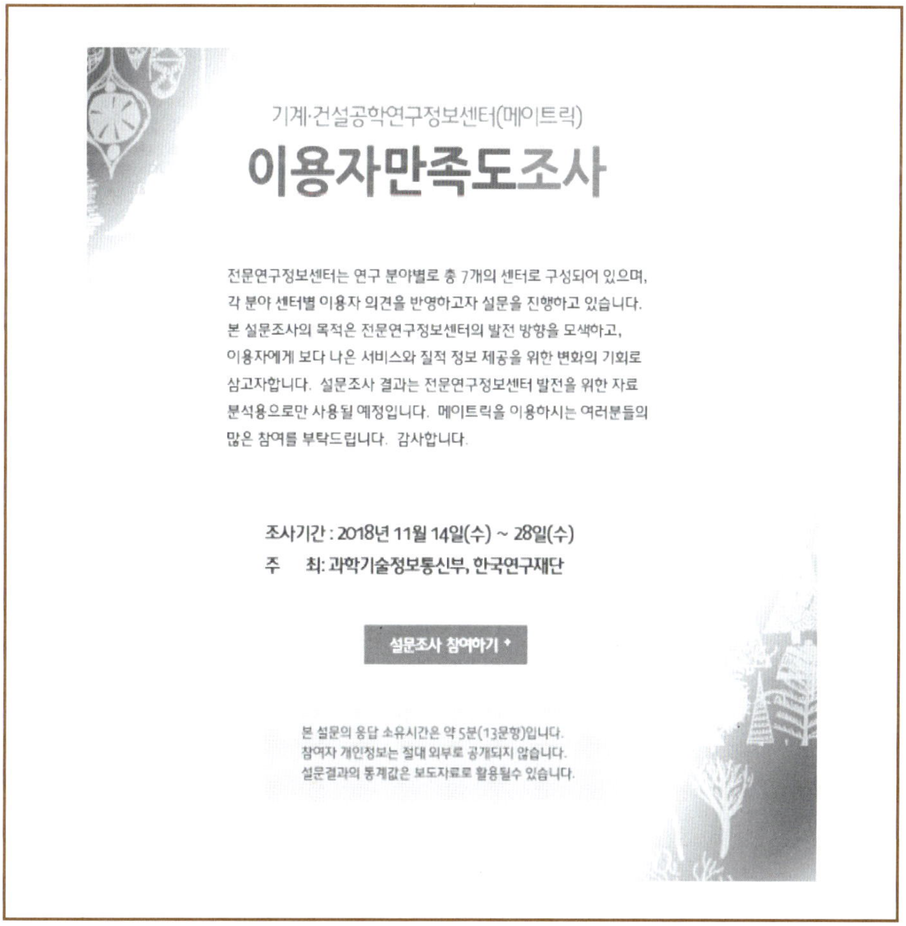

출처: 기계·건설공학연구정보센터(2018). 기계·건설공학연구정보센터 이용자만족도 조사.

[그림 7-3] 인터넷조사의 예

3. 면접법

면접법(interview method)은 훈련을 받은 면접자와 피면접자 간의 상호작용을 통해 피면접자에 대한 자료를 수집하는 방법이다. 면접은 주로 임상적 진단이나 상담 및 치료에 사용되어 왔으나, 최근 들어 하나의 연구방법으로 적용됨으로써 피면접자의 태도나 감정, 가치관을 파악하는 데 유용하게 사용되고 있다. 특히 아동을 연구대상으로 하는 경우 면접을 통해 부모나 주변의 성인으로부터 아동과 관련된 정보를 수집할 수도 있으므로, 면접은 아동연구에서 필수적인 조사방법이라고 할 수 있다. 다음에서는 면접의 유형, 면접 수행 시의 유의사항, 면접법의 장단점에 대해 살펴본다.

1) 면접법의 유형

면접법은 면접대상자, 면접의 구조화 정도, 면접자가 피면접자를 대하는 방법, 피면접자의 수에 따라 몇 가지 유형으로 분류할 수 있다.

(1) 면접대상자에 따른 분류

면접대상자(피면접자)가 누구인지에 따라 부모면접과 유아면접으로 분류한다.

① 부모면접

부모는 유아를 출생 시부터 가장 가까이에서 살펴온 양육자로, 유아의 전반적인 생활모습과 발달 특성을 폭넓게 이해하고 있다. 특히 아직 언어구사능력이 제한적이고 주의집중시간이 짧은 유아의 경우, 질문지나 검사로 유아에 대한 정보를 수집하는 것은 제한적일 가능성이 크다. 이에 이러한 평가방법의 한계점을 극복하기 위해 유아의 일차적 양육자인 부모를 대상으로 유아의 평소 수행과 행동을 토대로 유아의 성격 특성이나 습관, 발달 특성 등에 대한 면접을 진행할 수 있다.

② 유아면접

유아면접은 유아를 대상으로 실시하는 면접으로, 유아의 언어적 표현이 미숙하여 올바른 정보를 얻기 어려울 경우에는 실시하기 어렵다. 따라서 유아를 대상으로 면접할 경우에는 다음과 같은 사항에 유의해야 한다(이영석, 이항재, 1998; 황해익, 2017). 첫째, 유아들은 추상능력, 언어능력이 부족하기 때문에 면접 개념의 설명이 선행되어야 한다. 둘째, 질문 자체를 그림이나 사진으로 표시해야 한다. 셋째, 유아들은 주의집중시간이 짧기 때문에 면접시간이 짧아야 한다. 넷째, 유아의 상상적인 내용과 실제 사고를 잘 구분해야 한다. 다섯째, 수줍음을 타는 유아, 주의가 산만한 유아의 경우에는 면접을 실시하기 전에 게임 및 놀이를 선행하는 것이 좋다. 여섯째, 면접자의 성역할에 주의해야 한다.

(2) 면접 상황의 구조화 정도에 따른 분류

면접의 질문과 진행방법이 사전에 정해져 있는 정도에 따라 구조화 면접, 반구조화 면접, 비구조화 면접으로 분류한다.

① 구조화 면접

구조화 면접(structured interview)은 표준화 면접(standardized interview)이라고도 하며, 면접의 질문내용과 순서가 미리 일관성 있게 준비되고 이에 따라 면접이 실시되는 형태이다. 면접자는 면접표(interview schedule)에 제시되어 있는 어법이나 문항의 순서 등을 바꿀 수 없으며, 면접자에게 어느 정도의 융통성이 주어지는 개방식 질문에서도 구체적인 지침을 따라야만 한다. 따라서 이 방법은 면접자가 피면접자를 직접 만나서 질문지법의 내용을 면접에 의해서 얻는다고 생각하면 이해하기가 쉽다. 구조화 면접의 장점으로는 면접자의 행동에 일관성이 높고, 자료의 신뢰도와 객관성이 높으며, 면접자 훈련이 비교적 용이하다는 점을 들 수 있다. 반면, 면접 시 융통성이 거의 없어 새로운 사실을 발견할 가능성이 적다는 단점이 있다.

② 반구조화 면접

반구조화 면접(semi-structured interview)은 실제로 가장 많이 사용되고 있는 형태로, 사전에 면접의 질문내용과 진행방법이 대략 정해져 있으나, 면접 상황에서 면접자가 융통성 있게 면접을 진행하는 방법이다. 즉, 면접에서 가장 중요하고 핵심인 질문은 구조화하고 그 밖의 질문은 비구조화하여 피면접자가 자유롭게 정보를 제공하도록 융통성 있게 진행하는 면접 방식이다(황해익, 2017).

③ 비구조화 면접

비구조화 면접(unstructured interview)은 비표준화 면접(unstandardized interview)이라고도 하며, 연구목적에서 크게 벗어나지 않는 한 질문의 내용이나 형식, 순서 등을 면접자가 피면접자의 반응과 면접상황에 따라 융통성 있게 조절하는 방법이다. 구조화 면접처럼 면접표가 구체적으로 준비되어 있지는 않지만, 가장 타당성 있는 자료를 수집하기 위한 핵심 질문과 개략적인 절차는 준비되어 있다. 비구조화 면접의 장점으로는 면접을 융통성 있게 진행하여 새로운 사실이나 가설을 발견할 가능성과 타당성이 높다는 점을 들 수 있다. 반면, 면접자의 자질과 훈련 정도에 영향을 많이 받고, 자료의 신뢰도에 문제가 생길 수 있으며, 면접결과의 분석이 용이하지 않다는 점을 단점으로 들 수 있다.

(3) 면접자가 피면접자를 대하는 방법에 따른 분류

면접자가 피면접자를 직접 대하면서 면접을 진행하는지 혹은 그렇지 않은지에 따라 직접면접과 간접면접으로 분류한다.

① 직접면접

직접면접(direct interview)은 대인면접(one-to-one interview)이라고도 하며, 면접자와 피면접자가 직접 대면하여 대화를 나누며 정보를 수집하는 방법이다. 흔히 언급하는 면접법은 대부분 직접면접으로 실시된다. 이 방법은 면접자가 피면접자의 응답내용과 함께 비언어적인 행동에 대한 자료(예: 면접대상의 응답 방식, 면접대상의 옷차림, 말하는 태도, 표정 등)도 함께 수집하여 응답내용의 해석과 진위 여부를 판단하는 데 활용할 수 있다. 그러나 익명성이 보장되지 않고 면접자의 존재가 피면접자의 반응에 영향을 줄 수 있으며, 피면접자가 자신의 사적인 정보를 제공할 때 불편해할 수도 있다(이은해 외, 2006).

② 간접면접

간접면접(indirect interview)은 면접자와 피면접자가 직접 얼굴을 맞대지 않고 이루어지는 면접으로, 전화면접, 화상면접 등이 여기에 속한다. 이 방법은 직접면접에 비해 시간과 비용이 적게 드는 점, 대면하지 않음으로써 신체적, 심리적 안전이 보장되는 점, 지역에 별다른 구애를 받지 않고 한 곳에서의 면접이 가능하므로 감독과 통제가 용이하다는 장점이 있다. 반면, 단점으로는 피면접자가 면접 도중에 전화를 끊어 버림으로써 면접이 종료될 수 있는 점, 면접 동인 자료를 기록하기 어려운 점, 응답률의 저조와 같은 어려움이 있다(강현석, 주동범, 2012; 이은해 외, 2006). Czaja(2005)는 면접시간이 30분 이상 길어질 때는 간접면접이 효과적이지 않다고 지적하였다.

(4) 피면접자의 수에 따른 분류

피면접자의 수에 따라 개별면접과 집단면접으로 분류한다(황해익, 2017).

① 개별면접

개별면접(individual interview)은 면접자와 피면접자가 1:1 형식으로 이루어지는 면접방법으로 단독면접 또는 단독-개별면접이라고도 한다. 이 방법은 비교적 정확하고 진솔한 정보를 얻을 수 있다는 장점이 있지만 시간과 비용이 많이 든다는 단점도 있다.

② 집단면접

집단면접(group interview)은 면접자와 피면접자 중 어느 한쪽이 2명 이상이거나 양쪽이 모두 2명 이상으로 구성되어 한자리에서 동시에 이루어지는 면접방법이다. 이 방법은 여러 사람으로부터 많은 정보를 동시에 수집할 수 있기 때문에 시간과 비용이 개별면접에 비해 적게 든다는 장점이 있지만, 면접자가 여러 사람을 대상으로 면접을 진행해야 하기 때문에 개개인에 대해 상세하게 질문하기 어렵고 개별면접에 비해 면접자의 능숙한 면접기술이 요구된다는 단점이 있다. 또한, 집단면접에서는 피면접자가 다른 사람 앞에서 자신의 의견을 조리 있게 말할 수 있는 능력을 갖춘 사람이 유리하다.

2) 면접 수행 시의 유의사항

면접을 진행하기 위해서 면접자는 일련의 진행과정에 세심한 주의를 기울여야 한다. 특히 면접은 면접자와 피면접자 간의 상호관계에 기초하여 이루어지므로 우호적이고 신뢰할 수 있는 관계가 성립되지 않으면 기대하는 결과가 나오지 않는다. 효과적으로 면접을 수행하기 위해 유의해야 할 사항은 다음과 같다.

① 핵심질문을 미리 구체화한다.

면접은 면접자의 기술과 역량에 따라 차이가 날 수 있으므로, 연구문제와 관련된 핵심질문을 미리 준비하고 이를 면접과정에서 사용하는 것이 바람직하다. 일반적으로 핵심질문을 5~7개 정도로 구성하며, 피면접자로부터 질문에 대한 답이 먼저 나왔다면 굳이 모든 질문을 물어볼 필요는 없다. 〈표 7-3〉에는 취학 전 또는 학령기 아동의 부모를 대상으로 심층적인 사례사를 얻고자 할 때 유용하게 사용할 수 있는 질문들을 제시하였다.

② 피면접자의 문화적 배경이 반응에 영향을 미치는지 살펴본다.

Leedy와 Ormrod(1993)는 피면접자의 문화적 배경이 면접자가 의도하지 않은 방향으로 면접내용을 이끌어 갈 수 있다고 하였다. 예를 들어, 아시아권의 사람들을 면접하는 면접자는 동양인이 서양인에 비해 개인적 성취에 대해 자랑하지 않는 성향이 있음을 인지할 필요가 있다. 이러한 성향을 인지하지 못한 면접자는 동양인이 서양인보다 생산적이지 않다는 잘못된 결론을 내릴 수 있다.

〈표 7-3〉 부모와의 반구조화 면접의 예

(1~64번 생략)

■ 학업 기능
65. 아동은 학교에서 어떻게 지냅니까?
66. 학교에서 가장 좋아하는 것과 싫어하는 것은?
67. 학업 성적은?
68. 선생님이 어떤 특별한 도움을 권했나요?
69. ('예'라면) 어떤 도움을 받았는지 말씀해 주세요.

■ 생물학적 기능
70. 아동은 잘 먹습니까?
71. 잠은 잘 잡니까?
72. 악몽이나 기타 수면장애가 있습니까?
73. 배변이나 배뇨에 문제가 있습니까?
74. 의학적인 문제나 상해를 입은 적이 있습니까?

■ 정서 생활
75. 아동을 행복하게 하는 것은 어떤 것들입니까?
76. 아동을 슬프게 하는 것은?
77. 슬플 때 어떻게 합니까?
78. 아동을 화나게 하는 것은?
79. 화가 나면 어떻게 합니까?
80. 아동을 두렵게 하는 것은?
81. 두려울 때 어떻게 합니까?
82. 아동이 걱정하는 것은 어떤 것들입니까?
83. 무엇에 대해서 많이 생각합니까?
84. 어떤 질문을 하나요?

(85~106번 생략)

출처: 곽금주(2002). **아동 심리평가와 검사**, p. 61.

③ 피면접자는 집단을 대표한다는 것을 명심한다.

일반적으로 면접자는 전형적인 기대와 의견을 줄 수 있는 사람을 면접대상으로 선택한다. 그러나 어떤 경우에는 의도적으로 극단적이거나 예외적인 사람을 선택하는 경우가 있는데, 이런 경우에는 피면접자의 특성을 기록으로 남겨야 한다.

④ 적절한 장소를 찾는다.

면접을 방해받지 않고 성공적으로 진행하기 위해서는 조용한 장소를 찾는 것이 좋다.

⑤ 동의서를 받는다.

연구의 목적과 면접내용을 결과에 어떻게 활용할 것인지를 설명한 후, 이에 대한 동의서를 받는다. 연구를 수행한 후에는 연구논문에 대한 복사본이나 초록을 제공하도록 한다.

⑥ 친밀감(rapport)을 형성하여 면접한다.

긴장을 풀 수 있도록 친숙한 내용으로 면접을 시작한다. 피면접자에게 예의 바르고 공손하게 대하며, 그들이 말하는 것에 진정한 관심을 보이도록 한다. 면접내용에 관심이 있다는 것을 비언어적 행동(예: 미소, 눈 맞추기, 고개를 끄덕이기)이나 "계속 말씀하세요" 혹은 "무슨 뜻이지요?" 등의 중립적인 격려를 보여주도록 한다. 또한, 면접자는 피면접자를 당황하게 하는 질문을 삼가고, 면접을 성의 없이 너무 빨리 끝내지 않도록 하며, 정서적이고 개인적인 민감한 문제에 대해서는 신중을 기하도록 한다.

⑦ 추상적인 것보다는 구체적인 것에 초점을 둔다.

예를 들어, 교사를 면접할 경우 교육철학보다는 구체적인 교수 전략에 대해 질문하는 것이 바람직하다.

⑧ 피면접자의 말을 경청한다.

훌륭한 면접자는 경청을 잘 하는 사람으로 피면접자로 하여금 자신의 생각을 자유롭게 말하도록 한다. 또한, 면접자는 피면접자의 기억이나 태도, 논리에 비일관성이 있을 수 있음을 인지해야 한다.

⑨ 적절하게 프로빙(probing)한다.

면접자는 피면접자의 말을 진지하게 들어 주고 유도 심문하듯 질문하지 않는다. 피면접자가 '모른다'는 응답을 계속할 경우에는 프로빙을 사용하여 그 원인을 탐색한다. 피면접자의 이러한 무응답은 질문에 대한 이해의 부족 때문일 수도 있고 심리적 거부감, 자기 방어적 태세, 또는 수줍음 등이 원인일 수도 있다.

이은해(1985)는 면접자가 피면접자의 대답이 불충분하거나 적절하지 못할 때 추가로 질문하여 답을 알아내려는 프로빙을 다음과 같이 사용할 수 있다고 하였다.

- 응답할 시간적 여유를 주고 좀 더 기다리는 것
- 질문을 다시 한번 그대로 반복하는 것
- "네.", "아, 그렇습니까?" 등의 격려와 관심을 표현하는 것
- 피면접자의 반응을 그대로 반복하는 것
- "어떤 점에서 그렇게 생각하십니까?", "혹시 더 추가로 말씀하시고 싶은 것이 있습니까?" 등의 중립적인 질문을 하는 것

⑩ 피면접자의 언어적·비언어적 단서들을 관찰한다.

일반적으로 초기 면접 시 면접자는 피면접자로부터 응답반응뿐만 아니라 동정, 연민, 매력, 불편함 등의 비언어적 단서들에 주의를 기울여야 한다. 이러한 비언어적 특성은 직접 표현하지 못한 피면접자의 마음을 파악하거나 피면접자가 타인에게 미치는 영향을 평가하는 데 필요한 단서를 제공해 줄 수도 있기 때문이다. 〈표 7-4〉에는 초기 면접 시 관찰해야 할 사항들을 구체적으로 제시하였다.

⑪ 면접내용을 그대로 전사한다.

비구조화 면접의 경우 피면접자가 말한 모든 내용을 속기나 휴대전화 녹음, 휴대용 컴퓨터 등을 이용해서 기록하도록 한다. 그리고 피면접자가 의도와는 다른 내용을 말하고 있다고 생각되면, 면접자가 이해한 내용이 피면접자의 생각과 일치하는지를 묻도록 한다.

〈표 7-4〉 초기 면접 시 구체적 관찰사항

관찰대상	구체적인 고려사항
1. 목소리와 말	• 크기나 강도(지나치게 크거나, 지나치게 부드럽고 단조로운) • 목소리의 고저(낮은, 높은, 단조로운) • 말의 속도(일반적으로 느리거나 빠른, 단조로운, 변덕스러운) • 말하기의 용이성(주저하거나 단절) • 자발성(자발적이거나 이끌어지는) • 반응 시간(느리거나 빠른) • 관련성(관련성 있는 또는 없는) • 말투(형식적이거나 이완되거나 지나치게 친밀한) • 뚜렷한 언어의 일탈(신조어, 반향음, 단어가 분명치 않고 혼합된) • 말의 조직(조직화되거나 조직화되지 않은) • 어휘(제한되거나 폭넓은) • 목소리의 질(거친, 쉰, 지나친 비음, 비음이 너무 없는) • 유창성(반복, 교정, 미완성 구문, 부서진 단어, 끄는 소리)
2. 비언어적 행동	• 운동 행동(매너리즘, 협응수준, 행동수준: 과잉행동 또는 행동부진, 틱, 경련, 전율, 몽롱함, 동요, 찌푸림, 자기자극, 흔드는 움직임, 판에 박힌 행동) • 자세 변화(구부린, 이완된, 경직된, 긴장한, 곧두선, 웅크린, 기대는) • 표정과 면접내용에 대한 적절성(경계하는, 멍한, 온화한, 찡그린, 웃는, 당황한, 불안한, 화난, 걱정하는, 슬픈) • 시선 접촉(전혀 없는 것에서 지속적인 것)
3. 개인적인 용모	• 피면접자의 옷, 머리 모양, 몸차림
4. 정동	• 면접이 진행됨에 따라 변화하는 활동 수준 • 감정과 관련된 주제를 다룰 때 감정의 적절성(표정이 대화 내용과 일치하는가?) • 몸의 움직임과 제스처의 의미
5. 신체적, 신경학적 발달	• 운동 행동 • 키, 몸무게, 안색, 전반적인 용모

출처: 곽금주(2002). **아동 심리평가와 검사**, p. 66.

⑫ 감정을 표현하지 않는다.

면접자가 계속해서 무표정한 얼굴로 있을 필요는 없지만, 피면접자에게 놀라거나 동의하거나 부정하는 등의 반응을 보이지 않아야 더 정확한 정보를 얻을 수 있다.

3) 면접법의 장단점

면접법의 장점은 다음과 같다. 첫째, 자료 수집과정에 융통성이 있다. 즉, 응답자가 질문을 이해하지 못하거나 무응답할 경우 재설명과 탐색하는 질문을 할 수 있으며 응답을 재확인할 수 있다. 또한, 질문지에서 얻을 수 없는 심층적인 정보를 얻을 수 있다.

둘째, 대상의 범위가 다양하다. 면접은 피면접자의 이해수준에 따라 적절히 대응할 수 있기 때문에 적용대상의 범위가 넓고 교육수준이 낮거나 연령이 어린 대상에게도 적용될 수 있다.

셋째, 응답률이 높다. 면접자와 피면접자 간의 언어적 상호작용을 통해 정보를 얻기 때문에 응답률이 높다. 따라서 무응답에 의한 표집의 편파성도 감소된다.

넷째, 직접 면접할 경우 면접자는 관찰을 통해 여러 가지 유용한 정보를 함께 수집할 수 있다. 관찰할 수 있는 정보 중에는 피면접자가 응답하는 방식, 면접에 대한 태도, 언어구사 능력 등이 있으며, 가정방문을 통한 면접상황에서는 가정의 분위기나 가정의 물리적 환경에 대한 개략적인 정보도 수집할 수 있다.

다섯째, 자료의 타당성이 높다. 제3자의 개입을 방지하여 피면접자 당사자만의 의견을 수집할 수 있으며, 누락되거나 불완전한 자료가 최소화되어 자료의 타당성이 높다.

한편, 면접법의 단점은 다음과 같다. 첫째, 시간과 경비가 많이 든다. 개별 방문과 면접에 걸리는 시간, 면접자의 훈련과 면접실시에 드는 비용과 노력이 다른 조사연구방법에 비해 부담이 크다.

둘째, 면접자에 대한 훈련과 감독이 어려우며, 면접과정의 균일화가 어렵다. 면접대상자가 많아지면 면접자의 수도 많아지는데, 객관적이고 타당한 자료를 수집할 수 있도록 이들을 유능하게 훈련시키는 과정에 어려움이 많다. 또한, 면접법은 면접자가 제시한 질문의 형태와 순서에 따라 피면접자들이 다른 반응을 나타낼 수 있기 때문에 면접과정의 균일화를 이루기가 어렵다(정옥분, 2008).

셋째, 비구조화 면접을 통해 수집된 자료는 질적인 측면에서 풍부한 정보를 갖추고 있을지 모르나 수량적 분석과 해석이 어렵다.

4. 검사법

검사(test)는 일반적으로 심리적 구인에 대한 측정도구를 의미하며, 검사법은 피검사자들의 능력과 성향, 가치나 태도 등의 심리적 특성을 파악하기 위하여 개인이 검사문항에 응답한 반응을 측정하는 것이다. 검사를 통해 피검사자의 심리적 특성을 측정하는 목표는 개인이나 집단을 정확하게 기술하는 데 있다. 이에 따라 어떤 경우에는 개인차의 성격과 범위를 파악하는 것이 주된 관심이 될 수 있고, 또 다른 경우는 행동특성을 더 효과적으로 이해하고 예측하는 것이 목표가 될 수 있다. 이에 다음에서는 연구자가 원하는 목표에 따라 적절한 검사를 선택하고 수행할 수 있도록 검사의 특성, 검사의 유형, 검사의 선정, 검사의 시행, 검사자료의 분석과 해석 등에 대해 살펴본다.

1) 검사의 특성

Kerlinger(1986)는 '검사란 피검사자로 하여금 일련의 질문에 반응하도록 함으로써 검사자가 의도했던 특성에 관해 추론할 수 있도록 수량화하는 체계적인 절차'라고 정의하였다. 또한, Cronbach(1951)는 '심리검사란 두 사람 이상의 행동을 비교하는 체계적 과정'이라고 했으며, Anastasi(1988)는 '행동의 표본을 표준화된 방식으로 측정하는 기법'이라고 정의하였다. 이러한 정의를 통해 볼 때 검사의 의미에는 '표준화' 또는 '통제'의 의미가 강조되어 있는데, 보다 구체적으로 검사의 특성을 살펴보면 다음과 같다.

첫째, 검사는 체계적으로 표준화된 절차에 따라 이루어진다. 즉, 검사의 문항은 행동 특성에 알맞게 체계적으로 선별되고, 같은 검사문항이 모든 대상에게 실시되며, 시간제한이나 채점방법도 일관되게 이루어진다. 검사가 표준화된 절차에 따라 이루어지는 것은 개인적, 상황적 변인이 검사 점수에 미치는 영향을 최소화하기 위한 것으로, 표준화된 절차에 따라 실시된 검사 결과는 개인차를 밝혀 줄 수 있다.

둘째, 검사의 문항은 검사자가 측정하고자 하는 특성을 고르게 반영하고 있다. 어떠한 검사라도 행동이나 심리적 특성을 측정하는 모든 문항을 포괄하지는 못한다. 따라서 검사자가 선정한 검사의 문항은 검사자가 측정하거나 추론하려는 행동 특성을 고르게 반영하고 있으며, 이러한 검사를 통해 측정된 결과는 실제의 행동 특성을 추론하고 예측할 수 있도록 해준다.

셋째, 검사 결과는 심리적 특성을 수량화함으로써 객관적인 비교를 가능하게 하며 통계적 분석에도 용이하게 사용될 수 있다(이은해, 1985). 검사는 심리적 특성을 측정하여 그 결과를 수량화하는 것이다. 예를 들어 '좋다', '동의한다'라는 표현에 대해 동의하면 얼마나 동의하는지를 구체적으로 파악할 수 있도록 표준화된 단위로 측정하여 결과를 수량화하는 것이다.

마지막으로 관찰이나 면접을 통해 얻는 정보에 비해 잘 선정된 검사는 경제적이고 효율성 있는 정보를 제공해 준다. 예를 들어, 한 사람에게 30분이 소요되는 검사라도 100명을 한 장소에서 실시한다면 능률적이며 경제적이라고 할 수 있다.

2) 검사의 유형

검사는 측정되는 유형과 검사의 제작방법에 따라 투사적 검사와 객관적 검사로 구분할 수 있다.

(1) 투사적 검사

투사적 검사(projective test)는 비구조적인 검사과제를 제공하여 개인의 독특한 특성을 측정하는 방법이다. 검사자극이 모호하고 지시방법이 제한되어 있지 않기 때문에 자극을 지각하고 해석하는 피검사자의 다양한 반응을 측정할 수 있다. 따라서 투사적 검사는 면접이나 관찰, 객관적 검사와는 다르게 피검사자의 독특한 반응을 수집하게 해주며 이러한 반응이 개인을 이해하는 데 유용하다는 장점이 있다.

반면 단점으로는 검사자 간 신뢰도, 반분 신뢰도, 재검사 신뢰도 등 전반적인 신뢰도가 낮고, 투사적 검사를 통해 내려진 해석의 타당성이 객관적으로 입증되기 어렵다는 것이다. 또한, 검사자의 태도, 성, 피검사자에 대한 선입견 등이 검사반응에 강하게 영향을 미치는 점이 있다. 투사적 검사의 구체적 이해를 위해 아동용 주제 통각검사와 집-나무-사람검사를 소개한다.

① 아동용 주제 통각검사

아동용 주제 통각검사(Children Apperception Test: CAT)는 1949년 Bellak과 Bellak이 3세에서 10세 사이의 아동에게 실시하기 위하여 제작한 아동용 투사적 성격검사이다. 같은 종류의 검사로서 성인용 주제 통각검사(Thematic Apperception Test: TAT)가 있는데 이 검사는 성인의 성격을 진단하는 데는 유용하지만 아동에게는 적합하지 않다. 그 이유는 TAT 도판들의 자극장면들이 성인에게 알맞게 그려져 있기 때문이다. 이에 Bellak은 도판의 자극장면들을 아동에게 맞는 그림들, 즉 유아기와 아동기에 주로 나타나는 여러 가지 심리적인 문제들이 쉽게 투사될 수 있는 그림들로 바꾸고 도판에 등장하는 주인공도 동물로 바꾸어서 아동용 검사인 CAT를 만들었다. CAT 도판에서 동물을 등장시킨 이유는 아동에게는 인간자극보다는 동물자극이 더 잘 동일시된다는 가정에서였다.

Bellak에 의하면, CAT는 주요한 인물이나 충동에 대응해 나가는 방식을 이해할 수 있도록 해준다. 구체적으로, 음식을 섭취하는 문제를 포함하는 구강기적 문제, 형제간의 경쟁, 부모에 대한 태도, 부모의 부부로서의 상호관계 혹은 부모가 한 이불 속에 들어가 있는 것을 보는 것에 대한 환상 같은 것이 아동의 반응내용에서 추출될 수 있다는 것이다. 이와 같이 CAT는 아동의 성장과정에 관계되는 문제라든지 일상생활과 관련되는 문제들을 투사시켜 아동의 심리적 특성을 이해할 수 있게 하는 검사이다.

② 집-나무-사람검사

집-나무-사람(HTP: House-Tree-Person)검사는 1948년 Buck이 고안한 투사적 그림검사로 모든 연령에서 적용 가능하다. 검사자의 지시에 따라 아동이 흰 종이 위에 집과 나무와 사람을 그리고 그 그림에 대하여 솔직하고 자유롭게 설명함으로써, 친숙한 소재를 통해 아동의 생각이나 내부의 욕구상태, 자아개념, 부모와의 관계나 가족관계, 현재 보이는 정서적 상태 등에 대하여 알아볼 수 있다.

(2) 객관적 검사

객관적 검사(objective test)는 구조화된 검사로 개인의 독특성보다는 개인마다 공통적으로 지니고 있는 특성이나 차원을 기준으로 개인을 상대적으로 비교하는 목적을 지닌 검사이다. 예를 들어, 지능검사는 개인의 검사수치를 그 연령대 모집단의 수치와 비교하여 우월한지, 중간인지, 열등한지의 개인 수준을 평가해 준다. 객관적 검사의 장점으로는 검사의 실시와 채점, 해석이 간편하고, 검사의 신뢰도와 타당도가 높으며, 투사적 검사에 비해 검사자 변인이나 검사상황변인에 따른 영향을 적게 받는다는 점을 들 수 있다.

한편, 단점으로는 피검사자들이 바람직한 문항에 대해 긍정적으로 반응하는 사회적 바람직성을 보일 수 있으며, 반응할 때 일정한 경향성을 가지고 응답한다는 것이다. 예를 들면, 긍정적으로 일관되게 응답하거나 부정적으로 일관되게 응답하는 경향을 들 수 있다. 그리고 객관적 검사는 문항내용으로 행동을 주로 다루기 때문에 감정이나 신념은 밝히기 어렵다는 단점이 있다. 객관적 검사의 구체적 이해를 위해 한국 아동용 웩슬러 지능검사, 유아 종합 창의성 검사를 소개한다.

① 한국 아동용 웩슬러 지능검사

아동용 웩슬러 지능검사(Wechsler Intelligence Scale for Children-Revised: WICS-R)는 Wechsler가 1949년에 제작한 아동 개인용 지능검사를 한국에서 표준화한 것으로, 현재는 2011년에 곽금주, 오상우, 김청택에 의해서 개발된 한국 아동용 K-WISC-IV가 사용되고 있다. 이 지능검사는 만 6세부터 16세까지를 대상으로 하며, 언어성 지능지수, 동작성 지능지수, 전체 지능지수로 표시되고 나이에 상관없이 환산점수 10과 지능지수 100이 그 나이의 평균이다. 표준편차는 15이며, 1표준편차범위는 IQ 85~115로 84%가 여기에 속하며, 2표준편차범위는 IQ 70~130으로 98%가 속한다. 이 검사는 아동의 지적 능력에 대한 다양한 정보를 제공하는 검사로, 15개의 소검사(상식, 산수, 이해, 어휘, 공통성, 숫자, 빠진 곳 찾기, 행렬추리, 토막짜기, 동형찾기, 기호쓰기, 공통그림찾기, 순차행렬, 선택, 단어추리)로 구성되어 있으며, 소검사 점수들의 패턴이 유용한 정보를 제공해 주므로 진단적 도구로 사용된다.

② 유아 종합 창의성 검사

유아 종합 창의성 검사(Korean-Comprehensive Creativity Test for Young Children: K-CCTYC)는 Guilford와 Torrance의 이론을 근거로, 전경원이 1995년 이후 계속적으로 연구개발하여 1999년에 표준화한 유아용 종합 창의성 검사도구로 가장 널리 사용되고 있다. K-CCTYC는 5~7세 유아를 대상으로 하고 있으며, 총 4개의 소검사로 구성되어 있다. 이를 통하여 영역별(언어·도형·신체) 창의성과 척도별(유창성·융통성·독창성·상상력) 창의성을 측정한다. 검사 1은 빨간색 연상하기로 빨간색을 보고 연상되는 물건이나 느낌 및 생각을 적어 보게 하는 것으로, 창의력 계발에 중요한 역할을 하는 연상 활동으로 이루어져 있다. 검사 2는 도형 완성하기로 태극기의 가운데 선(S 모양)만 9개 제시하고, 그 선을 사용하여 어떤 그림을 그리는 것이다. 검사 3은 동물 상상하기로 창의적 사고의 기초가 되는 상상력을 측정하기 위해 전래동화나 우화에 등장하는 동물 다섯 가지를 등장시켜 상상하는 것이다. 검사 4는 색다른 나무치기로 전통놀이의 비석치기와 같은 형식으로 세워져 있는 창의나무를 색다른 방법으로 쓰러뜨리게 하는 것이다(전경원, 김누리, 2015).

이상과 같이 투사적 검사와 객관적 검사는 모두 나름의 장단점을 가지고 있으므로, 이러한 점을 인식하고 검사의 제작과정이나 검사실시 및 해석과정에서 이를 고려하며, 보완하려고 노력해야 한다. 또한, 투사적 검사와 객관적 검사를 동시에 사용함으로써 각 검사가 지니고 있는 단점을 보완할 수 있을 것이다.

3) 검사의 선정

검사를 실시하기 전 연구의 목적에 맞는 적절한 검사를 선정하기 위해서는 다음과 같은 사항을 검토하여야 한다. 첫째, 연구의 목적과 대상에 알맞은 것인지를 검토해야 한다. 이를 위해 연구자는 검사의 영역이나 요인을 분명히 이해하고 어떤 종류의 문항이 포함되어 있는가를 살펴볼 필요가 있다. 예를 들어, 연구자가 전반적인 지능평가를 알아보고자 하는 경우에는 하위영역별로 점수가 비교 가능한 개인용 지능검사뿐 아니라 전체 지능수준을 평가할 수 있는 단순형 지능검사도 적절할 것이다. 또 다른 경우로 연구자가 특수한 상황에 대한 개인의 다양한 반응을 알아보고자 한다면 비구조적 검사를 선택하여 피검사자의 독특한 성향이나 가치, 태도 등을 수집하는 것이 바람직할 것이다. 또한, 검사가 어느 연령층을 대상으로 만들어졌는지도 검토해 보아야 한다.

둘째, 표준화된 검사를 사용하는 경우 검사의 신뢰도와 타당도가 제시되어 있으며 제시된 신뢰도 및 타당도의 수준이 적절한지를 검토하여야 한다. 일반적으로 표준화 검사는 검사 요강에 각 신뢰도 계수와 타당도 계수가 제시되어 있다.

셋째, 검사의 실용성을 고려해 보아야 한다. 검사를 실시하는 데 있어서 특별한 훈련이나 전문지식이 필요한지와 검사실시에 소요되는 시간 및 비용이 적절한가, 검사의 시행과 채점이 간편한가 등을 검토하여, 가능하면 시행과 채점이 간편하고 시행시간도 적절하며 검사비용도 지나치게 부담되지 않는 검사를 선정하도록 한다.

4) 검사의 시행

검사 반응은 피검사자의 특성에 따라서만 결정되는 것이 바람직하지만 실제로는 검사의 실시조건, 시행방법, 검사자의 제반 특징, 태도, 검사자와 피검사자 간의 상호관계, 피검사자의 신체적·심리적 상태 등에 따라 영향을 받는다. 따라서 이러한 영향을 줄이고 신뢰로운 결과를 산출하기 위해서는 무엇보다 검사자가 검사실시의 표준 조건에 절대적으로 따르는 것이 중요하다. 특히 투사적 검사의 경우, 지시방법 등 검사시행 방법의 차이에 따라 검사반응 수, 검사반응 내용에 차이가 나타날 수 있으므로 표준 절차에 반드시 따라야 한다.

일반적으로 검사를 받는 대상의 연령이 어릴수록 상황적 요소에 의한 영향을 많이 받으며 반응이 제한되어 있기 때문에 측정이 보다 어려울 수 있다. 따라서 초등학생 이상의 아동을 대상으로 한 검사에 비해 어린 아동을 대상으로 한 검사는 도구로서의 적합성이 떨어지며, 특히 3세 이하를 대상으로 한 도구들의 예언력이나 적절성은 문제가 되기 쉽다. 다음은 아동에게 검사를 올바르게 시행하기 위해 고려해야 할 사항을 제시한다(곽금주, 2002; 이은해, 1985; 임창재, 2000).

(1) 물리적·심리적 환경 구성

검사를 실시하는 물리적 환경은 편안한 느낌을 주면서도 지나치게 장식이 많거나 자극적이지 않아야 한다. 책상과 의자는 크기가 아동에게 맞아야 하며, 적당히 밝고 주위에 소음이 없어야 한다. 검사자는 아동의 맞은편이나 오른쪽으로 90° 위치에 앉는다. 검사자료는 검사자 편에 또는 책상 아래에 정리해 두어 아동의 호기심을 자극하지 않도록 한다. 그리고 아동이 안정감을 갖도록 협력적으로 검사에 임하도록 하며, 불필요한 불안감이나 의혹을 주지 않기 위해 검사의 목적, 활용방법 등에 대해 설명해 주도록 한다.

(2) 신뢰감 형성

대부분의 아동용 검사는 검사자가 한 아동을 대상으로 실시하는 개별 검사로서 검사자와 아동 간의 친밀감(rapport) 형성이 검사의 실시 과정 및 결과에 결정적으로 영향을 미친다. 무엇보다도 부끄러움을 많이 타고 말이 적은 아동을 검사할 때 검사자는 서서히 일상적인 질문과 대화로 긴장을 풀고 나서 검사를 시작하는 것이 좋다. 반면 검사를 거부하고 비협조적인 아동에게는 검사받기 싫어하는 이유를 알아보고, 그 감정을 일단 수용해 주도록 한다. 그리고 아동의 연령에 따라 설명이 가능한 경우에는 검사를 받음으로써 생길 수 있는 이점에 대해 알려 주도록 한다.

산만하고 통제가 잘 안 되는 아동에게는 검사의 선택 시 지능이나 학력검사 등 능력에 관련된 검사를 먼저 실시하는 것이 좋다. 그러나 결과에 대해 불안감이 큰 아동에게는 검사자와 상호작용이 많은 과제나 비구조적인 투사적 방법 등을 먼저 실시하도록 한다.

검사가 시작된 후에도 검사자는 아동의 흥미가 지속되도록 격려와 칭찬을 해주고, 어려운 문항에 대해서는 할 수 없는 과제도 있다는 점을 알려 주어 지나친 좌절이나 불안감을 갖지 않도록 해준다.

(3) 검사실시 준비와 관리

검사자는 검사를 실시하기 전에 다시 한번 지시 내용과 소요 시간 등 중요한 점을 숙지하여 실시 도중에 머뭇거림이 없도록 준비한다. 훈련과 준비의 부족은 검사 대상과 관계를 형성하는 데 어려움을 갖게 하고, 타당하지 못한 검사 결과를 초래하기 쉽다. 특히 검사자는 지시를 명확히 하고, 아동이 지시를 이해했는가를 확인해야 한다. 연습 문항이 있을 경우에는 이를 통해서 점검할 수 있다.

검사자는 검사 상황을 통제할 수 있어야 하며, 아동의 요구에 대해 적절히 대처해야 한다. 검사가 시작되기 전 아동에게 화장실에 갈 필요가 없는지 또는 다른 요구사항이 없는지 등을 확인한 후 검사를 실시하도록 한다. 가능한 한 검사 도중에는 쉬지 않고 한 번에 계획된 검사를 끝내는 것이 좋다. 그러나 불가피하게 멈추어야 한다면 잠시 휴식을 취한 후 계속하는 것이 원칙이나, 행동의 통제가 불가능한 경우에는 몇 회로 나누어서 실시할 수밖에 없다.

검사가 종료될 때까지 검사자는 최종 문항까지 빠트리지 않도록 하고, 응답이 끝나면 기재사항에 빠짐이 없나 확인을 한 후에 회수하도록 한다. 또한, 검사지는 노출되지 않게 엄격히 관리한다.

〈표 7-5〉는 검사를 실시하면서 검사자 스스로 또는 검사자 훈련을 위해 사용할 수 있는 체크리스트이다. 검사자가 검사실시 후 스스로 체크해 본다면 유용할 것이다.

〈표 7-5〉 검사과정 실습 체크리스트

예__	아니요__	1. 검사 시작 전에 라포가 형성됐는가?
예__	아니요__	2. 검사를 할 수 있게 아동이 준비되어 있었나?
예__	아니요__	3. 검사를 받을 수 있는 정돈된 환경이었나?
예__	아니요__	4. 산란한 매너리즘을 피했나?
예__	아니요__	5. 아동이 흥미를 보였나?
예__	아니요__	6. 아동에게 충분한 격려와 지지를 주었나?
예__	아니요__	7. 적절한 옷차림이었나?
예__	아니요__	8. 적당한 목소리로 말했나?
예__	아니요__	9. 아동의 감정들을 수용하고 개방적이었나?
예__	아니요__	10. 아동이 안심하게 보였나?
예__	아니요__	11. 아동과 종종 눈 맞춤을 했나?
예__	아니요__	12. 필요한 모든 도구들을 갖추었나?
예__	아니요__	13. 도구들이 편리하게 배열됐나?
예__	아니요__	14. 아동이 읽을 수 없게 지침서가 놓였나?
예__	아니요__	15. 도구들이 잘 배열되어 있어서 아동이 다른 검사문항들을 볼 수 없었나?
예__	아니요__	16. 도구들을 쉽고 안전하게 조작할 수 있었나?
예__	아니요__	17. 지시사항대로 읽었나?
예__	아니요__	18. 정확한 시간을 사용했나?
예__	아니요__	19. 반응시간이 초과되었나?
예__	아니요__	20. 기록책자에 반응들을 기록했나?
예__	아니요__	21. 아동의 능력에 적합한 검사 속도였나?
예__	아니요__	22. 검사과정이 적절하게 짜였나?
예__	아니요__	23. 아동에게 알맞은 단어를 사용했나?
예__	아니요__	24. 피로한 신호를 보였나?
예__	아니요__	25. 피로를 적절하게 조절했나?
예__	아니요__	26. 감정의 혼란을 보였나?
예__	아니요__	27. 감정의 혼란을 적절하게 다루었나?
예__	아니요__	28. 중단이 있었나?
예__	아니요__	29. 아동의 조작들을 적절하게 다루었나?
예__	아니요__	30. 충분한 해석과 설명을 해주었나?
예__	아니요__	31. 지침에 제시된 질문들을 정확히 사용하였나?
예__	아니요__	32. 협박하는 어조로 질문했나?
예__	아니요__	33. 아동을 적절하게 칭찬했나?
예__	아니요__	34. 혼란을 적절하게 다루었나?
예__	아니요__	35. 일관된 방식으로 아동의 질문에 정직하고 확실하게 응답했나?

출처: 곽금주(2002). **아동 심리평가와 검사**, p. 140.

5) 검사자료의 분석과 해석

심리검사의 채점, 자료 분석 및 해석, 해석 시 주의사항은 다음과 같다(이순형 외, 2014).

(1) 채점과 자료 분석

검사는 표준화하여 실시해야 하며 검사의 채점도 표준화된 과정을 거쳐야 한다. 즉, 검사의 표준화된 절차는 표준화된 실시, 표준화된 채점, 표준화된 해석을 의미한다. 다시 말하면, 개인이나 검사일에 따라서 채점기준이 변하거나 해석이 달라져서는 안 되며, 언제, 누가 채점을 하든지 채점의 과정이나 채점점수가 동일해야 한다.

(2) 해석

검사자료 해석 시 다음의 사항을 상기해 볼 필요가 있다. 첫째, 타당한 검사를 했는가? 검사는 어떤 특성을 직접 관찰하고 측정하는 것이 아니라 간접적으로 측정하는 것이 대부분이므로, 과연 그 검사가 연구자가 원하는 내용을 검사했는지인 검사의 타당성을 생각해야 한다.

둘째, 검사결과가 연구대상의 특성을 전체적으로 측정했는가? 어떤 검사든 내용을 부분적으로 측정했을 가능성이 있기 때문에 검사하려는 내용을 부분적으로만 측정하지 않았는지, 전체적으로 포괄적으로 측정했는지에 주목해야 한다.

셋째, 검사결과가 개인의 독특성을 측정했는가? 심리검사는 개인의 독특한 특성을 측정해서 개인차를 밝히기 위해 실시한다. 한 예로, 발달지체나 심리적 문제를 밝히기 위해 심리검사를 실시하는 것을 들 수 있다. 그러나 심리검사가 개인의 차이를 드러내기보다는 연구대상 전체의 공통적 특성만을 드러내는 경우가 있는데, 연구대상의 공통적 특성은 개인의 차별성을 드러내지 못하므로 실제 검사결과를 개인의 문제 발견에 활용하기 어려울 수 있다.

넷째, 검사결과가 상대적 분포를 잘 드러내고 있는가? 심리검사는 절대 영점이 없고 동일한 간격을 드러낼 수 없다. 개인의 검사점수인 원점수를 가지고 통계과정을 거쳐 원점수들 사이의 상대적 우열을 나타낼 뿐이다. 이러한 이유로 검사점수만으로 절대적으로 높거나 낮거나 동일하다고 말하는 것은 적절하지 않다. 예를 들어, 웩슬러 지능검사에서 원점수를 가지고 표준화된 점수로 전환했다고 해도 이는 표준점수를 규준에서 찾아 기계적으로 전환한 것이므로 양적인 상대적 해석이 가능할 뿐이다. 다시 말하면, 지능지수 100은 그 연령대 집단 사람들의 지능지수와 비슷한 보통사람의 지능지수라는 것이지 100이라는 점수가 지니는 특별한 의미는 없다.

(3) 해석 시 주의사항

검사결과를 해석할 때 주의할 점은 우선, 검사결과를 상대적으로 해석해야 한다는 것이다. 예를 들어, 지능지수 100은 그 연령대 보통사람의 지능에 속함을 의미한다. 즉, 지능지수 100이 지능지수 95나 105와 숫자상 차이가 있는 만큼 상대적으로 능력의 서열이 있다고 말할 수 있어도, 그 5점이 어떤 차이를 구체적으로 의미하지는 않는다. 그뿐 아니라 지능지수 100인 아동이 지능지수 95인 아동보다 지능이 더 뛰어나다고 말할 수 없으며, 지능지수 105인 아동보다 지적으로 뒤진다고도 말할 수 없다. 왜냐하면 지능지수 95와 100이나 지능지수 100과 105는 측정오차의 범위 내에 들어 있기 때문이다.

비록 지능지수가 측정오차의 범위를 넘어서는 차이를 보이더라도 개인의 지능지수를 해석하는 데 조심할 필요가 있다. 인간의 무한한 지적 능력을 몇 개의 문항으로 측정해서 판별하는 것은 측정문항에는 없는 다른 능력이나 잠재력을 간과하는 오류를 범할 수 있기 때문이다. 흔히 에디슨이나 아인슈타인의 초등학교 시절 지능이 얼마인지는 의미가 없는 것처럼 어린 아동의 지능지수를 측정하여 해석하는 것은 조심스럽게 접근해야 하는 부분이다.

특히 연령이 낮은 아동의 지능이나 기타 능력을 검사해서 판별하고 진단하는 것은 매우 신중하게 접근해야 한다. 자신의 능력을 드러낼 수 있을 만큼 성장하지 못했고, 측정검사가 어린 아동의 잠재능력을 드러낼 수 있을 만큼 정교하지 못하기 때문이다. 한 예로, 유아기 지능검사 결과와 몇 년 후 초등학교나 중학교 때 실시하는 지능검사 결과 사이에는 상관성이 낮다는 사실을 들 수 있다. 유아기에 영재라고 판별된 유아가 몇 년 후에 보통 아이로 판별되거나 유아기에 보통 수준 미만으로 판별된 유아가 훗날 영재로 밝혀지기도 한다. 이는 유아기의 지적 능력을 제대로 측정하는 검사가 없으며, 있다고 해도 연령이 증가하면서 드러나는 잠재 능력을 찾아내는 검사가 없기 때문이다.

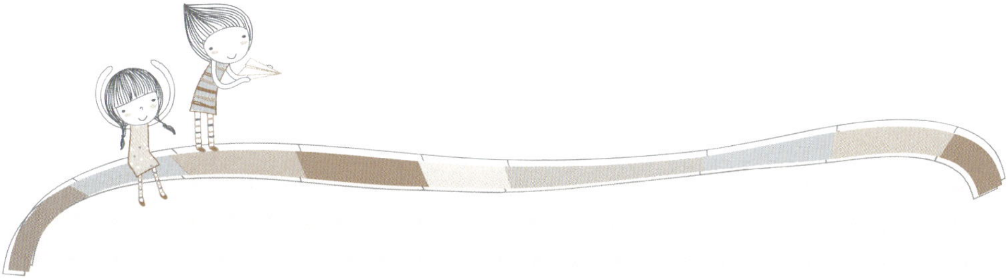

CHAPTER 08 관찰연구

우리는 일상생활 속에서 많은 것들을 관찰한다. 관찰은 일상생활 속에서 진행되는 자연스러운 행동을 연구하는 가장 적합한 방법이다. 뿐만 아니라 언어발달이 미숙하여 자신의 생각이나 감정을 언어적으로 표현하기 어려운 아동을 이해할 수 있는 가장 유용한 방법이이기도 하다. 한 예로, 유아교육현장에서 교사는 하루 종일 아이들과 상호작용하며 관찰을 하지만, 동시다발적으로 일어나는 무수한 상황을 모두 관찰할 수는 없다. 즉, 아이들이 등원할 때 기분이 어떠했는지, 교실에 들어와서 맨 처음 무슨 놀이를 시작했는지, 어떤 옷차림을 하고 누구와 무슨 말들을 주고받았는지 등 모든 상황을 관찰하는 것은 불가능할 뿐만 아니라 무의미하다. 따라서 관찰연구에 임할 때는 무엇을 관찰할 것인지 목적을 설정하고 이에 따라 대상이나 시간, 방법 등을 적절하게 선정하는 것이 중요하다. 이 장에서는 목적에 적합하고 타당성 있는 관찰연구를 하기 위해 관찰의 목적, 유형, 일반적 절차, 방법, 오류 및 신뢰도 등에 관해 살펴본다.

1. 관찰의 목적

관찰연구(observation research)란 관심대상이 되는 현상이나 행동을 자연스러운 상황 또는 어느 정도 통제된 상황에서 직접 관찰하여 자료를 수집하는 연구방법이다(이은해 외, 2006). 관찰은 아동을 대상으로 하는 평가방법 중 가장 오랜 역사를 지닌 방법 중의 하나로, 아동의 행동을 정확하게 설명하고 예측하기 위해서는 객관적이고 체계적인 관찰이 기초가 되어야 한다.

구체적으로 아동을 대상으로 하는 관찰의 목적을 살펴보면 다음과 같다. 첫째, 관찰을 통해 아동 개개인의 발달 수준을 파악할 수 있다. 같은 연령의 아동이라 하더라도 개인차가 크기 때문에 여러 번에 걸친 관찰을 통하여 아동이 각 발달영역에서 어느 정도 발달하고 있는지를 알 수 있다. 이는 특정 발달영역에서 지연을 보이는 아동을 조기 발견함으로써 조기 중재 및 치료의 효과를 극대화시킬 수 있다.

둘째, 아동이 보이는 행동의 원인을 파악하여 적절한 교수전략을 제공할 수 있다. 즉, 기관에서 아동이 공격적인 행동을 보일 경우 그 문제의 원인이 개별 아동에게 있는지, 교실 내 배치나 환경에 있는지 또는 교사의 지도방법에 있는지 등 원인을 파악하고자 할 때도 관찰내용에 대한 기록을 분석함으로써 정확한 추정이 가능하다. 교사는 이렇게 파악한 결과에 근거하여 아동에게 자신의 감정을 말로 표현하는 법을 가르쳐 줄 수 있으며, 영역을 재구성하고, 놀잇감을 보충하고, 위치를 바꾸는 등의 환경적 조치를 취할 수도 있다(김송이, 정지나, 최혜영, 민성혜, 2009).

이정환과 박은혜(2009)는 관찰을 통해 얻은 자료들은 아동의 흥미, 발달수준, 아동이 가지고 있는 문제 등 현재 아동 상태에 대한 포괄적이고 입체적인 정보를 제공해 주므로, 이를 토대로 적절한 활동과 환경만 뒷받침된다면 아동의 전인발달 및 능력개발에 큰 도움을 줄 수 있다고 하였다.

2. 관찰의 유형

관찰은 관찰 장면을 인위적으로 통제하느냐의 여부에 따라 자연적 관찰과 체계적 관찰로 구분되며, 관찰자가 직접 관찰 장면에 참여하느냐의 여부에 따라 참여 관찰과 비참여 관찰로 나눌 수 있다.

1) 통제 여부에 따른 분류

(1) 자연적 관찰

자연적 관찰(naturalistic observation)은 관찰 장면을 조작하거나 인위적으로 어떤 특별한 자극을 주지 않고, 자연적 관찰 장면에서 발생하는 행동과 사건을 있는 그대로 관찰하는 방법이다(황해익, 송연숙, 정혜영, 유수경, 2013). 그러나 자연스러운 맥락 내에서 일어나는 일상적 활동을 특별한 제한 없이 관찰하기 때문에, 분명한 목적을 설정하지 않으면 우발적이고 임의적인 관찰이 될 수 있다. 따라서 타당성 있는 관찰이 되기 위해서는 관찰할 목적을 명확히 정하고, 관찰대상이 되는 아동이 의식하지 않도록 관찰자의 존재나 개입을 최소화하는 것이 중요하다.

(2) 체계적 관찰

체계적 관찰(systematic observation)은 관찰 장면에 체계적으로 통제를 가하여 관찰하는 방법으로, 자연적 관찰보다 구체적인 행동이나 반응을 관찰하기에 적합하다. 황해익, 송연숙, 정혜영과 유수경(2013)은 통제적 관찰이 두 가지 의미로 사용된다고 하였다. 첫 번째는 실험적 조작을 뜻하는 것으로 관찰 장면, 조건, 상황 등에 대해 관찰자가 의도적으로 어떤 조작을 가하고 그러한 조작이 대상의 행동에 어떤 영향을 미치는지 관찰하는 것이다. 예를 들어, Ainsworth의 낯선 상황 실험에서의 애착 유형에 대한 연구를 들 수 있다.

다른 하나는 관찰할 행동이나 시간을 미리 정해 놓고 특정한 영역의 행동에 대해서만 관찰하는 방법이다. 이는 관찰하고자 하는 방식을 조직화하는 것으로 등원 시 어머니와의 분리경험에 대해 아동이 보이는 반응 유형을 관찰·기록하여 애착 유형을 알아보는 것을 들 수 있다.

2) 참여 여부에 따른 분류

(1) 참여 관찰

참여 관찰(participant observation)은 관찰자가 관찰대상의 일상 속으로 들어가서 함께 생활하면서 관찰하는 방법이다. 예를 들어, 유아교사들이 유아들과 상호작용하면서 관찰 자료를 수집하는 것을 들 수 있다. 참여관찰은 비교적 정확한 정보를 다양하게 얻을 수 있다는 장점이 있으나, 상대적으로 시간적 소요가 많고 관찰 상황에 직접 개입함으로써 관찰자의 객관성을 유지하는 것이 어려울 수 있다.

(2) 비참여 관찰

비참여 관찰(nonparticipant observation)은 관찰자가 관찰 장면에는 있지만 직접적인 개입이나 활동은 하지 않고 관찰만 하는 방법이다. 대표적으로 일방경을 통해 관찰하거나 캠코더로 녹화한 후 관찰하는 경우를 들 수 있다.

비참여 관찰은 참여 관찰에 비해 상대적으로 객관성 확보가 용이하지만, 사생활 침해 측면에서 윤리적 문제를 야기할 수도 있으므로 관찰대상에게 관찰에 대한 동의를 구한 후 진행해야 한다. 또한, 비참여 관찰은 관찰자의 존재가 관찰대상의 자연스러운 행동에 방해가 될 수 있으므로 관찰대상이 관찰자의 존재에 어느 정도 익숙해질 때까지 기다렸다가 관찰을 시작하는 것이 바람직하다.

3. 관찰의 일반적 절차

아동을 체계적이고 객관적으로 관찰하기 위해서는 관찰의 단계에 따른 정확하고 상세한 준비가 필요하다. 이를 위하여 관찰의 계획에서부터 관찰의 수행, 관찰결과의 분석에 따른 일반적 절차를 살펴보면 다음과 같다(김송이 외, 2009).

1) 관찰의 계획

(1) 관찰 목적의 설정

관찰을 수행하기 위해서는 먼저 무엇을 관찰할 것인지를 결정해야 한다. 예를 들어, 아동의 특정 영역에서의 놀이행동을 살펴볼 것인지 또는 아동의 또래관계를 관찰할 것인지 등 관찰의 목적을 설정하여야 한다. 관찰의 목적에 따라 관찰대상, 관찰 행동, 관찰 장면, 관찰 시간 및 기록방법 등이 달라지기 때문에 관찰의 목적을 명확히 하는 것이 우선되어야 한다.

(2) 관찰 행동의 표집

관찰의 목적을 설정한 다음에는 이를 가장 잘 대표할 수 있는 관찰 행동을 표집하여야 한다. 관찰의 목적에 부합하는 행동을 표집하기 위해서는 대상의 어떤 행동에 초점을 두고 관찰할 것인지와 관찰 행동을 시간적으로 언제, 몇 번, 그리고 얼마 동안 관찰할지를 결정하는 것이 필요하다. 예를 들어, 아동의 사회적 행동을 관찰하고자 할 경우, 또래와의 상호작용 행동만을 관찰할 것인지 아니면 교사와의 상호작용 행동과 개별 행동도 모두 포함할 것인지를 결정해야 한다. 그리고 이러한 행동을 관찰하고자 할 때 자유놀이 시간을 선택하여 관찰한다면, 자유놀이 시간 전체를 관찰할 것인지 아니면 자유놀이 시간 중 5분만 관찰하고 여러 날에 걸쳐 관찰할 것인지에 대한 결정을 내려야 한다.

(3) 관찰 장면의 선정

관찰 장면의 선정이란 관찰 행동을 어느 곳에서 가장 잘 관찰할 수 있는지를 택하는 것이다. 예를 들어, 아동의 가상놀이나 이와 관련된 행동을 보고자 한다면 놀이실 내에서도 이러한 행동을 쉽게 볼 수 있는 역할놀이 영역을 선택하는 것이 바람직하다. 또한, 블록놀이의 단계를 관찰하려면 쌓기놀이 영역을 선택하는 것이 바람직하며, 소근육 발달 정도를 관찰하기 좋은 영역은 작업 영역과 쌓기놀이 영역이 될 것이다.

(4) 관찰 기록방법의 선택

관찰 행동과 시간, 장면 등을 선정한 다음에는 관찰 내용을 기록하는 방법을 선택해야 한다. '모든 것'을 관찰할 수 없듯이 '모든 것'을 기록하는 것 또한 어렵기 때문에, 관찰하고자 하는 내용을 효과적이고 일관성 있게 기록하는 방법을 결정해야 한다.

관찰 기록방법에는 서술형, 표기형, 기계에 의한 기록이 있다. 서술형은 일정한 양식에 구애받지 않고 사건과 행동의 전모를 그대로 이야기 식으로 서술하는 방법으로, 표본기록, 일화기록, 전기, 서술식 사건표집 등이 이에 해당된다. 표기형은 목록이나 척도 등을 사용하여 기호로 표기하는 방법으로, 행동목록, 평정척도, 시간표집 등이 해당된다. 그리고 기계에 의한 기록은 녹음기나 비디오, 카메라 등의 기계를 사용하여 기록하는 방법으로, 아동의 행동이나 언어를 하나도 빠짐없이 기록할 수 있고 관찰자의 재관찰이나 재분석이 가능하기 때문에 중요한 사건이나 장면을 기록하는 데 널리 이용되고 있다.

2) 관찰의 수행

(1) 관찰

관찰 현장에서는 관찰자의 두 눈과 귀를 포함한 오감이 관찰의 가장 중요한 기본 도구가 된다. 목표행동이 일어났을 때 이를 놓치지 않고 정확히 기록하기 위해서는 관찰자가 실제 관찰에 임하기 전에 관찰의 내용과 방법을 충분히 숙지하는 것이 필요하다. 또한, 관찰을 수행하기 전에 기본적인 관찰자료, 즉 관찰자 이름과 관찰대상의 이름이나 연령 등에 대한 정보, 관찰 일시와 장소 등에 대한 것은 미리 기록하고 시작하는 것이 바람직하다.

(2) 기록

관찰의 기록은 기록방법에 따라 다르나 대체로 관찰과 동시에 또는 관찰 직후에 이루어져야 한다. 현장에서 즉각적으로 기록하지 못한 경우에는 관찰이 끝난 후 최대한 빨리 보충해서 세밀한 사항에 대한 기억이 누락되거나 왜곡되는 것을 방지한다. 예를 들어, 학기 초에 한 아동이 또래와의 놀이에 참여하지 못하고 방관자적인 행동을 보이는 것을 여러 번 목격한 교사는 이후 그 아동이 또래에게 관심을 보이고 또래와 함께 놀이하는 장면을 관찰하더라도 이를 기록으로 남기지 않는 한 첫인상에 의하여 아동을 비사회적이라고 평가할 수 있다.

특히 관찰기록을 사후에 하거나 서술형식으로 하게 될 경우에는 관찰 장면을 상세하게 기록하는 것이 어렵기 때문에, 관찰 장면에 대한 핵심적인 어휘들을 기록해 둔 후 가능한 한 빨리 이를 완전한 문장으로 재구성하는 것이 좋다. 또한, 중요한 사건이나 장면을 정확하게 기록하기 위해서는 관찰 장면에 대한 녹화나 녹음을 함께 실시하여 이를 토대로 관찰 장면을 완전하고 상세하게 기록하는 것도 바람직하다.

3) 관찰결과의 분석

(1) 추론

추론은 객관적 서술을 넘어 관찰한 행동의 원인, 그 행동을 할 때의 감정 등을 추측해 보는 것으로, 객관적인 관찰 기록을 통해 이루어지는 2차적인 자료이다. 추론은 한 가지 상황이 아닌 다양한 상황에서 나타나는 행동에 근거하여 이루어져야 하기 때문에, 사전에 많은 훈련을 통해 추론을 객관적으로 신중하게 하는 것이 중요하다(이정환, 박은혜, 2009).

(2) 평가

평가란 관찰 기록한 내용을 통해 아동의 행동이 바람직한가 혹은 바람직하지 않은가, 긍정적인가 아니면 부정적인가, 정상적인 발달을 하고 있는가 아니면 발달이 뒤처져 있는가를 판단하는 것이다. 평가는 아동의 행동에 가치를 부여하는 과정이므로 관찰에서 가장 주의를 기울여야 할 부분이다(황해익 외, 2013). 〈표 8-1〉을 통해 기록, 추론, 평가를 구분하여 살펴본다.

〈표 8-1〉 관찰기록의 예

기록 :	수진이가 칠판에 분필로 그림을 그리고 있다. 수진이는 동그라미를 그리며 그 옆에 있던 민수에게 "민수야, 내가 그린 과자를 좀 봐" 한다. 민수는 "내가 그 과자를 먹어야지" 하며 칠판으로 다가가 손으로 수진이가 그린 그림을 지워 버린다. 수진이는 민수에게로 달려와서 밀쳐 버린다. 이때 수진이가 들고 있던 분필이 바닥에 떨어지며 여러 조각으로 갈라진다. 이를 본 수진이는 교사에게 달려가 "선생님, 민수가 내 분필을 부러뜨렸어요" 한다.
추론 :	수진이는 자기가 동그라미를 잘 그릴 수 있다는 것이 기뻤고 민수에게 자랑하고 싶었다. 반면, 민수는 수진이가 그린 그림보다는 수진이와의 상호작용에 더 관심이 있었고 그 방법의 일환으로 그림을 지웠다. 민수의 이 행동이 수진이를 화나게 하였고 공격적인 행동을 보이게까지 하였다. 분필이 부러졌을 때 수진이는 자신이 한 행동을 받아들이지 않고 민수에게 책임 전가를 하였다.
평가 :	수진이나 민수 모두 그들 나이에 적합한 행동을 보이지 못하였다. 수진이는 화가 났을 때 민수를 밀치는 대신 말로 하는 방법과 자신이 한 일은 그 결과가 나쁘더라도 받아들일 줄 아는 태도를 배울 수 있어야 한다. 민수 역시 다른 사람이 열심히 그린 것을 지워버리는 것이 자기가 원하는 긍정적인 반응을 가져오지 않는다는 것을 배워야 한다. 친구들이 자기의 그림을 보라고 했을 때 어떻게 반응하면 되는지를 배울 수 있는 기회를 준다.

출처: 이정환, 박은혜(2009). **교사들을 위한 유아관찰 워크북**, p. 19.

4. 관찰의 방법

관찰내용을 기록하는 방법에 따라 표본기록법, 일화기록법, 행동목록법, 평정척도법, 사건표집법, 시간표집법으로 구분할 수 있다. 각 기록방법의 특징을 살펴보면 다음과 같다.

1) 표본기록법

표본기록법(specimen record)은 관찰대상, 장면, 시간을 미리 선정한 후에 그 상황에서 일어나는 모든 행동이나 발화 등을 자세하고 객관적이며 일어난 순서대로 기록하는 방법이다(김송이 외, 2009; 황해익 외, 2013). 즉, 현장에 있지 않아도 표본기록을 읽으면 마치 그 현장에 있었던 것처럼 상황이 머릿속에 그려지는 기록법으로, 어떤 행동에 대한 해석이나 평가를 위한 것이 아니라 있는 그대로의 원자료를 가능한 한 많이 수집하려는 기록법이다.

표본기록법은 자료의 풍부성이나 영구성 면에서는 많은 이점이 있으나, 시간과 경비가 많이 든다는 단점이 있다. 또한, 소수 아동을 대상으로 하는 질적 연구의 정보 수집방법으로는 바람직할 수 있지만, 다수의 아동을 교육하는 교육기관에서 교사가 실제로 활용하기에는 어려운 관찰법이다(양명희, 임유경, 2014).

〈표 8-2〉 표본기록을 적용한 관찰의 예

관찰아동	최창민	생년월일	2008년 5월 5일 (남)
관찰일	2013년 5월 10일	관찰자	송○○
관찰시간	오전 9시 20분~9시 30분 (10분)	관찰장면	자유선택활동시간(수학영역)
관찰내용	은수가 자기의 카펫 위에서 몬테소리 교구를 하고 있다. 창민이가 은수 앞에 마주 보고 앉는다. 은수는 창민이를 한 번 쳐다보더니 바로 고개를 숙이고 말통에 있는 말판을 꺼낸다. 은수는 아무 말도 하지 않고 말 3개를 꺼내서 판 위에 하나씩 올려놓는다. 창민이는 은수 앞에서 은수가 하는 교구활동을 계속 바라보고 있다. 창민이가 은수에게 "니 다음에 내다"라고 말한다. 은수는 판에 말 한 개를 세우면서 웃는다. 은수가 말 통에서 말을 꺼내서 판 위에 다시 말을 세운다. 창민이가 말판을 가리키면서 "이거는 여기다 놓아야 한다"라고 말하자 은수는 "나도 안다"라고 말한다. 창민이가 자기 오른쪽에 앉아 있는 현우에게로 고개를 돌려서 본다. 현우는 그림 카드를 분류하고 있다. 현우가 그림카드 하나를 자기의 카펫 위에 올려놓는다. 창민이가 앉은 자리에서 다리를 세우고 일어나더니 다시 쪼그리고 앉아서 오른쪽 검지로 현우의 그림카드를 가리키며 "이거 여기 아니다"라고 말하자 현우는 아무 대답도 하지 않고 그림카드를 분류한다. 카드를 다 분류하고 사용한 카펫의 모서리를 정확하게 맞추어 접고는 제자리에 정돈한다. 창민이가 마주 보고 앉아 있는 은수의 교구활동을 쳐다본다. 숫자대로 나누어진 판 위에 말을 올려놓는다. 정철이가 창민이 왼쪽에 다가와 앉는다. 정철이가 은수를 쳐다보며 "니 다음에 나다"라고 말한다. 창민이가 은수를 쳐다보며 시무룩한 표정을 짓는다. 은수는 계속 혼자서 판 위에 숫자만큼 말을 올려놓는다. 창민이가 은수에게 "야, 내가 도와줄게"라고 말하자 은수는 "그래"라고 말한다. 창민이는 은수를 쳐다보며 웃으며 말통에서 말 3개를 꺼내서 은수의 교구활동을 도와준다. 정철이가 "야, 창민아, 니 내 안 보는 사이에 니가 먼저 교구하면 어떡해!"라고 말하자, 창민이가 웃으면서 "아니다, 잠깐 도와주는 거다. 은수 끝나면 니가 해라"라고 말한다. 옆에 있는 은수도 웃으면서 "그래, 그래"라고 말한다.		

(표 계속)

관찰내용	성진이가 은수의 오른쪽 옆에 와서 앉는다. "니 다음에 내가 할게"라고 말하자, 정철이가 "니부터 아니다, 내 다음 창민이 그 다음이 니다"라고 말한다. 그러자 성진이는 "알았어. 정철이 다음이 창민이 그다음이 나야. 새치기하지 마라"라고 대꾸한다. 은수 주위를 남자아이들이 둘러싸고 있다. 창민이가 "야, 이거는 열두 개나 된다"라고 말하면서 오른손으로 말판을 가리키자, 정철이가 자기의 이름표를 오른손에 쥐고 창민이의 오른손 엄지를 누르면서 "야, 이거는 나중에 우리 같이 하자"라고 말하자 창민이는 "그래"라고 말한다. 창민이가 코를 오른손으로 만지작거린다. 은수가 말판을 한 개 꺼낸다. 창민이가 "여기다 놓아라"라고 말한다. 은수 주위에서 창민이와 정철이가 "하얀 궁뎅이, 하얀 궁뎅이"라고 말하면서 은수의 교구활동을 쳐다보면서 돕는다. 은수를 둘러싸고 다 같이 "한, 둘, …, 열"이라고 숫자를 센다. 정철이가 "여덟 개다"라고 말하자 창민이는 "아니다, 열두 개다"라고 말해 준다. 은수가 "아이참, 너희들이 이거 하니"라고 말한다. 그러자 정철이가 "그다음에 내다"라고 말하고 창민이도 바로 "정철이 다음 나, 나 다음에 너"라고 말한다. * 발달영역: 사회성발달, 인지발달

■ 발달요약
- 수를 셀 수 있다. (인지발달-수학적 능력)
- 차례를 기다릴 수 있다. (사회성발달)
- 같은 것끼리 분류할 수 있다. (인지발달-수학적 능력)
- 다른 친구들이 노는 것을 구경하기도 하고 둘이 함께 놀기도 한다. (사회성발달)

■ 추론
- 창민이가 은수의 교구활동을 하는 옆에 앉아 계속 지켜보고 도와주는 것을 통해 창민이는 은수의 교구활동을 하고 싶어 하는 것 같다.
- 정철이가 창민이보다 늦게 왔음에도 불구하고 자기가 먼저하고 창민이가 그다음이라고 말하자, 아무 말도 하지 않고 수긍하는 것으로 보아 자신의 의견이나 감정을 표현하는 능력이 부족하거나 착한 심성을 가진 아이인 것 같다.
- 창민이와 정철이는 은수의 교구활동이 끝나기를 기다리는 동안 순서를 기다리며 싸우지 않고 상호작용을 원만히 하는 것으로 보아 친한 친구 사이인 듯하다.
- 창민이는 의견을 제시할 때 정철이가 말한 뒤에 하고, 대부분 정철이의 의견을 다시 말하는 경향이 있으며, 정철이의 의견을 잘 받아들이는 것으로 보아 정철이에게 의존적인 것 같다.

■ 교수전략
- 친구가 교구활동을 하고 있는 동안 다른 활동을 선택해 보도록 지도한다.
- 창민이가 자신의 생각과 감정을 적절히 표현할 수 있도록 도와준다.

출처: 황해익 외(2013). **영유아행동관찰법**, pp. 105-107.

2) 일화기록법

일화기록법(anecdotal record)은 일화에 대한 서술적인 기록으로, 관찰대상이나 장면을 정해 놓지 않고, 기록할 만한 가치와 흥미가 있는 행동이 일어날 때마다 그때그때 기록하는 방법이다(황해익, 2017).

일화기록은 몇 분 정도의 사건에 대해 핵심적으로 서술하는 기록방법으로 특별한 준비나 계획이 필요 없기 때문에 유아교육현장에서 가장 적용하기 쉬운 방법이다. 또한, 교사가 아동에 대한 기록을 지속적으로 수집하면 아동의 독특한 발달패턴, 변화, 흥미, 능력 등을 정확하게 이해할 수 있는 장점이 있다. 반면 관찰자가 특별한 관심을 가진 행동을 기록할 경우 관찰자의 주관이 개입될 수 있으며 표본기록에 비하여 상황묘사가 적다는 단점이 있다.

황해익 외(2013)는 일화기록을 할 때 참고할 수 있는 지침사항을 〈표 8-3〉과 같이 제시하였다.

〈표 8-3〉 일화기록 지침서

- 발달상의 중요한 사건을 기록하기 원할 때 일화기록을 사용할 수 있다.
- 핵심단어를 사용하여 관찰한 후 가능한 한 빨리 간결하게 기록하거나 녹음한다.
- 관찰시간, 장면, 진행 중인 활동 등 상황적인 자료를 기록에 포함한다.
- 관찰아동의 주 행동을 적는다. 즉, 한 가지 행동에 초점을 맞춘다.
- 아동이 한 말을 그대로 인용부호 안에 적는다.
- 관찰아동의 말과 행동뿐만 아니라, 그와 상호작용하는 다른 아동이나 교사의 말과 행동도 기록한다.
- 발달상 중요 포인트를 적어 놓는다.
- 기록이 객관적이고 사실적이며, 추론과 해석이 배제되어야 한다.
- 각 아동의 발달과 관련된 다양한 일화들을 모으기 위해 정기적으로 포트폴리오를 체크한다.

출처: 황해익 외(2013). **영유아행동관찰법**, p. 116.

〈표 8-4〉 일화기록을 적용한 관찰의 예

아동명	김연서	생년월일	2014년 8월 1일 (여)
관찰일	2019년 4월 13일	관찰자	정○○
관찰시간	오전 9시 50분~10시 (10분)	관찰장면	실외 바깥놀이터의 모래놀이 영역
관찰내용	연서는 모래놀이 영역에서 모래를 가지고 놀고 있다. 두 손에 모래를 쥐고 손을 앞으로 쭉 펴더니 그대로 손을 펴 모래를 흩날린다. 그리고는 계단에 앉아 오른쪽 신발을 벗어 왼쪽 다리 위에 올리고 모래가 붙어 있는 양말을 턴다. 벗은 신발을 세로로 세워서 신발에 들어가 있는 모래를 턴다. 신발을 다시 신고 왼쪽 신발을 벗는다. 왼손으로 왼발을 잡고 오른손으로 모래를 턴 후 신발을 세로로 세워 모래를 턴다. 다시 모래놀이 영역으로 가더니 모래밭에 앉아 있는 훈재에게 "박훈재, 너 거기가 의자냐?"라고 말한다. 훈재가 아무 말도 안 하자, 연서는 모래놀이 영역에 쭈그려 앉더니 양손으로 모래를 쥐고는 옆에서 모래 케이크를 만들고 있는 희원이 바지 위에 뿌린다. 희원이는 아무런 반응을 보이지 않고 계속 놀이를 한다. 그러자 연서는 다시 모래를 쥐고 희원이 바지에 뿌린다. 희원이가 연서를 한번 보고는 "하지 마" 하며 바지를 턴다. * 발달영역: 사회성발달(공격성)		

■ 발달요약

- 혼자서 신발에 있는 모래를 털 수 있다. (신체발달-기본생활능력)
- 모래놀이를 하고 있는 친구의 바지에 모래를 뿌린다. (사회성발달-공격성)

■ 추론

- 연서가 양말과 신발에 묻은 모래를 번갈아 터는 것을 보니 신발 안에서 모래가 밟히는 느낌을 싫어하는 것 같다.
- 연서가 모래놀이 영역에 앉아 있는 훈재나 모래놀이를 하고 있는 희원이에게 공격적으로 말하고 행동하는 것으로 보아 심심해서 친구들과 함께 놀고 싶은데 어떻게 다가가야 하는지를 몰라서 그러는 것 같다.

■ 교수전략

- 연서가 가만히 있는 친구에게 모래를 뿌리는 공격적인 행동을 보이므로, 친구에게 그런 행동을 하면 안 되며 그런 행동을 한 후에는 친구에게 사과해야 한다는 것을 지도할 필요가 있다.
- 연서가 왜 희원이에게 그런 행동을 하게 되었는지 원인을 알 필요가 있다. 만약 연서가 희원이와 같이 놀고 싶은 마음에 그런 행동을 했다면 그럴 때는 자신의 감정을 어떻게 표현해야 하는지를 지도할 필요가 있다.
- 연서가 친구들에게 자신의 생각과 감정을 적절하게 표현할 수 있도록 손인형이나 역할놀이를 통해 어떤 말과 행동을 해야 하는지 경험해 보는 기회를 제공할 필요가 있다.

3) 행동목록법

행동목록법(behavior checklist)은 관찰자가 사전에 관찰하고자 하는 행동의 목록을 준비하고 그 행동의 출현 유무를 '예' 또는 '아니요'의 형태로 표기하는 방법으로 체크리스트법이라고도 한다. 행동목록법을 사용하는 목적은 두 가지가 있는데, 첫째는 관찰하고자 하는 대상의 현재 상태를 평가하고자 할 때이며, 둘째는 시간에 따른 발달의 변화를 알고자 할 때이다(이정환, 박은혜, 2009). 현재 상태에 대한 평가는 관찰대상의 발달수준을 파악하여 개별화된 교육전략을 세우는 데 도움을 줄 수 있으며, 관찰대상의 시간에 따른 발달적 변화를 보고자 할 경우에는 동일한 행동목록을 반복적으로 실시함으로써 변화 양상을 파악할 수 있다.

행동목록법은 사용이 간편하고 쉽게 수량화할 수 있으며 현장에서 바로 기록할 수 있는 장점이 있다. 그러나 행동의 출현빈도나 질적 수준, 관찰된 행동의 세부사항과 맥락에 대한 정보를 제공하지 못하기 때문에 다른 종류의 관찰기록방법과 병행해서 사용하는 것이 바람직하다.

〈표 8-5〉 행동목록법 관찰양식의 예 1

유아의 쓰기 준비도			
관찰유아: __________ 관 찰 자: __________ 생년월일: __________ (남, 여) 관찰일시: __________			
다음의 행동이 관찰되면 '예'에, 관찰되지 않으면 '아니요'에 표시하시오. 단, '아니요'에 해당되는 행동이 추후에 관찰되면 관찰된 날짜를 기록하시오.			
문항	예	아니요	행동이 처음 나타난 날짜
1. 손목과 손가락을 원하는 대로 움직인다.			
2. 눈과 손의 협응이 가능하다.			
3. 필기도구를 바로 잡고 쓸 수 있다.			
4. 글자의 기본적인 획을 긋는다.			
5. 각 글자의 모양을 구별한다.			
6. 글씨를 왜 써야 하는지 이유를 안다.			

출처: 김지은(2008). **아동관찰 및 행동 연구**, p. 94.

〈표 8-6〉 행동목록법 관찰양식의 예 2

관찰유아 : ________ 생년월일 : ________(남, 여) 관 찰 자 : ________
관찰일시 : ________ 1차 관찰일 : ________ 2차 관찰일 : ________
3차 관찰일 : ________ 4차 관찰일 : ________

기본생활습관	1회	2회	3회	4회
1. 정리정돈을 할 수 있다(장난감, 간식, 책상).				
2. 간식/식사 전에 손을 씻는다.				
3. 규칙(차례, 약속)을 잘 지키는 편이다.				
4. 어른에게 존댓말을 사용한다.				
5. 음식을 골고루 먹는다.				
6. 낮잠을 잔다.				
7. 교사의 지시를 잘 이해하고 따른다.				
8. 물건을 소중히 다루고 아껴 쓴다.				
9. 고마워, 괜찮아, 미안해 등의 말을 적절하게 사용한다.				
10. 혼자서 옷을 입을 수 있다.				
11. 화장실 사용 후 뒤처리를 혼자 한다.				

출처: 이정환, 박은혜(2009). **교사들을 위한 유아관찰 워크북**, p. 90.

4) 평정척도법

평정척도법(rating scale)은 관찰자가 어떤 행동의 출현 유무뿐 아니라 행동의 질적 특성이나 행동 출현 빈도를 평가하고자 할 때 사용할 수 있는 방법이다(김지은, 김진숙, 2006). 일반적으로 흔히 사용되는 평정척도에는 기술평정척도, 숫자평정척도, 도식평정척도가 있는데, 이를 구체적으로 살펴보면 다음과 같다.

① 기술평정척도

기술평정척도(descriptive rating scale)는 행동의 한 차원을 연속성 있는 몇 개의 단계로 나누어 서술하고, 관찰자가 대상의 행동을 가장 잘 나타내는 진술문을 선택하는 방법이다.

〈표 8-7〉 기술평정척도의 예

<table>
<tr><th colspan="2">사회생활 영역</th></tr>
<tr><td>관찰아동 : __________</td><td>관 찰 자 : __________</td></tr>
<tr><td>생년월일 : __________ (남, 여)</td><td>관찰일시 : __________</td></tr>
<tr><td colspan="2">문항 1. 차례 지키기
1) 차례를 지켜야 함을 모른다.
2) 차례를 지켜야 하는 것을 알지만, 거의 지키지 못한다.
3) 차례를 지키는 편이나, 지키지 못할 때도 있다.
4) 자기 차례를 잘 지킨다.

문항 2. 놀이 계획 및 실행하기
1) 스스로 놀이를 계획하지 못한다.
2) 놀이 계획은 세우지만, 실행하지 못한다.
3) 놀이 계획을 세우고, 반 정도를 계획대로 실행한다.
4) 놀이 계획을 세우고, 대부분 계획대로 실행한다.

문항 3. 한계 수용하기
1) 활동에 어떤 제한이 있을 때(놀이시간, 자료의 사용방법 등에서) 그 제한을 받아들이지 않는다.
2) 거부감을 보이면서 가끔 제한을 받아들인다.
3) 대체로 거부감 없이 제한을 받아들인다.
4) 제한을 잘 받아들인다.</td></tr>
</table>

출처: 이은해 외(2006). **아동 연구방법의 이해**, p. 191.

② 숫자평정척도

숫자평정척도(numerical rating scale)는 평가하려는 행동의 특성에 일정한 숫자를 할당하고 가장 일치하는 수준에 표시하는 방법이다. 관찰자는 관찰의 목적에 따라 평정의 단계를 결정해야 하는데, 너무 적은 수로 단계를 구분하는 것은 관찰대상의 특성을 정확하게 반영할 기회를 감소시키고, 너무 많은 수로 구분하는 것은 각 척도치 간의 간격이 모호하여 평정하는 것을 어렵게 만들 수 있다(김송이 외, 2009). 일반적으로 짝수형 척도(4, 6, 8, 10단계)는 관찰대상의 행동이 정적인지 부적인지의 방향성 파악을 용이하게 해주며, 홀수형 척도(3, 5, 7, 9단계)는 가운데 점수를 중심으로 관찰대상의 행동이 어느 정도인지를 쉽게 판단하게 해준다(황해익 외, 2013). 〈표 8-8〉에 제시된 또래 배척 평정척도는 '전혀 그렇지 않다'에서 '매우 그렇다'로 평정하는 3점 척도로, '매우 그렇다'인 긍정적 척도치에 가장 높은 점수인 3점을 부여하는 것이 바람직하다.

〈표 8-8〉 숫자평정척도의 예

또래 배척 평정척도

관찰아동 : __________　　　관 찰 자 : __________

생년월일 : __________ (남, 여)　　　관찰일시 : __________

※ 아동의 행동과 가장 일치하는 정도에 표시하세요.

이 아이는 …	전혀 그렇지 않다	보통이다	매우 그렇다
1. 다른 아이들이 별로 좋아하지 않는다.			
2. 외톨이다.			
3. 다른 아이들이 함께 놀려고 하지 않는다.			
4. 다른 아이들이 피한다.			
5. 다른 아이들이 놀이에 끼워 주지 않는다.			
6. 다른 아이들이 무시한다.			
7. 다른 아이들에게 놀림을 당한다.			

출처: 정지나, 민성혜, 김지현(2008). 또래 배척과 관련된 유아의 정서지능과 어머니의 양육행동. **아동학회지**, 29(4), pp. 135-146.

③ 도식평정척도

도식평정척도(graphic rating scale)는 평정척도를 도식으로 나타내는 방법으로, 수평선, 수직선, 그림, 음영 등이 사용되지만(김송이 외, 2009; 황해익 외, 2013), 일반적으로는 〈표 8-9〉와 같이 수평선을 사용한다. 〈표 8-10〉은 다른 형태의 도식평정척도를 사용하여 유아의 사회·정서 발달을 평정한 예이다.

평정척도법의 장점으로는 행동을 관찰하는 데 시간과 노력이 많이 들지 않고, 관찰과 동시에 기록하지 않고 관찰자가 편리한 시간에 기록할 수 있으며, 행동의 질적인 특성이나 행동의 변화에 대한 정보를 얻을 수 있다는 점을 들 수 있다. 반면, 단점으로는 관찰된 행동을 평가할 때 관찰자의 주관적 편견이 개입될 수 있고, 행동이 나타난 원인이나 전후좌우 맥락을 설명해 주지 못한다는 점을 들 수 있다.

〈표 8-9〉 도식평정척도의 예 1

	항상 그렇다	가끔 그렇다	때때로 그렇다	거의 그렇지 않다	매우 그렇지 않다
교사나 친구들을 언제나 잘 도와준다.	|————	|————	|————	|————	|

〈표 8-10〉 도식평정척도의 예 2

관찰유아 : ______________ 생년월일 : ______년 ___월 ___일 (남, 여)
관 찰 자 : ______________ 관 찰 일 : ______년 ___월 ___일

* 지시: 다음의 각 항목을 읽고 관찰하는 유아의 사회정서 발달에 평점을 준다.

1. 놀이의 형태	주로 혼자서 논다.	|—|—|—|—|	주로 친구들과 논다.
2. 친구 사이에서의 주도권	먼저 놀이를 제안하거나 시작하는 경우가 거의 없다.	|—|—|—|—|	대부분의 활동을 친구들에게 먼저 제안한다.
3. 친구관계	친하게 지내는 친구가 없다.	|—|—|—|—|	친하게 지내는 친구가 아주 많다.
4. 자기방어	다른 아이들의 공격적인 행동에서 자신을 거의 보호하지 못한다.	|—|—|—|—|	언제나 자신을 잘 방어한다.
5. 공격성	사소한 일에도 친구들을 밀거나 때리거나 한다.	|—|—|—|—|	아무리 화가 나도 친구들을 신체적으로 공격하는 일은 거의 없고 말로 해결한다.

출처: 이정환, 박은혜(2009). **교사들을 위한 유아관찰 워크북**, p. 81.

5) 사건표집법

사건표집법(event sampling)은 관찰하고자 하는 어떤 사건이나 행동이 출현되기를 기다렸다가 그때마다 일정한 형식에 따라 순서대로 사건에 관해 기록하는 방법이다. 즉, 시간을 정해 놓고 어떤 행동의 발생 유무를 보는 것이 아니라, 관찰하고자 하는 행동이나 사건이 발생하기를 기다렸다가 기록하는 방법이다(이은해 외, 2006). 따라서 아동의 공격적 행동이나 또래 간의 갈등상황 등 빈번하게 발생하지 않는 행동을 관찰하기에 적합하다.

사건표집법에는 ABC 서술식 사건표집(ABC narrative event sampling)과 빈도 사건표집(frequency event sampling)이 있다. ABC 서술식 사건표집법은 어떤 행동의 원인이나 결과를 알려고 할 때 유용한 방법이다. 즉, 사건 전체를 서술하되 관찰하고자 하는 행동이 일어나기 전의 상황(antecedent event: A), 관찰하고자 하는 행동(behavior: B), 행동의 결과(consequence: C)를 순서대로 기록하는 것이다(표 8-11 참조).

빈도 사건표집법은 도표를 가지고 미리 정해진 범주의 행동이 일어날 때마다 기록하는 방법이다. 즉, 선별된 행동이나 상황이 얼마나 자주 일어나는지를 알아보는 주제 중심의 관찰방법이라고 할 수 있다(이정환, 박은혜, 2009; 황해익 외, 2013). ABC 서술식 사건표집법이 질적인 정보를 제공해 준다면 빈도 사건표집법은 양적인 정보를 제공해 주는 방법으로, 관찰자는 미리 정해진 범주의 행동이 나타날 때까지 기다렸다가 체크 표시만 하면 된다(표 8-12 참조).

사건표집법의 장점으로는 자주 일어나지 않는 행동을 관찰하기에 적절하며, 관찰행동이나 사건이 일어날 때에만 집중해서 관찰함으로써 시간이 절약된다는 점을 들 수 있다. 반면, 단점으로는 ABC 서술식 기록의 경우 수량화가 어렵고 관찰자의 개인적 주관이 개입될 수 있으며, 빈도 사건표집법은 행동의 맥락적 정보가 없어 행동에 대한 원인을 파악할 수 없다는 점을 들 수 있다.

〈표 8-11〉 ABC 서술식 사건표집법의 예

관찰아동: 홍석훈　　연　　령: 4세 5개월 (남)

관 찰 자: 김○○　　관찰일자: 2014년 11월 20일

관찰행동: 자유놀이시간에 보이는 공격적 행동

시간	사건 전	사건	사건 후
9 : 15	쌓기놀이 영역에서 석훈이는 자동차를 만지작거리고 있다. 옆에서 민준이는 블록으로 터널을 만들고 있다.	옆에 있던 민준이를 찡그리면서 쳐다보다가 바닥에 자동차를 던진다.	민준이가 "왜 그래!" 소리 지르면서 교사에게 달려간다.
9 : 35	석훈이가 놀이에 참여하지 않고 다른 아이들이 노는 모습을 걸어 다니면서 보고 있다.	작업영역에서 혼자 종이접기를 하고 있는 은서에게 다가가 "야, 이게 뭐냐?"라고 말하며 은서가 접은 개구리를 탁자 위로 던진다.	은서가 울음을 터뜨린다.

■ 발달요약

- 석훈이는 심심하면 다른 친구가 노는 것을 방해하는 모습을 보인다.
- 석훈이는 같은 영역에서 놀이하는 친구에게 부정적인 행동을 보이기도 한다.

■ 교수전략

- 친구들과 어울리고 싶지만 적절한 방법을 모를 수도 있으므로 석훈이에게 친구와 상호작용하는 방법이나 적절한 표현방법을 가르쳐 줄 필요가 있다.
- 석훈이가 친구에게 공격적인 행동을 할 경우, 친구의 기분이 어떤지, 친구와 함께 놀이할 때의 좋은 점들에 대해 알려 줄 필요가 있다.
- 석훈이가 심심해하지 않도록 석훈이의 관심과 흥미, 발달수준을 고려하여 교사가 활동을 제시하고 석훈이의 성취를 칭찬하고 격려할 필요가 있다.

〈표 8-12〉 빈도 사건표집법의 예

관찰아동: 홍○○　　　　생년월일: 2015년 3월 23일 (남)
관 찰 자: 김○○　　　　관찰일자: 2019년 4월 2일
관찰행동: 아동의 자조기술

하루 일과	혼자 화장실 가기	손 씻기	단추 채우기	지퍼 올리기	신발 신기	가위질 하기	코풀기	컵에 물 따르기
오전 자유선택활동						////		
전이활동							//	/
집단활동시간						///		
실외활동시간		/	/	/	//		//	
점심	/	/	/	/				//
낮잠시간	/		/	/				/
오후 자유선택활동	/		/	/		///	//	
비고								

6) 시간표집법

시간표집법(time sampling)은 관찰하고자 하는 특정 행동이 정해진 짧은 시간 내에 얼마나 자주 일어나는지 행동의 출현 빈도를 수집하는 방법이다. 비교적 짧고 일정한 시간 사이에 행동이 얼마나 발생하는가를 양적으로 측정하는 방법으로, 빈도표집이라고도 한다. 시간표집은 짧은 시간 내에 일정한 간격으로 행동을 여러 번 관찰하기 때문에 관찰하고자 하는 행동이 자주 일어나지 않으면 사용 가치가 없다(황정규, 1999; 황해익 외, 2013). Arrington(1943)은 최소한 평균 15분에 한 번 정도 발생하는 행동에 시간표집을 사용해야 한다고 주장하였다.

시간표집법의 장점으로는 한꺼번에 많은 수의 대상을 관찰할 수 있다는 점, 수량화를 통해 통계분석이 가능하다는 점 등이 있으며, 단점으로는 사건의 전모나 인과관계를 파악하기 어렵다는 점, 자주 발생하는 행동으로 관찰의 범위가 제한되는 점, 외현적으로 관찰하기 어려운 내면의 감정이나 생각을 관찰하기에는 부적합하다는 점 등을 들 수 있다.

〈표 8-13〉 시간표집법의 예

<table>
<tr><th colspan="23">아동의 사회적 놀이행동</th></tr>
<tr><td colspan="12">관찰아동: 김○○
관찰일 기준 연령: 만 4세 4개월
관 찰 자: 김○○</td><td colspan="11">생년월일: 2014년 6월 7일 (남)
관찰일시: 2018년 10월 11일
관찰장면: 자유놀이시간</td></tr>
<tr><td colspan="2">관찰회기 / 행동범주</td><td>1</td><td>2</td><td>3</td><td>4</td><td>5</td><td>6</td><td>7</td><td>8</td><td>9</td><td>10</td><td>11</td><td>12</td><td>13</td><td>14</td><td>15</td><td>16</td><td>17</td><td>18</td><td>19</td><td>20</td><td>계</td></tr>
<tr><td rowspan="2">비놀이 행동</td><td>아무것도 하지 않는 행동</td><td>√</td><td></td><td></td><td></td><td></td><td></td><td></td><td></td><td></td><td></td><td></td><td></td><td></td><td></td><td></td><td></td><td></td><td>√</td><td></td><td></td><td>2</td></tr>
<tr><td>방관자적인 행동</td><td></td><td>√</td><td></td><td></td><td></td><td></td><td></td><td></td><td></td><td></td><td></td><td></td><td></td><td></td><td></td><td></td><td></td><td></td><td></td><td></td><td>1</td></tr>
<tr><td rowspan="4">놀이 행동</td><td>단독놀이</td><td></td><td></td><td></td><td>√</td><td>√</td><td>√</td><td></td><td></td><td></td><td></td><td></td><td></td><td></td><td></td><td></td><td></td><td></td><td></td><td></td><td></td><td>3</td></tr>
<tr><td>병행놀이</td><td></td><td></td><td></td><td></td><td></td><td></td><td></td><td></td><td></td><td></td><td>√</td><td>√</td><td>√</td><td></td><td></td><td></td><td></td><td></td><td></td><td></td><td>3</td></tr>
<tr><td>연합놀이</td><td></td><td></td><td></td><td></td><td></td><td></td><td></td><td></td><td></td><td></td><td></td><td></td><td></td><td>√</td><td>√</td><td>√</td><td></td><td></td><td>√</td><td>√</td><td>5</td></tr>
<tr><td>협동놀이</td><td></td><td></td><td></td><td></td><td></td><td></td><td></td><td></td><td></td><td></td><td></td><td></td><td></td><td></td><td></td><td></td><td></td><td></td><td></td><td></td><td>0</td></tr>
<tr><td>기타 행동</td><td>교사와의 상호작용</td><td></td><td></td><td></td><td></td><td></td><td></td><td>√</td><td>√</td><td></td><td></td><td></td><td></td><td></td><td></td><td></td><td></td><td>√</td><td></td><td></td><td></td><td>3</td></tr>
<tr><td colspan="2" rowspan="3">비고</td><td colspan="21">화장실 다녀오는 행동은 어떻게 처리하나?</td></tr>
<tr><td colspan="21">물건을 가지러 갔다 오는 행동은 어떻게 처리하나?</td></tr>
<tr><td colspan="21">9, 10 관찰단위는 ○○(이)가 문밖으로 나갔다 들어와서 행동을 관찰할 수 없었다. 이 경우 어떻게 처리하나?</td></tr>
</table>

출처: 김송이 외(2009). **영유아 관찰 및 실습**, p. 161.

5. 관찰의 오류

관찰이 아동의 행동을 이해하기 위한 객관적이고 타당한 연구방법이 되기 위해서는 관찰의 오류를 최소화하는 것이 중요하다. 따라서 관찰자는 관찰의 기록과 해석의 과정에서 발생할 수 있는 오류들을 숙지한 후 이러한 문제들을 최소화할 수 있도록 노력해야 한다. 관찰과정에서 빈번히 나타나는 오류들은 다음과 같다(김아영, 2000; 김지은, 2008; 이은해 외, 2006; 정옥분, 2008; 황해익 외, 2013; Leedy & Ormrod, 1993).

1) 관찰자와 관련된 오류

관찰은 관찰자의 역량과 훈련의 정도에 의존하는데, 대부분의 관찰자료는 관찰자 자신의 지각을 통하여 관찰·기록·분석되므로 관찰자가 갖기 쉬운 편견이나 오류가 존재할 수 있다. 이를 구체적으로 살펴보면 다음과 같다.

(1) 개인적인 편견이나 기대

관찰자가 관찰 상황에서 일어나는 행동을 사실 그대로 기록하는 것이 아니라 일어나기를 기대하는 방향으로 기록함으로써 오류를 범하는 것이다. 예를 들어, 관찰자가 사전에 관찰아동에 대한 부정적인 정보를 가지고 있을 경우 아동에 대해 좋지 않은 방향으로, 아동에 대해 긍정적인 정보를 가지고 있을 경우 더 과장되고 좋은 방향으로 관찰·해석하는 것을 들 수 있다. 이처럼 사전 정보가 긍정적이면 관찰자는 관찰아동을 보다 우호적인 관점에서 바라보게 되는데 이를 '후광 효과(halo effect)'라고 하며, 이와 반대로 부정적인 관점으로 관찰아동을 바라보는 것을 '편견'이라고 한다. 관찰자의 개인적인 편견을 감소시키기 위해서는 관찰자에게 체계적인 훈련을 시키고 관찰과정에 다른 관찰자를 참여시킴으로써 관찰의 객관성을 증가시킬 수 있다.

(2) 연구가설에 대한 사전 인식

관찰연구를 수행하는 과정에서 연구의 목적이나 연구가설에 대해 이미 알고 있는 관찰자는 일반적으로 연구가설을 지지하는 방향으로 관찰기록을 하는 경향이 있다. 예를 들어, 아동의 자아개념과 또래상호작용 간의 관계를 연구할 경우, 관찰자가 놀이상황에서 또래상호작용을 관찰할 때 자아개념이 높은 아이들이 긍정적인 또래상호작용을 많이 보이는 것으로 기록할 수 있다는 것이다. 그러므로 이러한 오류를 최소화하기 위해서는 관찰자에게 연구의 목적을 알리지 않는 것이 좋으며, 연구 변인별로 관찰자를 따로 선정하는 것이 바람직하다.

(3) 관찰자 표류

관찰자 표류(observer drift)란 관찰자가 훈련을 통해 익혔던 관찰의 정확성이 시간이 지남에 따라 나름대로 재정의되어 원래의 정의대로 정확하게 관찰·기록되지 않는 것을 의미한다. 그러므로 관찰자 표류로 인한 오류를 최소화하기 위해서는 관찰훈련을 통해 관찰자 간 일치도가 일정 수준에 도달하게 되면 곧바로 관찰을 수행하는 것이 바람직하다.

(4) 기록의 오류

관찰자가 지닌 개인적인 기대나 편견, 불충분한 훈련 등의 이유로 기록과 해석상에 생략오류, 첨가오류, 전환오류가 있을 수 있다.

생략오류(omission error)란 관찰대상의 행동을 이해하는 데 도움이 되거나 필요한 정보를 누락시키는 것이다. 즉, 현장관찰의 경우 현장에서 자세한 내용을 기록하지 못하고 간단하게 요약적으로만 기록한 후, 나중에 세부적인 내용을 전적으로 관찰자의 기억에 의존하여 기록할 경우에 생기는 오류이다. 따라서 관찰기록은 관찰이 끝난 후 가능한 한 빨리하는 것이 좋다.

첨가오류(commission error)는 관찰현장에서 실제로 일어난 내용 외에 다른 정보를 포함시키는 오류이다. 즉, 현장에서 일어나지 않은 행동, 대화, 상호작용 등을 보고하거나 현장에 없었던 사람을 있었던 것처럼 보고하는 것이다. 이러한 원인으로는 주의집중을 잘 하지 않았거나 틀린 기억에 의존하는 것 등을 들 수 있다.

전환오류(transmission error)는 관찰된 행동을 기록함에 있어서 순서를 틀리게 기록하는 것을 의미한다. 일반적으로 앞서 일어난 행동은 뒤에 오는 행동에 영향을 주게 될 가능성이 크므로, 사건의 발생 순서를 잘못 기록하는 것은 심각한 문제를 야기할 수 있다. 따라서 이러한 오류를 줄이기 위해서는 발생한 행동의 시작과 끝을 기록하거나 관찰행동에 대한 관찰시작 시간과 마침 시간을 기록하는 것이 필요하다.

2) 피관찰자와 관련된 오류

사람들은 누군가가 자신을 보고 있다는 것을 인식하면 행동이 달라진다. 이와 같은 행동의 변화를 일반적으로 '반응성 효과(reactivity)'라고 한다. 예를 들어, 평상시에 보이지 않던 초조함과 불안을 많이 나타내던지 아니면 평상시와는 다른 어투로 말하고 손을 더 자주 들고 질문을 많이 하는 등 관찰자가 좋아할 만한 행동을 하는 것을 들 수 있다.

이러한 문제점을 최소화하는 방안으로는 첫째, 관찰대상이 관찰자의 존재를 덜 의식하도록 충분한 시간을 두고 관찰자의 존재에 익숙해지도록 하는 것이다. 보통 한두 번의 방문으로 아동은 쉽게 관찰자의 존재에 익숙해지지만 나이가 많을수록 새로운 환경에 익숙해지는 데 더 많은 노출 경험이 필요하다.

둘째, 관찰자가 관찰대상의 눈에 띄지 않는 방법을 택하는 것이다. 즉, 일방경이 설치된 관찰실을 이용하거나 숨은 카메라 등을 장치해 놓고 모니터를 통해 관찰, 기록하거나 관찰행동을 녹화한 후 나중에 기록하는 방식을 택할 수 있다.

셋째, 관찰상황에서 아동에게 친근한 사람, 즉 부모나 교사가 관찰하게 하는 방법을 사용할 수 있다. 갑자기 낯선 사람이 나타나서 아동을 관찰한다면 아동은 하던 행동을 멈추고 관찰자를 탐색할 수 있기 때문에 아동에게 친근한 교사나 보조교사 등을 활용하는 것도 방법이 될 수 있다. 다만, 이러한 경우에는 관찰자가 아동에 대한 개인적인 편견이나 기대를 배제할 수 있도록 객관화된 자세를 유지하는 것이 중요하다.

6. 관찰의 신뢰도

관찰연구의 결과를 평가할 때 가장 중요한 문제는 관찰결과가 믿을 만한가 하는 것이다. 관찰의 신뢰도란 관찰대상을 여러 번 관찰했을 때 일관된 결과가 나오는 정도를 말한다(김지은, 2008). 즉, 관찰기록의 일관성 혹은 안정성을 말한다.

관찰기록 결과의 신뢰도를 검증하는 방법으로는 관찰자 내 신뢰도(intra-observer reliability)와 관찰자 간 신뢰도(inter-observer reliability)가 있다. 관찰자 내 신뢰도는 한 명의 관찰자가 같은 상황을 두 번 이상 관찰하여 각각 기록했을 때 자신의 관찰기록 간의 일관성을 알아보는 방법이다. 이 방법은 관찰 장면을 비디오로 녹화한 후 반복하여 관찰하며 기록하는 것으로, 분석한 결과가 일관성이 있어야 신뢰롭다고 말할 수 있다.

관찰자 간 신뢰도는 2명 이상의 관찰자가 동일한 장면을 독립적으로 관찰·기록하였을 때 관찰자들 간 관찰기록의 일관성을 의미한다. 일반적으로 명확한 구분 없이 관찰자 신뢰도라고 할 때는 흔히 관찰자 간 신뢰도를 말한다.

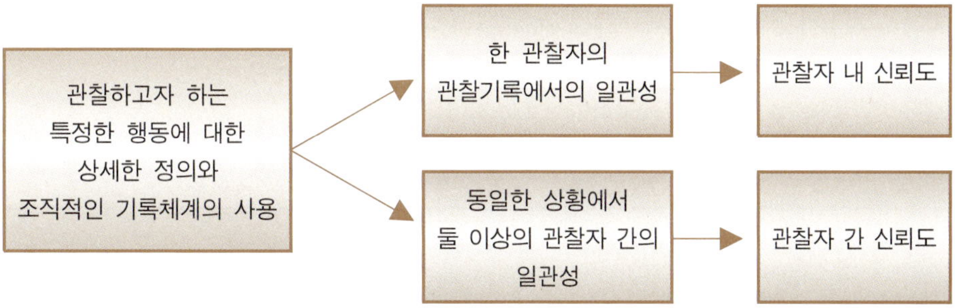

출처: 김지은(2008). **아동관찰 및 행동연구**, p. 65.

[그림 8-1] 신뢰도 검증 방법

관찰결과가 빈도로 기록된 자료에서 가장 많이 사용하는 관찰자 간 신뢰도의 산출 공식은 다음과 같다.

$$\text{관찰자 간 신뢰도} = \frac{\text{관찰자 간 상호일치한 빈도수}}{\text{관찰자들의 총 관찰 빈도수}} \times \text{관찰자 수}$$

위의 공식을 적용하여 〈표 8-14〉에서 관찰자 간 신뢰도를 산출하여 보자.

〈표 8-14〉 관찰자 간 신뢰도 산출방법

단계	예 : 아동의 놀이행동		
1. 관찰자 A와 B의 각 범주에 대한 관찰 빈도	범주	관찰자 A	관찰자 B
	단독놀이	//	///
	병행놀이	///	
	연합놀이	卌 /	卌
	협동놀이	///	///
2. 관찰자 A와 B의 총 관찰 빈도	계	14 + 11 = 25	
3. 두 관찰자 간에 서로 동의한 관찰 빈도	단독놀이	2	
	병행놀이	0	
	연합놀이	5	
	협동놀이	3	
	계	10	
4. 관찰자 간에 동의한 빈도를 총 관찰 빈도로 나눈다.	10/25 = .40		
5. 4번의 결과에 관찰자 수를 곱한다.	신뢰도 (일치 비율) .40 × 2 = .80		

일반적으로 관찰자 간 신뢰도가 .80 이상 나왔을 때 관찰결과가 객관성 있는 자료라고 간주할 수 있다. 만약 신뢰도를 산출하여 .80 미만으로 나온다면 그 원인을 분석하고 추가로 관찰훈련을 실시하여 신뢰도 수치를 높인 다음 관찰에

임하는 것이 바람직하다. 이를 위해서는 관찰자들 사이에 일치하지 않는 범주에 대해 서로 토론을 통해 다시 정의하여 명료화하는 작업이 필요하다. 만약 계속해서 신뢰도 수치가 높게 나오지 않는다면 그 항목을 더 명료한 항목으로 대치하거나 제거할 수도 있다(이은해 외, 2006). 〈표 8-15〉에서는 관찰의 신뢰도를 높이기 위해 고려해야 할 사항을 제시하였다.

〈표 8-15〉 관찰의 신뢰도를 높이기 위한 목록표

문제	고려할 점
1. 객관성	• 구체적인 행동을 사전에 정의한다. • 개인적인 신념이나 기대로 인한 편견을 줄인다. • 연구가설을 알리지 않는다.
2. 명확하고 편리한 기록양식	• 관찰범주가 중복되지 않도록 한다. • 복잡한 부호 체계를 피한다.
3. 관찰자 간 일치 비율	• 90% 이상이나 그 이상을 목표로 한다. • 적절한 훈련을 받는다.
4. 관찰자 표류 방지	• 체계적인 점검을 한다. • 두 관찰자가 관찰한 전체 기록의 10~20% 정도를 점검한다. • 관찰훈련을 받은 직후 관찰을 수행한다.

출처: 김지은(2008). **아동관찰 및 행동연구**, p. 69.

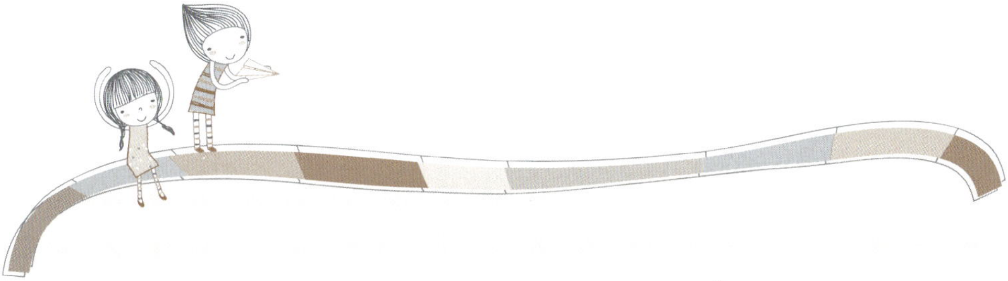

CHAPTER 09 실험연구*

앞 장에서 설명한 조사연구와 관찰연구가 있는 그대로의 현상을 파악하기 위한 연구방법이라면 실험연구는 인위적으로 통제한 상황에서 연구대상에게 처치를 가하고 그 처치의 영향을 살펴봄으로써 현상 간의 원인과 결과를 밝히기 위한 연구방법이다. 이 장에서는 실험연구를 정의와 개념, 타당성, 조건의 통제, 설계유형, 절차 및 장단점의 순서로 살펴본다.

1. 실험연구의 이해

1) 실험연구의 정의

실험연구는 통제된 상황에서 관심이 있는 변인을 조작하여 그 영향력을 알아보는 연구이다. 즉, 자연스러운 상황에서 연구자가 관심을 가지고 있는 변인의 영향력을 알아보는 것이 아니라 연구자가 변인을 직접 조작하여 실험의 효과를 검증함으로써 인과관계를 보다 확실하게 파악하고자 하는 연구방법이다. Campbell과 Stanley(1963)는 실험연구란 변인들을 조작하여 다른 변인에 미치는 영향을 분

* 이 장은 조성연 외(2008). 「아동관찰 및 행동연구」 제5장 실험연구 부분을 발췌, 보완하였음.

석하는 연구라고 정의하였다. 이종승(2009)은 한두 개의 요인을 변화시키고 나머지 모든 요인은 일정하게 되도록 엄격히 통제된 상황에서 발생시킨 현상에 대하여 객관적으로 관찰하는 연구라고 정의하였다. 즉, 실험연구는 실험환경을 설정하고, 변인을 통제하고 조작하기 때문에 변인들의 영향력을 보다 정확하게 검증할 수 있다.

반면, 비실험연구는 연구자가 자연스러운 상황에 존재하는 변인을 선정하여 선정한 변인 간의 관계가 인과적이라고 가정하여 이를 검증한다. 그러나 자연스러운 상황에서 인과관계를 규명하는 연구는 여러 환경적인 영향이 동시에 존재하고 다양한 변인이 서로 영향을 주고받기 때문에, 선정한 변인이 순수한 인과관계를 지니는 것이라고 보기에는 무리가 있다.

2) 기본 개념

(1) 실험실 실험과 현장 실험

실험연구에서는 실험을 하기 위한 환경을 설정하는데, 실험실에서 이루어지는 실험실 실험과 현장에서 이루어지는 현장 실험으로 대별할 수 있다. 두 가지 방법 모두 인과관계를 검증할 목적으로 사용한다는 점에서는 유사하지만, 실험 상황과 조건을 얼마나 강력하게 통제하는가의 면에서는 차이가 있다.

먼저 실험실 실험(laboratory experiment)은 실험실이라는 통제된 상황에서 모든 외부적인 영향을 통제하고 원인이 되는 변인만을 조작하여 독립변인의 효과를 알아보는 방법이다. 즉, 자연적으로 발생한 상황이 아닌 인위적으로 유발시킨 환경에서 연구를 수행한다. 실험실 실험은 외부적인 영향력과 조건을 엄격하게 통제하기 때문에 독립변인의 영향력을 보다 정확하고 강력하게 알아볼 수 있지만, 실험실 상황이 인위적이어서 자연과학연구가 아닌 사회과학연구에서는 실험결과를 실제 생활에 적용하는 데 제한을 받을 수 있다.

반면, 여러 가지 이유로 조건을 엄격하게 통제할 수 없는 경우에는 현장 실험을 하게 된다. 현장 실험(field experiment)은 실험실이 아닌 현장에서 실험이 이루어지기 때문에 자연스러운 상황에서 독립변인을 조작할 수 있다. 그러나 외부변인의 영향력을 완전하게 통제할 수 없기 때문에 독립변인의 영향력을 명확하게 밝히기에는 어려움이 있다.

(2) 실험집단과 통제집단

실험연구에 참여하는 집단은 실험집단과 통제집단으로 구분한다. 실험집단(experimental group)은 실험조건을 조작하거나 처치를 가하여 그에 따른 결과를 검증하고자 하는 집단으로, 실험의 효과를 알아보기 위한 대상이 되는 집단이다. 이를 처치집단(treatment group)이라고도 한다.

통제집단(control group)은 비교집단(comparison group)이라고도 하며, 실험집단의 효과 검증을 위한 어떤 실험처치도 받지 않으며, 단지 실험집단과 비교하기 위해 선정하는 집단이다. 실험처치의 효과를 정확하게 검증하기 위하여 통제집단은 실험처치 외의 모든 조건이 실험집단과 동일해야 한다.

(3) 독립변인과 종속변인

실험연구에서의 독립변인(independent variable)은 실험자가 임의로 조작하는 변인으로 처치변인이라고도 하는데, 실험처치가 이에 해당한다. 처치변인(treatment variable)이란 실험상황에 투입되는 변인으로 연구결과의 변화를 유도하는 변인을 말한다. 실험연구는 연구자가 관심을 갖는 다양한 변인의 영향력을 알아보기 위해서 수행된다. 즉, 연구자는 영향력을 밝히기 원하는 변인들을 독립변인으로 설정할 수 있고 독립변인을 다양한 조건하에서 조작해 가며 이에 따른 결과를 얻는 실험연구를 수행한다.

반면, 종속변인(dependent variable)은 독립변인에 의해 영향을 받는 변인으로 실험처치의 효과로써 관찰되는 변인이다. 즉, 독립변인은 영향을 주는 변인이고, 종속변인은 영향을 받는 변인이다. 예를 들어, 인지학습 프로그램이 아동의 인지능력을 향상시키는지를 실험을 통해서 검증하려고 할 때, 인지학습 프로그램은 독립변인 또는 처치변인이 되고 아동의 인지능력은 종속변인이 된다.

(4) 외재변인

엄격하게 통제된 실험실 상황이 아니라면 종속변인의 변화는 모두 독립변인의 영향에 의한 것이라고 말하기 힘들다. 수많은 변인이 크게 혹은 작게, 알게 혹은 모르게 종속변인에 영향을 미치는데 이들 중 독립변인을 제외한 나머지 변인들을 통틀어서 외재변인이라고 한다. 다시 말하면, 외재변인이란 독립변인 이외에 종속변인에 영향을 줄 수 있는 변인을 말한다. 외재변인에는 제2장에서 설명한 통제변인, 중재변인, 매개변인, 오염변인이 모두 포함된다.

실험연구는 확실한 인과관계를 규명하는 데 목적이 있기 때문에 외재변인을 최대한 통제하는 것이 중요하다. 그러나 외재변인을 완전하게 통제하는 것은 실제로 불가능하기 때문에, 어느 정도 외재변인의 영향은 인정하되 외재변인이 종속변인에 의미 있는 영향을 미치지 않는 범위 내에서 실험연구를 수행해야 한다.

(5) 통제

실험연구는 엄격히 통제된 상황에서 실험이 이루어진다. 즉, 조건을 통제한다는 것이다. 연구자가 관심을 갖는 변인, 즉 독립변인의 영향력을 명확하게 규명하기 위해서는 종속변인에 영향을 미칠 수 있는 독립변인 이외의 모든 다른 조건은 엄격하게 통제되어야 한다. 그렇지 않을 경우 종속변인이 보이는 결과가 실험처치인 독립변인만의 영향인지 아니면 그 외 다른 변인의 영향인지 분간할 수 없으므로 결과의 타당성에 문제를 야기한다.

통제(control)는 처치변인을 조절한다(manage)는 의미와 매개변인을 규제(regulate), 고정(fix) 혹은 제거(remove)한다는 의미도 지닌다. 그러므로 실험상황을 통제한다는 것은 처치변인의 효과를 명확하게 규명할 수 있도록 처치변인을 조절하여 투입하고 실험에 영향을 미칠 수 있는 여러 외재변인과 조건들을 제거하거나 고정시킨다는 것을 의미한다.

그러나 자연적인 상황에서 독립변인 이외의 모든 변인을 완전하게 통제한다는 것은 실제로 불가능하다. 인간의 행동이나 특성에 영향을 미치는 변인은 무수히 많으며 모두 밝혀지지도 않았기 때문이다. 또한, 연구자가 모든 영향력 있는 변인을 다 파악하지도 못하며, 실험연구를 위해서 변인을 통제할 때 윤리적인 문제가 발생하기도 한다. 따라서 모든 변인을 통제하지는 못한다고 하더라도 종속변인에 큰 영향력을 미칠 수 있는 변인들을 파악하고, 이 변인들을 가능한 한 엄격하게 통제해야 한다.

2. 실험연구의 타당성

실험연구의 타당성은 내적타당도와 외적타당도로 평가하는 데 연구의 타당성을 높이기 위해서는 두 가지 모두 필요하다. 내적타당도(internal validity)란 실험에 의해 인과관계를 밝힐 수 있는가의 문제로, 독립변인 외의 외재변인이나 다른 이유에 의하지 않고 오직 독립변인(실험처치)에 의해 실험의 결과를 얻었다고 확신할 수 있는 정도를 말한다. 그러므로 내적타당도를 높이기 위해서는 독립변인 이외의 다른 요인이 종속변인에 영향을 미치는 것을 최대한 통제해야 한다.

반면, 외적타당도(external validity)란 실험에서 얻은 결과를 다른 대상이나 다른 상황에 일반화시킬 수 있는가의 문제이다. 현재의 실험조건에서 얻은 결과를 이와는 다른 조건의 대상이나 상황에 일반화시킬 수 있는 정도를 말한다.

실험연구에서 산출한 결과를 일반화시키지 못하고 특수한 조건에서만 한정되는 인과관계는 일반적인 현상을 설명하는 데 있어서 의미가 없다. 또한, 산출한 결과를 일반화시킬 수 있다 하여도 그 결과의 인과관계를 명확하게 파악할 수 없다면 이것 역시 의미가 없다. 그러므로 내적타당도와 외적타당도는 실험연구의 필요조건이라 할 수 있다. 실험연구에서는 타당도를 위협하는 다음과 같은 요인들이 있다(Campbell & Stanley, 1963; Cook & Campbell, 1979).

1) 내적타당도를 위협하는 요인

내적타당도는 실험에서 산출된 결과가 실제로 실험처치에 의해 비롯된 것인가의 문제이다. 즉, 한 실험에서 얻은 결과가 온전히 실험처치에 의한 것인지 아니면 처치 외의 다른 요인에 의한 것인지에 관한 것이다. 실험결과에 영향을 미칠 수 있는 실험처치 외의 요인들은 내적타당도를 위협하는 요인들로서, 이에는 다음과 같은 것들이 있다.

(1) 역사

역사(history)요인은 처음 측정과 다음 측정 간에 일어나는 사건인데, 특히 종속변인에 유의하게 영향을 미칠 수 있는 사건을 말한다. 예를 들면, 실험이 진행되는 중에 발생하는 예기치 않은 사건, 천재지변, 특정한 사건 등이 실험의 결과에 영향을 미치는 것으로, 이 경우 실험의 결과는 타당성을 잃게 된다. 연구의 기간이 길수록 역사요인이 작용하기 쉽다.

(2) 성숙

성숙(maturation)요인은 실험이 진행되는 동안 연구참여자가 보이는 생물학적, 심리학적 변화로서 연구참여자가 나이를 먹거나 피로해지는 것과 같이 시간의 경과로 인해 실험결과에 영향을 미치는 것이다. 예를 들면, 아동의 어휘력을 증가시키는 프로그램을 실시하는 실험연구에서 아동의 어휘력이 증가하였다면, 이 결과가 프로그램 처치만의 결과인지 아니면 아동의 연령이 증가함에 따라 자연스럽게 어휘력이 늘어난 성숙의 효과인지 명확하게 밝히기가 어렵다. 성숙요인도 역사요인과 마찬가지로 연구의 기간이 길수록 발생하기 쉽다.

(3) 검사

검사(testing)요인은 한 번 검사를 받은 경험이 다음 번 검사에 영향을 미치는 것으로 동일한 검사를 두 번 이상 실시할 때 문제가 될 수 있다. 사전검사를 받은 경우 다음 검사 시에 사전검사로 인한 연습이나 기억의 효과가 나타날 수 있다. 즉, 사전검사로 인해 검사에 익숙해지거나 검사문항을 기억하는 등의 이유로 사후검사 점수가 높게 나올 수 있는 것이다. 결국 이로 인해 실제 실험처치의 영향력을 정확하게 파악하기 어렵기 때문에 연구의 타당성에 영향을 줄 수 있다. 이러한 경우는 정의적 특성을 측정하는 검사보다는 지능검사나 학력검사와 같은 인지적 능력을 측정하는 검사에 더 영향을 줄 수 있다.

(4) 측정도구

측정도구(instrumentation)로 인한 위협요인은 사전검사와 사후검사에서 각각 다른 도구를 사용할 때 측정도구의 변동으로 인해 나타나는 문제이다. 여러 번의 검사를 실시하는 경우에 측정도구나 측정자 또는 채점자가 바뀌면 정확한 결과를 얻기 힘들다. 즉, 사전검사와 사후검사 시 다른 도구를 이용하여 측정한다든지, 측정하는 사람이나 채점하는 사람이 바뀐다면 일관성의 결여로 인해 측정결과가 정확하다고 볼 수 없다. 앞서 말한 검사로 인한 위협요인을 제거하기 위해 다른 측정도구를 사용하였을 때, 얻어진 결과가 실험처치의 효과인지 측정도구의 차이인지를 구별하는 것이 어렵다.

(5) 통계적 회귀

통계적 회귀(statistical regression)는 실험연구의 대상을 극단적인 측정치를 갖는 집단으로 선정하는 경우에 나타나는 위협요인이다. 즉, 사전검사의 점수가 너무 낮거나 너무 높은 집단을 선정하여 실험처치를 하고 재검사를 하게 되면 연구참여자의 결과점수는 독립변인의 효과에 관계없이 전집의 평균 쪽으로 접근하는 회귀성향을 보인다. 이를 '통계적 회귀'라고 하는데 이러한 현상은 독립변인의 효과와 관련된 인과관계를 약화시킨다.

(6) 편포적인 연구참여자의 선정 (실험집단과 통제집단의 비동질성)

실험처치의 효과를 비교하기 위해 실험연구에서는 통제집단이 필요한데, 이 경우 통제집단을 편포적으로 선정(selection bias)하여 실험집단과 동질적인 집단을 이루지 못하면 처치결과를 정확하게 검증하는 것이 어렵다. 예를 들어, 실험집단의 아동이 통제집단의 아동보다 인지적인 측면에서 뛰어나다면 새로운 교수법에 의한 학업능력의 증가가 교수법의 효과인지 아동의 능력에 의한 결과인지를 분간할 수 없다. 편의에 따라 임의로 실험집단과 통제집단을 선정하면 이러한 문제가 발생할 수 있으므로, 이를 피하기 위해서는 무선배정으로 집단을 구분하거나 사전검사 결과에 따라 연구참여자를 실험집단과 통제집단에 배정하거나 사전검사의 차이를 통계적인 분석방법으로 조정하는 등의 방법을 사용한다.

또한, 실험집단과 통제집단이 연구결과와 관계되는 특성에서는 동일하게 선정되었다 하더라도 외부적 사건을 다르게 경험하거나 연구참여자의 성숙 정도, 성취도, 성취동기 등이 서로 차이가 나는 경우에는 이들의 특성이 처치의 효과와 혼합되어 종속변인에 영향을 미칠 수 있다. 예를 들어, 저소득층 아동의 발달을 촉진시키기 위한 중재교육 프로그램을 실시하는데, 프로그램을 받고 싶어 하는 아동을 실험집단으로 선정하고 그렇지 않은 아동을 통제집단으로 선정하였다. 연구결과, 중재교육 프로그램이 아동의 발달을 촉진시키는 효과가 있는 것으로 밝혀졌다고 하더라도 이것이 온전히 프로그램의 효과라고만 말하기에는 무리가 있다. 실험집단과 통제집단의 발달수준이 사전검사 시 동일하였다고 해도, 프로그램에 참여하기를 원하는 아동이 그렇지 않은 아동에 비해 자발적인 의지와 성취동기가 강해서 이것이 프로그램의 효과를 가중시켰다고 볼 수 있기 때문이다.

(7) 연구참여자의 탈락

실험이 진행되는 동안 연구참여자가 탈락(mortality)하게 되는 경우에 실험집단이나 통제집단의 동질적인 조건에 변화가 생겨 실험결과에 영향을 미칠 수 있다. 두 집단이 다른 연구참여자 수로 인해 원래의 조건을 유지하지 못한 상태에서 얻은 결과는 처치의 효과라고 보기 어렵다. 실험의 과제가 어렵거나 실험기간이 길수록 연구참여자가 탈락할 확률이 높아진다. 연구참여자가 많이 탈락

할수록 실험결과에 더 큰 영향을 미칠 수 있으므로 연구자는 참여자가 탈락하지 않도록 다각적인 측면에서 노력을 기울여야 한다.

(8) 처치의 확산 혹은 모방효과

처치의 확산 혹은 모방효과(diffusion or imitation effect of treatment)란 실험집단과 통제집단이 상호작용하거나 모방함으로써 실험집단과 통제집단 간에 처치에 의한 차이가 명확하게 나타나지 않는 것이다. 실험집단과 통제집단이 엄격하게 분리되고 통제되지 않을 경우, 즉 실험집단과 통제집단이 물리적으로 근접해 있거나 심리적으로 경쟁관계에 있을 때 확산 혹은 모방효과가 나타나기 쉽다.

예를 들면, 실험집단과 통제집단을 명확하게 분리할 수 없는 상황에서 실험처치가 이루어지면 통제집단도 어느 정도 처치를 받을 수 있고(처치의 확산), 통제집단이 실험집단의 처치를 따라서 하는 경우(처치의 모방)도 있을 수 있다.

이상과 같이 내적타당도를 위협하는 요인들은 통제집단 없이 실험집단만을 가지고 연구하는 경우나 실험집단과 통제집단이 동질적이지 않을 때 나타나기 쉽다. 통제집단 없이 한 집단만으로 연구하는 경우에는 역사, 성숙, 검사, 측정도구의 변동, 통계적 회귀 등의 요인이 작용할 수 있고, 집단 간 동질성이 가정되지 않는 경우에는 연구참여자의 편포적인 선정, 연구참여자의 탈락 등의 요인이 작용하여 내적타당도를 위협할 수 있다.

2) 외적타당도를 위협하는 요인

내적타당도가 실험연구의 결과해석에 따른 문제라면, 외적타당도는 연구결과의 일반화 가능성에 관한 문제이다. 이는 한 실험에서 얻은 결과를 다른 집단, 다른 상황, 다른 시기에도 얻을 수 있는지, 즉 결과를 일반화시킬 수 있는지에 관한 타당성이다. 그러므로 한 집단에서 얻은 결과를 다른 집단에서 동일하게 얻을 수 있다면 외적타당도가 높다고 할 수 있다. 외적타당도를 위협하는 요인들은 다음과 같다.

(1) 전집의 타당도 (표본의 대표성)

전집의 타당도(population validity)란 실험집단으로 선정된 표본이 전집의 특성을 충분히 반영하고 있는지, 즉 대표성이 있는지에 대한 것이다. 선정된 표본이 전집의 일부 특성만을 지니고 있다면 실험에서 얻은 결과는 그러한 특성만을 반영하게 되므로 표본에서 얻은 결과를 전집에 일반화시키는 데 어려움이 따를 수 있다.

(2) 생태학적 타당도

생태학적 타당도(ecological validity)란 연구 환경과 관련된 것으로서 처치에 관계없이 실험집단이나 통제집단의 연구참여자가 스스로 종속변인을 변화시키는 것을 말한다. 이는 연구대상들이 연구목적을 의식하여 자연스러운 반응이나 행동을 보이지 않고 평소와 다르게 행동하여 다른 심리적 반응을 보임으로써 이것이 연구결과에 영향을 미쳐 연구결과를 일반화시키는 데 지장을 준다. 이러한 심리적 반응으로 Hawthorne 효과, John Henry 효과, 연구자 효과 등이 있다.

① Hawthorne 효과

Hawthorne 효과는 실험집단의 연구참여자가 실험의 목적을 알고 있을 때 평상시와 다르게 행동함으로써 실험결과에 영향을 미치는 것이다. 이는 미국에 있는 Hawthorne 전기회사에서 작업환경의 변화가 생산성에 미치는 영향을 연구한 것에서 유래하였다. 작업환경의 변화를 주기 위해 실험집단에는 작업장의 조도를 높여 조명을 더 밝게 하고 통제집단에는 원래의 조도를 유지한 결과, 실험집단의 생산성이 더 증가하였다. 이는 실험집단의 노동자들이 작업장의 조명이 밝아지자 연구목적을 인식하게 되어 더 열심히 일함으로써 생산성을 증가시켰기 때문이다. 이러한 결과는 처치의 효과라기보다는 실험집단의 연구참여자들이 연구목적을 인식하여 스스로를 변화시켜 연구결과에 영향을 미친 것이다.

② John Henry 효과

John Henry 효과는 통제집단의 연구참여자가 실험집단에 있는 연구참여자보다 더 나은 결과를 얻도록 하기 위해 노력하는 현상이다. 이는 John Henry라는 미국인이 자신이 증기의 힘으로 움직이는 기계보다 더 우수하다는 것을 보여주기 위해 무리하게 경쟁하다 죽었다는 일화에서 비롯되었다. 따라서 이 효과는 통제집단에 속한 연구참여자가 자신들이 불리한 영향을 받게 된다는 것을 알면 더 열심히 노력해서 오히려 실험집단보다 더 나은 결과를 나타내는 현상을 말한다. 예를 들어, 새로운 학습프로그램을 실험집단에게 실시하여 그 효과를 검증하려는 연구에서, 통제집단은 학습프로그램이 실험집단에게만 주어지고 자신들에게는 주어지지 않는다는 것을 알고 자신들은 그 프로그램을 받지 않지만 더 잘하겠다는 의지를 가지고 노력해서 오히려 연구결과가 더 높게 나오는 경우를 볼 수 있다.

③ 연구자 효과

연구자 효과는 연구자가 연구결과에 영향을 미칠 수 있는 말이나 행동을 함으로써 연구대상으로 하여금 평상시와 다르게 행동하도록 하여 이로 인해 연구결과가 달라지는 것이다.

(3) 사전검사와 실험처치 간의 상호작용

연구참여자는 사전검사를 받은 후 실험처치에 대해 관심이 증가하거나 감소할 수 있으며, 이러한 상태로 받은 실험처치는 실험결과에 영향을 주게 된다. 즉, 사전검사가 실험처치와 상호작용하면 실험결과에 직·간접적으로 영향을 주게 된다. 이러한 현상은 흥미, 관심, 태도 등의 정의적 특성을 연구하는 경우에 나타나기 쉽다. 그러므로 사전검사를 받은 후에 실험처치를 받은 실험집단의 결과를 일반 대상에게 일반화할 수 있는가의 문제가 야기된다.

(4) 연구참여자 선정과 실험처치 간의 상호작용

연구참여자의 특성이나 유형에 따라 실험처치의 영향력이 다르게 나타나는 것을 말한다. 실험처치가 같다고 해도 어떠한 연구참여자에게 적용하느냐에 따라서 그 효과가 다를 수 있기 때문이다. 예를 들어, 저소득층 아동에게 실시되는 교육중재 프로그램이라 하더라도 대상의 지능에 따라 그 영향력이 달라질 수 있으며, 이러한 경우 실험의 결과를 모든 저소득층 아동에게 일반화시킬 수 있는가의 문제가 제기된다.

(5) 실험상황에 대한 반동

실험처치가 이루어진 실험상황과 일상생활 사이에는 차이가 있기 때문에 실험으로 얻은 결과를 일상적인 상황에 그대로 적용하기에는 무리가 있으며, 이때 야기되는 일반화의 문제를 말한다. 실험처치를 받는 연구참여자는 평상시의 자연스러운 행동과는 다른 행동을 실험상황에서 보일 수 있으므로, 실험결과를 일반적인 모든 상황에 일반화시키기는 어렵다. 실험처치가 복잡하고 인위적일수록 이러한 반동효과는 커진다.

(6) 중다처치 간섭효과

중다처치 간섭효과(multiple-treatment interference)는 연구대상이 하나 이상의 실험처치에 참여할 때 발생할 수 있다. 즉, 여러 가지의 실험처치를 동시에 투입하는 연구를 수행할 때 처치들이 상호작용함으로써 서로 영향을 미칠 수 있기 때문에 독립적인 처치의 영향을 파악하는 것이 어렵다. 또한, 여러 실험처치를 연속적으로 투입할 때도 앞의 실험처치 효과가 남아서 뒤의 실험처치 효과를 축소시키거나 확대시킬 수 있다. 그러므로 중다처치의 결과를 독립적인 처치의 결과처럼 일반화시킬 수 있는지의 문제가 중다처치 간섭효과이다.

(7) 시간적 타당도

시간적 타당도(temporal validity)는 제한된 기간에 실시하여 얻은 실험결과가 다른 시간대에서도 일반화될 수 있는지의 문제이다. 일반적으로 어느 일정한 시기에 이루어진 실험결과가 다른 시간대에도 적용될 수 있을 것이라고 가정하지만, 경우에 따라서는 시간에 따라 처치효과가 달라질 수도 있기 때문에 결과를 일반화하는 데 문제가 있을 수 있다.

3) 내적타당도와 외적타당도와의 관계

실험연구에서 내적타당도와 외적타당도 모두가 높은 것이 바람직하지만, 실제로 이 둘이 모두 높기는 어렵다. 이 둘은 서로 상충하는 측면이 있어서 일반적으로 내적타당도가 높아지면 외적타당도는 낮아지며, 외적타당도에 신경을 쓰고 주의하다 보면 내적타당도가 낮아지기 쉽다. 왜냐하면 내적타당도를 높이기 위해서는 실험이 엄격하게 통제되어야 하는데 엄격하게 통제된 실험일수록 그 결과를 실험 상황과 다른 대상, 장면, 조건, 시간 등에 적용하는 것이 어렵기 때문이다.

실험연구에서는 내적타당도와 외적타당도가 모두 중요하지만, 결과를 일반화시키기 이전에 그 결과가 타당하고 믿을 만한 것인가의 문제가 우선하기 때문에 내적타당도에 먼저 주의를 기울일 필요가 있다. 내적타당도가 확보되지 않은 실험결과를 일반화시킬 필요는 없기 때문이다.

3. 조건의 통제

1) 통제의 목적

앞서 설명한 것처럼, 실험연구에서는 독립변인의 효과를 명확하게 규명하기 위해서 처치변인을 조절하여 투입하고 종속변인에 영향을 미칠 수 있는 처치 외의 모든 외재변인과 실험상황의 조건을 인위적으로 조작하거나 고정시키는데, 이를 통제라 한다. 이를 통해 독립변인과 종속변인 사이의 인과관계를 객관적으로 명확하게 규명하려는 것이다. 실험연구에서의 통제의 목적은 다음과 같다(이종승, 2009).

첫째, 실험처치 외의 외재변인이 종속변인에 영향을 미치지 못하도록 통제를 한다. 이를 위해 외재변인을 제거하는 것이 바람직하지만, 실제로 제거가 불가능한 경우가 많으므로 이럴 때는 외재변인이 실험집단과 통제집단에 동일하도록 조건을 조정한다.

둘째, 실험처치의 수준을 다양하게 변화시켜 가면서 이러한 다양한 수준의 처치가 종속변인에 어떠한 영향을 미치는지 알아보기 위해서 통제를 한다. 처치의 여부에 따른 영향만을 파악하는 것이 아니라 처치의 유형과 수준에 따른 영향을 파악할 필요가 있으며, 이때 다양한 유형과 수준이라는 처치의 조건을 만족시키기 위해서는 조작이라는 통제가 필요하다.

2) 통제의 방법

실험연구에서 통제해야 할 변인이나 조건은 무수히 많지만 사회과학연구에서 이들을 모두 통제하는 것은 사실상 불가능하므로 영향력이 크다고 판단되는 대표적인 요인들을 우선적으로 고려하여 통제해야 한다. 이에는 앞에서 설명한 내적타당도와 외적타당도를 위협하는 요인들이 해당된다. 통제를 위해 사용할 수 있는 일반적인 방법에는 무선화, 짝짓기, 평형화, 은폐 등이 있다.

(1) 무선화

무선화(randomization)는 종속변인에 영향을 미칠 수 있는 요인들을 통제하는 가장 대표적이고 기본적인 방법으로, 무선표집(random sampling) 방법과 무선배정(random assignment) 방법이 있다. 무선표집은 표본의 대표성을 확보하기 위해서 모집단에서 피험자를 무작위로 뽑는 것을 말하며, 무선배정은 집단의 동질성을 확보하기 위해서 피험자들을 실험집단과 통제집단에 무작위로 배치하는 것을 말한다. 무선표집을 통해서 한쪽에 치우치지 않은 대표성 있는 표본을 얻는다거나 무선배정을 통해서 실험집단과 통제집단을 동질하게 만듦으로써 실험처치 외의 요인이 종속변인에 영향을 미치는 것을 통제한다.

무선화를 통해서 대표성 있고 동질적인 두 집단을 얻으려면 표본의 수가 많아야 한다. 그러나 실험연구에서는 실험처치의 수고로움 때문에 많은 수의 표본을 대상으로 하기가 어렵고, 표본의 수가 적을수록 우연요인이 발생하여 표본의 대표성이나 동질성을 확보하기 어렵다. 이러한 점을 고려할 때 무선표집과 무선배정 모두 중요하지만, 그중에서도 무선표집보다는 무선배정이 더 실효성 있고 중요하다고 할 수 있다. 무선표집은 대규모 모집단에서 소수의 표본을 선택하는 것이기 때문에 실제로 가능하지 않은 경우가 많다. 그러나 무선배정은 연구참여자를 무작위로 집단에 배정하는 것이기 때문에 무선표집보다는 수행하기가 쉽다. 무선배정은 연구참여자뿐만 아니라 관찰자, 실험도구, 실험처치 등 실험에 관련된 인적, 물적 조건을 무선적으로 배정하는 것을 포함한다.

(2) 짝짓기

무선배정에 의해 실험집단과 통제집단의 동질성을 확보한다고 해도 우연요인까지 모두 통제할 수는 없다. 이때 짝짓기 방법을 사용할 수 있는데, 짝짓기(matching) 방법은 연구참여자들을 비슷한 조건으로 맞춰서 실험집단과 통제집단에 배정하는 방법이다. 대응이라고도 하는 이 방법에 의해 실험집단과 통제집단은 동질성을 확보할 수 있다. 예를 들어, 무선배정한 실험집단 연구참여자들의 지능이 높은 경우가 있을 수 있다. 이 경우 무선배정보다는 먼저 조건이 유사한 연구참여자를 짝짓기하고 이들을 실험집단과 통제집단에 무선적으로 배정하는 것이 동질성을 확보하는 데 더 도움이 된다. 즉, 짝짓기 방법과 무선화 방법을 함께 사용하면 집단의 동질성을 높일 수 있다. 또한, 이 방법은 무선화에 비해 표본의 수가 많지 않아도 사용 가능한 방법이므로 실제로 유용하게 사용된다.

그러나 모든 변인을 다 짝짓기할 수 없기 때문에 완전하게 동질한 집단을 얻을 수는 없다. 여러 변인 중 어느 변인을 짝짓기해야 하는지 결정해야 하는데 이때는 선행연구에 따라 종속변인에 큰 영향을 미친다고 생각하는 변인들을 우선적으로 짝짓기해야 한다.

(3) 평형화

평형화(counterbalancing)는 연구참여자가 여러 실험처치에 참여하면서 발생할 수 있는 중다처치 간섭효과를 통제하는 실험설계상의 방법이다. 즉, 여러 처치를 투입할 때 처치의 순서를 바꾸어 가며 실험을 진행하여 중다처치 간섭효과를 억제하는 것이다.

(4) 은폐

은폐(blind)는 연구참여자나 실험자에게 연구의 목적이나 실험에 관한 정보를 알지 못하게 감추는 방법으로, 실험처치의 효과만을 규명하기 위해 사용하는 방법이다. 또는 누가 실험집단이고 누가 통제집단인지 변별하지 못하게 하기도 한다. 연구참여자나 실험자가 실험에 관해서 관심을 갖고 기대를 하는 경우 이들의 심리적인 요인이 실험결과에 영향을 줄 수도 있기 때문이다. 연구참여자와 실험자 모두에게 실험에 관한 정보를 감추는 경우 이를 이중은폐(double blind)라고 한다.

4. 실험설계의 유형

실험연구를 하기 위해서는 실험을 위한 설계가 필요하며, 무엇보다 정확한 연구를 위해서는 실험연구의 내적·외적타당성을 높여 주는 설계가 필수적이다. 그러나 여러 가지 실제적인 제한으로 인해 완벽한 설계를 하여 실험하는 것이 쉽지 않기 때문에, 주어진 상황에서 최대한 타당성을 높일 수 있는 실험설계를 하는 것이 바람직하다. 실험설계는 완전성 측면에서 준실험설계와 진실험설계로 구분할 수 있다.

실험설계를 제시할 때는 몇 가지 기호를 사용하여 도식과 함께 설명하므로 이에 대해 이해하는 것이 필요하다. 실험설계에서 사용하는 기호는 다음과 같다.

X : 실험처치, 독립변인

O : 관찰, 측정

R : 무선표집, 무선배정

구획선 : 동질화하지 않은 집단의 구분

1) 준실험설계

준실험설계(quasi-experimental design)는 실험상황을 충분히 통제할 수 없어서 실험의 이상적인 조건을 갖추지 못한 설계이다. 즉, 실험조건에 대한 통제가 느슨하고 처치변인을 철저하게 조절하지 못하여 자연적 상태에서의 실험조건을 제대로 통제하지 못한 설계이다. 그러므로 준실험설계는 실험집단과 동질화된 통제집단이 없거나 사전검사를 실시하지 못하여 검사결과의 타당성이 높지 않은 설계이다. 진실험설계가 바람직한 실험설계 유형이지만 실제적인 제약이 있을 때 이를 대신하여 준실험설계를 사용한다. 이때 연구자는 어떤 조건들이 통제가 되지 않았는지 정확하게 알아야 한다.

(1) 단일집단 사후검사설계

단일집단 사후검사설계(one-group posttest-only design)는 한 집단에 실험처치를 하고 한 번 측정하여 결과를 얻는 방법으로 일회적 사례연구라고도 한다. 이 경우에 연구결과가 실험처치에 의한 것인지를 알 수 없기 때문에 연구의 타당성이 가장 낮아 실험설계로서는 가장 낮은 수준의 설계라고 할 수 있다. 이 설계는 통제집단을 구할 여건이 안 되고 검사도 실험처치 후 한 번밖에 할 수 없는 경우에 사용하는 방법으로, 과학적인 연구로서의 가치는 거의 없다.

X O_1

(2) 단일집단 전후검사설계

단일집단 전후검사설계(one-group pretest-posttest design)는 하나의 실험집단만으로 연구하지만 실험처치 전후로 사전검사와 사후검사를 실시하여 사전검사와 사후검사의 증가량으로 실험처치의 효과를 검증하는 방법이다. 이 설계는 단일집단 사후검사설계에 사전검사를 추가한 설계로 단일집단 사후검사설계보다는 양호하며, 통제집단을 구할 수 없는 경우에 사용하는 방법이다.

그러나 통제집단이 없기 때문에 사전검사 결과에 비해 사후검사 결과가 증가했더라도 이것이 실험처치로 인한 효과인지는 명확하게 판별할 수 없다. 즉, 얻어진 결과가 실험처치에 의한 것인지, 대상의 성숙이나 역사적 사건에 의한 것인지, 우연에 의한 것인지, 외재변인의 영향에 의한 것인지 등을 판별하기 어렵다. 그러므로 이 설계는 실험의 기본적인 조건을 만족시키지 못하기 때문에 실험설계로서의 가치가 떨어지지만, 독립변인의 효과가 매우 클 것으로 예상되거나 측정에 사용한 검사가 표준화되어 연령이나 학년 등의 발달적 규준이 있는 경우에는 비교적 안정되게 사용할 수 있다.

O_1	X	O_2

(3) 사후검사 통제집단설계 (이질집단 사후검사설계)

사후검사 통제집단설계(posttest-only control group design)는 이질집단 사후검사설계(posttest-only nonequivalent group design)라고도 한다. 실험집단과 통제집단을 선정하여 실험집단에 처치를 한 후 사후검사를 하여 두 집단의 결과를 비교하는 방법이다. 통제집단은 연구의 초기단계에 선정하거나 실험처치 후 사후검사 시에 선정하기도 한다.

이 설계는 통제집단이 있다는 측면에서는 단일집단 사후검사설계나 단일집단 전후검사설계보다 한 단계 진보한 설계지만, 두 집단이 동질화되지 않았기 때문에 실험처치의 효과를 명확하게 판단하기 힘들다. 즉, O_1의 측정치가 O_2보다 높다고 하더라도 이것이 실험처치의 효과인지, 실험집단이 본래 가지고 있었던 특성인지 구별할 수 없으므로 타당성에 문제가 있는 설계라고 할 수 있다.

	X	O_1
		O_2

(4) 비등질화 통제집단설계 (이질통제집단설계)

비등질화 통제집단설계(nonequivalent control group design)는 이질통제집단설계라고도 한다. 사후검사 통제집단설계에 사전검사를 추가하여 실시하는 방법으로, 일반적으로 가장 많이 사용되는 준실험설계이다. 이 설계는 실험집단과 통제집단은 있지만 두 집단이 무선배정되지 않았기 때문에 동질화를 가정할 수 없는 것이 가장 큰 약점이다.

실험연구를 위하여 학생들을 실험집단과 통제집단에 임의로 배정할 수 없기 때문에 교육현장 연구에서는 학급단위로 집단을 구성하는 경우가 많다. 예를 들어, 두 학급을 선정하여 한 학급은 실험집단, 다른 학급은 통제집단으로 하여 실험처치를 할 때 두 학급이 등질화되지 않았기 때문에 사후검사의 결과를 실험처치의 효과로만 볼 수 없는 것이다. 즉, 처치효과가 나타났을 때 이것이 순수한 처치효과인지 연구대상의 차이에 기인한 것인지를 구별하기가 어렵고, 통제하지 못한 외재변인이 종속변인에 영향을 미칠 수도 있다.

O_1	X	O_2
O_3		O_4

(5) 시간계열설계

시간계열설계(time-series design)는 통제집단을 구하기 어려운 경우에 하나의 실험집단만을 대상으로 처치 전과 후에 여러 번 측정함으로써 통제집단의 부재로 인한 영향을 보완하려는 방법이다. 이 설계는 단일집단 전후검사설계보다는 유용하지만 역사와 성숙 또는 검사 등의 내적타당도를 위협하는 요인을 통제하기는 어렵다. 즉, 실험처치를 전후하여 어떤 특별한 사건이 대상에게 영향을 주었을 경우 이를 실험처치의 효과와 구별하기 어려우며, 여러 번의 측정이 반복되기 때문에 검사의 효과가 나타날 수도 있다.

$O_1 \quad O_2 \quad O_3 \quad O_4 \quad X \quad O_5 \quad O_6 \quad O_7 \quad O_8$

이상에서 본 바와 같이 준실험설계 유형은 내적타당도를 저해시키는 여러 가지 요인들이 작용하게 되므로, 연구자는 타당성 면에서 취약한 연구결과에 대해 적절한 대책을 강구할 필요가 있다. 이러한 취약점을 보완하기 위해 통제집단을 두고 무선화 방법을 이용하는데, 이는 곧 진실험설계를 의미한다.

2) 진실험설계

진실험설계(true-experimental design)는 실험의 이상적인 조건을 잘 갖춘 설계로, 조건 통제가 완벽한 상황에서 처치변인의 조절이 수월하고 외재변인이 철저하게 통제된 설계를 말한다. 즉, 무선배정을 통해 동질화된 통제집단이 있고, 사전검사와 사후검사를 실시하여 실험처치의 효과를 비교적 타당하게 검증할 수 있는 설계이다. 따라서 진실험설계는 역사, 성숙, 검사, 도구, 연구참여자 선정 등의 내적타당도를 위협하는 요인들을 통제할 수 있어 내적타당도와 외적타당도가 비교적 우수하다.

(1) 전후검사 통제집단설계

전후검사 통제집단설계(pretest-posttest control group design)는 진실험설계 중 일반적으로 가장 많이 사용하는 방법이다. 준실험설계 중 비동질화 통제집단설계(이질통제집단설계)와 비슷하지만, 연구참여자들을 무선배정하였다는 면에서 차이가 있다. 즉, 이 설계는 실험집단과 통제집단을 무선적으로 배정(R)하여 동질화하고, 두 집단에 사전검사(O_1, O_3)를 실시한 후 실험집단에만 실험처치(X)를 하고, 이후 사후검사(O_2, O_4)를 실시하여 사전검사와 사후검사의 증가량(O_2-O_1, O_4-O_3)을 비교한다.

전후검사 통제집단설계는 동질화된 통제집단이 있고 사전, 사후검사를 모두 실시하므로 역사, 성숙, 검사, 측정도구, 편포적인 연구참여자의 선정, 통계적 회귀 등 내적타당도를 위협하는 요인들을 대부분 통제할 수 있어 실험의 효과를 타당하게 검증할 수 있다.

R	O_1	X	O_2
R	O_3		O_4

(2) 사후검사 통제집단설계

사후검사 통제집단설계(posttest-only control group design)는 실험집단과 통제집단을 무선배치하여 굳이 사전검사를 하지 않아도 두 집단이 동질화되었다는 가정하에 사후검사만 실시하는 방법이다. 무선화가 잘 되었다면 두 집단이 동질화된 것이므로 사전검사를 하지 않아도 되기 때문이다. 또한, 사전검사를 실시할 수 없는 경우라면 실험집단과 통제집단을 무선화하면 된다. 이 설계는 실험집단과 통제집단이 있고 무선화가 이루어졌으므로 역사와 성숙의 효과 및 사전검사의 효과를 통제할 수 있어 내적타당도가 높다.

사후검사 통제집단설계는 사전검사를 실시하지 않으므로 시간과 노력을 줄일 수 있다는 장점이 있어 전후검사 통제집단설계보다 간편한 설계라고 할 수 있다. 그러나 사전검사의 측정치가 없기 때문에 사후검사까지의 변화량, 즉 실험처치의 효과 크기를 알 수 없다는 단점이 있다. 이 설계는 사전검사를 할 수 없는 상황이거나 검사에 따른 비용이 매우 많이 드는 경우, 또는 사전검사와 실험처치의 상호작용이 예상되는 경우에 사용할 수 있다.

R	X	O_1
R		O_2

(3) 솔로몬 4집단설계

솔로몬 4집단설계(Solomon four-group design)는 Solomon이 외적타당도를 높이기 위해 고안한 방법이다(Campbell & Stanley, 1963). 전후검사 통제집단설계에 사후검사 통제집단설계를 덧붙여 네 집단을 구성하여 이 집단들을 무선배정함으로써 동질화시킨 설계이다. 사전검사는 실험처치와 상호작용을 일으켜 실험결과의 일반화를 저해할 수 있기 때문에 사전검사를 실시하는 실험집단과 통제집단, 사전검사를 실시하지 않는 실험집단과 통제집단의 네 집단을 선정하여 처치효과를 검증하면서 외적타당도를 위협하는 요인을 제거함으로써 외적타당도를 높이기 위한 설계이다.

솔로몬 4집단설계는 실험처치의 영향을 $O_2 > O_1$, $O_2 > O_4$, $O_5 > O_6$, $O_5 > O_2$의 네 가지 방법으로 검증한다. 즉, 실험집단의 사후검사 측정치가 사전검사 측정치보다 높고($O_2 > O_1$), 사전검사를 실시한 실험집단의 사후검사 측정치가 통제집단의 사후검사 측정치보다 높으며($O_2 > O_4$), 사전검사를 실시하지 않은 실험집단의 사후검사 측정치가 통제집단의 사후검사 측정치보다 높고($O_5 > O_6$), 사전검사를 실시하지 않은 실험집단의 사후검사 측정치가 사전검사를 실시한 실험집단의 사후검사 측정치보다 높다($O_5 > O_2$)는 네 가지 경우를 비교하여 처치의 영향을 파악한다. 또한 O_4와 O_6를 비교하여 실험 외적 변인이 종속변인에 미치는 영향도 추측할 수 있다. 이 설계는 동질화된 통제집단 설정과 사전검사 실시를 통해 내적타당도를 높이고, 사전검사 실시 유무에 따른 결과를 비교하여 사전검사에 의해 위협받을 수 있는 외적타당도를 높이는 방법이다.

솔로몬 4집단설계는 네 집단을 배치하여 연구하기 때문에 다집단설계인 것처럼 보일 수 있지만 통계적 분석방법에서 다집단설계와 다르다. 즉, 다집단설계는 변량분석을 통해 네 집단의 측정치를 동시에 비교할 수 있지만, 솔로몬 4집단설계는 네 집단을 동시에 변량분석할 수 없고 측정치들도 동시에 비교할 수 없다. 솔로몬 4집단설계는 두 집단 간의 비교만 가능하고 여러 번의 두 집단 비교를 통해 처치효과를 검증하므로 두 집단 비교와 같다.

전후검사 통제집단설계에 비해 솔로몬 4집단설계는 외적타당성이 더 높은 설계이다. 그러나 네 집단을 무선적으로 배정하는 것이 어려울 뿐만 아니라 네 집단을 만들기 위해서는 연구대상의 수가 많아야 하고 통계적 검증도 번거로워 실제 사용하는 데는 제약이 따른다.

R	O_1	X	O_2
R	O_3		O_4
R		X	O_5
R			O_6

(4) 완전무선화설계 (다집단설계)

완전무선화설계(completely randomized design)는 두 개 이상의 처치를 사용하는 경우에 실시하는 방법이다. 하나의 독립변인에 대해 X_1, X_2, X_3라는 세 가지 수준의 처치효과를 비교하고자 할 때 통제집단까지 네 집단을 선정하여 비교함으로써 처치(X)의 효과를 파악할 수 있다. 이때의 분석방법은 두 집단씩 비교하는 것이 아니라 일원변량분석을 이용하여 네 집단을 동시에 비교한다. 그러므로 이를 일원변량분석설계 혹은 다집단설계라고도 한다. 완전무선화설계는 두 집단 설계에 비해 독립변인의 효과를 보다 정확하게 알 수 있기 때문에 더 많이 이용된다.

R	O_1		O_2
R	O_3	X_1	O_4
R	O_5	X_2	O_6
R	O_7	X_3	O_8

(5) 요인설계 (완전무선화요인설계)

대부분의 실험설계들이 하나의 독립변인의 영향을 알아보고자 하는 데 반해, 요인설계(factorial design)는 두 개 이상의 독립변인이 영향을 미칠 때 이들 각각의 주효과뿐만 아니라 상호작용효과까지도 알아볼 수 있는 설계방법이다. 요인설계는 두 개 이상의 독립변인이 두 개 이상의 수준을 가지기 때문에 여러 개의 조건이 형성되고 그에 따라 연구대상도 여러 조건에 배정된다.

예를 들면, 아동의 기억력에 대해 연구할 때, 아동의 기억력은 기억전략과 보상에 따라 영향을 받을 수 있으므로 이 두 변인이 어떻게 영향을 미치는지에 대해 살펴볼 수 있다. [그림 9-1]에서 보는 바와 같이 기억전략(A)은 암송(A_1)과 연상(A_2), 보상(B)은 칭찬(B_1)과 상(B_2)이라는 각각 두 가지의 수준을 가진다고 하자. 이 연구는 2 × 2 요인설계로서 네 가지 처치(A_1B_1, A_1B_2, A_2B_1, A_2B_2)가 이루어지기 때문에 연구참여자는 네 집단에 무선배정되어야 한다. 2 × 2 요인설계에서는 A와 B 각각의 주효과(main effect)와 AB의 상호작용효과(interaction effect)가 나타난다. 독립변인 A의 주효과는 A_1과 A_2의 평균치를 비교하여 알 수 있고, 독립변인 B의 주효과는 B_1과 B_2의 평균치를 비교하여 알 수 있다. 상호작용효과 AB는 A_1B_1, A_1B_2, A_2B_1, A_2B_2의 네 가지 평균치를 비교하여 알 수 있다. 그러므로 이 설계를 이원변량분석설계 또는 완전무선화요인설계(completely randomized factorial design)라고 한다.

		기억전략 (A)		
		암송 (A_1)	연상 (A_2)	
보상 (B)	칭찬 (B_1)	A_1B_1	A_2B_1	B_1 평균
	상 (B_2)	A_1B_2	A_2B_2	B_2 평균
		A_1 평균	A_2 평균	

[그림 9-1] 2×2 요인설계의 예

요인설계는 이론적으로 독립변인의 수와 독립변인의 수준이 두 개 이상이면 얼마든지 가능하지만, 실제로 독립변인이나 그 수준의 수가 많으면 실험집단이 많아져서 각 집단에 연구참여자를 배정하거나 실험조건을 통제하기 어렵고, 상호작용효과가 복잡하게 발생하여 결과를 해석하기도 어렵게 된다.

3) 피험자 간 설계와 피험자 내 설계

실험설계의 또 다른 분류로 피험자 간 설계와 피험자 내 설계를 들 수 있다. 피험자 간 설계(between-subject design)는 각 실험처치에 다른 연구참여자들을 배정하여 연구참여자 간의 비교를 하게 되므로, 이를 독립집단 설계(independent group design)라고도 한다. 즉, 연구참여자들이 독립적으로 집단을 구성한다는 의미이다. 앞에서 설명한 실험설계는 모두 피험자 간 설계에 해당한다.

이에 반하여 피험자 내 설계(within-subject design)는 각 처치조건에 동일한 연구참여자를 반복하여 참여시키는 것으로, 연구참여자는 2회 이상의 처치를 받고 측정을 받기 때문에 이를 반복측정설계(repeated measures design)라고 한다. 역사적으로 볼 때 소수의 연구참여자를 대상으로 한 피험자 내 설계가 먼저 사용되었으나, 20세기 중반 이후 연구방법이 발달하면서 피험자 간 설계가 많이 사용되었다. Campbell과 Stanley(1963)는 피험자 간 설계를 진실험설계, 피험자 내 설계를 준실험설계로 분류하였다.

피험자 간 설계는 각 실험처치에 다른 연구참여자를 배정하므로 실험처치 간에 간섭효과가 생기지 않으며, 연구참여자의 입장에서 볼 때는 하나의 처치에만 참여하므로 실험에 참여하는 시간이 절약된다. 반면, 집단을 구성할 때 무선화가 제대로 되지 않으면 각 집단의 참여자가 동질성을 확보하기 어렵다.

피험자 내 설계에서는 집단이 하나이기 때문에 피험자의 특성이 실험결과에 영향을 미치지 않으며 독립변인의 효과를 민감하게 파악할 수 있다. 또한, 연구참여자의 수가 피험자 간 설계에 비해 많지 않아도 된다. 그러나 피험자 내 설계는 여러 번의 처치와 여러 번의 측정으로 인해 이월효과(carry-over effect)가 나타날 수 있다. 앞의 처치가 뒤의 처치에 영향을 주어 처치의 명확한 효과를 파악하기 어려울 수 있으며, 사전검사의 경험이 기억과 연습효과를 가져와 사후검사의 결과에 영향을 미칠 수 있다. 그러므로 피험자 내 설계는 장점에도 불구하고 이러한 제한점 때문에 실제로는 많이 사용되지 않고, 피험자 간 설계와 피험자 내 설계를 혼합한 설계를 많이 사용한다.

5. 실험연구의 절차 및 장단점

1) 실험연구의 절차

연구자는 실험을 실시하기 전에 실험에 대한 구체적인 계획을 세우고, 일련의 절차에 따라 실험을 진행해야 한다. 실험연구의 일반적인 절차는 다음과 같다.

① 연구목적을 명료화한다.

무엇을 연구할 것인지를 명확히 하고, 연구목적을 포괄적으로 설명하는 적절한 제목을 붙인다.

② 연구문제 또는 가설을 설정한다.

연구하고자 하는 내용을 구체화하여 연구문제 또는 가설을 간결하고 명확하게 진술한다.

③ 변인을 정의한다.

처치변인(독립변인), 종속변인, 매개변인을 규명하고 그 특징을 파악하여 조작적으로 정의한다.

④ 실험설계방법을 선택한다.

연구목적에 맞는 방법을 선택하되, 가능하면 진실험설계 방법을 선택하고 여건상 어려움이 있다면 준실험설계 방법을 선택한다.

⑤ 연구대상을 선정한다.

연구대상은 연구결과를 일반화시킬 수 있는 대표성 있는 표본이어야 한다. 이를 위해 선정된 표본을 실험집단과 통제집단에 무선배정하는 것이 중요하다.

⑥ 측정도구를 선정한다.

실험의 효과를 측정할 도구를 선정하거나 개발한다.

⑦ 예비실험을 실시한다.

소수의 연구대상을 선정하여 예비실험을 실시하고, 예비실험에서 나타난 문제점을 수정하여 본실험을 준비한다.

⑧ 사전검사를 한다.

실험처치의 효과를 파악하기 위한 측정도구를 통해 실험집단과 통제집단의 종속변인 값을 측정한다.

⑨ 실험처치를 실시한다.

실험집단에만 실험처치를 하고, 통제집단에는 아무런 처치도 하지 않는다.

⑩ 사후검사 자료를 수집한다.

실험처치가 끝난 후 사후검사를 실시하여 실험의 효과를 측정할 수 있도록 자료를 정리한다. 실험처치의 효과가 지속적으로 유지되는지 파악하고자 하는 경우에는 사후검사 실시 후 일정한 시간이 지나고 나서 추후검사를 실시할 수도 있다.

⑪ 연구결과를 분석한다.

연구목적에 맞는 통계적인 분석방법을 사용하여 연구결과를 분석하고 해석한다. 실험집단과 통제집단을 동질화시켰다 하더라도 이 두 집단은 완전히 동일한 집단이 아니므로, 이들의 사전검사 점수를 공변량으로 하여 사전검사와 사후검사 간 차이를 공변량분석(ANCOVA)으로 검증하는 것이 적절하다.

2) 실험연구의 장단점

실험연구의 장점은 다음과 같다. 첫째, 원인이 되는 변인(처치변인)을 조작함으로써 정확한 인과관계를 규명할 수 있다. 둘째, 어떤 현상이 발생하기를 기다리기보다는 적극적으로 상황을 만들어 처치효과를 파악할 수 있기 때문에 실제적인 문제에 명확한 해답을 줄 수 있다.

반면, 실험연구의 단점은 다음과 같다. 첫째, 인간행동을 탐구하는 데 있어서 제한된 변인만을 조작하여 연구하기 때문에 실험한 결과를 실제 자연스러운 상황에 적용하는 데 한계가 있다. 둘째, 변인의 처치와 조작이 가능한 경우에만 연구를 실시할 수 있다. 셋째, 연구를 고안하여 실시하는 데 많은 노력과 자원이 필요하다.

이상과 같이 실험연구에 대해서 알아보았다. 각각의 실험설계는 그 특징에 따라 장단점을 가지고 있으므로 어느 설계가 가장 우수하다고 말할 수 없다. 연구의 목적에 따라 가장 적합한 방법을 선택해서 사용하는 지혜가 필요하다. 즉, 연구자는 연구의 목적과 연구문제를 명확하게 하고, 이를 검증하기 위해 적합한 실험설계방법을 선택해야 한다. 이때 실험연구의 타당도를 높이고 외재변인의 영향력을 최소화하여 실험처치의 영향을 객관적으로 명확하게 밝혀낼 수 있는 방법을 선택하는 것이 중요하다.

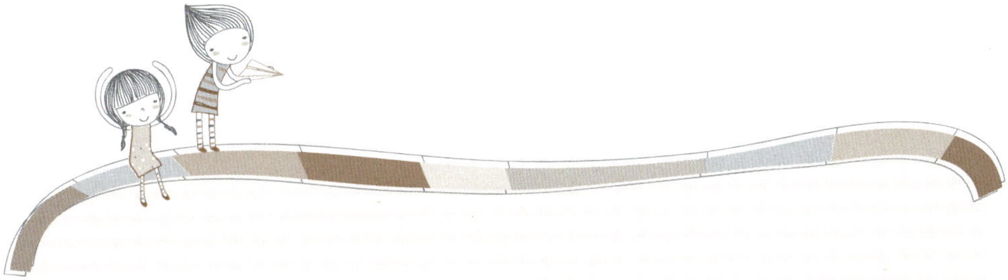

CHAPTER 10 질적 연구

질적 연구방법은 자연스러운 상황 속에서 사람들이 형성한 의미를 해석하고 이해하는 연구방법으로 양적 연구방법과 다른 연구 패러다임을 갖고 있다. 현상학적 인식론을 바탕으로 한 질적 연구를 수행하기 위해 이 장에서는 우선 기본적인 질적 연구의 틀을 살펴본다. 질적 연구가 무엇이며, 어떠한 특성을 갖고 있으며, 어떠한 종류가 있는지, 왜 질적 연구를 하는지 등을 살펴보고, 다음으로 질적 연구를 직접 실행하기 위한 과정을 살펴본다. 그리고 연구자가 어떻게 연구문제를 결정하고, 어떻게 자료를 수집하고 분석해서, 어떻게 제시하는가에 대한 내용을 살펴본다.

1. 질적 연구의 이해

질적 연구가 갖고 있는 특성이 무엇이며, 어떠한 질적 연구의 종류가 있는지, 그리고 왜 질적 연구를 하는지 등을 살펴본다.

1) 질적 연구의 특성

제3장에서 설명한 것처럼 양적 연구와 질적 연구는 세상을 바라보는 패러다임에 차이가 있다. 패러다임이란 '연구를 이끄는 존재론적, 인식론적, 방법론적

전제를 형성하는 기본적 신념체제'(Guba & Lincoln, 1994)로 양적 연구는 실증주의적 인식론에 바탕을 두었다. 반면에 질적 연구는 현상학적 인식론에 바탕을 두고 있다.

양적 연구에서는 세상의 실체와 그 법칙이 인간의 인식 밖에 객관적으로 존재한다고 믿기 때문에 가설과 검증 과정을 통해 진리를 밝혀내고자 한다. 그에 반해 질적 연구는 한 집단이 물려받은 경험세계의 전통 속에서 부단히 재구성해 나가는 현상학적 인식론을 반영한다(조용환, 1999). 즉, 질적 연구는 자연스러운 상황 속의 현상에 대해 사람들이 형성한 의미를 해석하고 이해하려는 연구이다(Denzin & Lincoln, 2000). 연구자가 연구할 주제를 탐색하고, 발견한 내용을 사실적으로 묘사하고 해석하면서 조금 더 깊이 있게 그 주제를 연구하는 것이다.

이러한 맥락 속에서 나타나는 현상을 해석하고자 하는 질적 연구의 특성을 살펴보면 다음과 같다(Bogdan & Biklen, 2007; Creswell, 2002).

- 질적 연구는 맥락 속에서 발생한다. 연구자는 연구대상의 일상적인 삶 속에서 나타나는 일들을 관찰하고, 이들 삶의 역동성을 이해하는 데 초점을 맞춘다.
- 질적 연구는 사람들이 한 경험의 의미를 찾아보는 것에 관심을 두고 있다. 잠재된 동기, 이유, 가치 등을 밝혀내며, 현상 속에 어떠한 내재적 의미가 있는지를 해석하고자 한다.
- 질적 연구는 단시간에 이루어지는 것이 아니라 장기간에 걸쳐 이루어진다. 연구대상의 일상적인 삶 속에 연구자가 직접 참여하여, 참여 관찰이나 면접 등 다양한 방법을 통해 연구대상의 삶을 이해하고자 한다.
- 질적 연구는 연구대상의 삶 속에서 발견된 의미를 생생하고 풍부한 자료를 통해 기술한다. 연구대상의 표현이나 반응, 면접 내용, 현장기록지 등의 언어적인 자료나 사진, 비디오, 그림 등의 시각적인 자료를 통해 이들이 어떻게 의미를 구성하는가에 초점을 맞춘다.

- 질적 연구자는 자료를 수집하면서 해석하는 귀납적인 방법을 시도한다. 귀납적으로 현상을 바라보고, 이를 통해 기존의 지식을 보충하거나 새로운 이해를 생성하게 된다.

2) 질적 연구의 유형

연구자들마다 질적 연구를 규정짓는 관점이 조금씩 다르기 때문에 질적 연구의 유형을 명확히 분류하는 것은 쉽지 않은 일이다. 그중 몇 가지 대표적 유형인 전기 생애사, 현상학 연구, 사례 연구, 문화기술적 연구, 근거이론 연구에 대해 소개한다(Crewswell, 2002; Denzin & Lincoln, 2000).

(1) 생애사 연구

생애사 연구(biography)는 한 개인의 삶과 그의 경험에 대한 연구이다. 즉, 한 개인의 삶의 전환점을 기술하는 인생 기록문에 대한 의도된 사용이며 수집이다(Denzin, 1989). 생애사 연구에는 다양한 유형이 있다. 전기 연구(biographical study)는 다른 사람이 보관하는 문서나 기록을 포함하여 한 개인의 이야기를 연구하는 것이다. 그에 반해 자서전(autobiography)은 저자가 자신의 인생을 쓰는 것이다.

생애사(life history) 연구는 한 개인의 삶을 역사적, 문화적 맥락에서 심층적으로 이해하고자 하는 연구이다. 생애사 연구는 연구자가 면접과 대화를 통해 연구참여자 개인이 어떻게 사회·문화적인 맥락 속에서 다양한 생활을 경험하였는가를 이해하고, 이를 토대로 역사적인 맥락 속에서 이야기의 의미를 재구성하여 이야기 형식으로 서술한다(Denzin,1989).

(2) 현상학 연구

현상학 연구(phenomenological research)는 하나의 현상이나 개념에 대한 개인의 체험에 관심을 두는 연구이다. 이 연구에서는 각 개인이 경험한 것을 어떻게 해석하고 의미를 부여하는가에 초점을 맞춘다.

Husserl에 의해 창설된 현상학은 불변의 구조와 의식의 지향성을 강조한다. 불변의 구조는 경험의 중심적인 기저를 의미하는 것이며, 의식의 지향성은 외향적인 모습, 기억, 이미지, 의미에 기반한 내향적인 의식 모두를 포함한다. 이러한 변치 않는 구조를 이루고 있는 모든 경험의 중심 기저를 탐색하는 것을 현상학적인 연구라고 볼 수 있다. 이에 현상학적 연구자들은 인간의 경험이나 현상은 객관적으로 존재하는 실제가 아니라 '해석'되는 것이라고 믿기 때문에 서로 다른 개개인이 실제에 대한 이해를 어떻게 구성해 나가는지, 그들이 자기 주변에서 일어나는 현상에 대해 어떤 방법으로 개념화하는지 등에 대해 연구를 한다. 즉, 연구자는 환원의 방법론(reduction), 구체적인 진술과 주제의 분석, 모든 가능한 의미를 탐색하는 것을 통해 연구를 진행한다.

또한, 현상학적 연구에서는 연구자의 선입견과 판단을 일단 보류하는 것, 즉 판단중지(epoche)를 강조한다. 이러한 이유는 정보를 제공하는 연구참여자의 경험에 초점을 맞추고 그들의 목소리를 통해 현상의 본질을 이해하기 위한 것이다. 그러나 연구자가 자신의 개인적 경험을 완전히 배제하는 것은 어려우므로 연구자의 경험을 어떤 방식으로 연구과정이나 해석에 도입할 것인지 숙고하여 결정해야 한다. 연구참여자를 선택함에 있어서도 그 개인들이 연구주제가 되는 현상을 얼마나 깊이 있게 직접 체험하였는가에 따라 신중히 고려하여야 한다.

(3) 사례 연구

사례 연구(case study)는 관심 있는 대상이나 기록, 사건 등에 대해 자세하고 깊이 있게 다루기 위해 연구되는 방법이다(Stake, 1995). 대부분의 사례 연구는 어떤 특정 사례에 초점을 맞추고 심층적으로 그 사례의 대표적인 대상이나 장면을 자연적 맥락에서 연구한다. 일상생활 속의 아주 사소한 경험 내에서도 우리가 흥미를 가질 수 있는 많은 사례가 있고, 그중에서 어떠한 사례를 연구대상으로 정하고 노력과 비용을 들여 연구하고자 하는지 결정해야 한다. 이러한 결정은 연구자의 구체적 관심뿐 아니라 이론적, 철학적 근거, 연구결과가 이끌어낼 학문적 공헌도나 의의 등에 따라 달라질 수 있다.

사례 연구를 수행하는 데 가장 중요한 것은 의도적인 표본추출(purposeful sampling)이다. 연구자가 그려 보고 싶은 문제나 과정, 사건 등에 대해 다른 관점을 보여주는 사례를 선택하거나 아니면 평범한 사례, 접근할 수 있는 사례, 또는 독특한 사례들을 선택할 수 있다. 사례를 선정했으면, 구체적으로 관찰, 면접, 문서, 시청각 자료와 같은 다중적인 정보원(multiple sources of information)을 수집한다. 이러한 사례들에 대해 연구자는 주제나 이슈에 대한 분석, 사례에 대한 해석이나 주장을 한다. 또한, 연대기와 같은 기법을 통해 이야기하거나 사례 내 분석(within-case analysis) 혹은 사례 간 분석(cross-case analysis)을 통해 사례에 대한 의미를 주장하거나 해석한다. 그리고 마지막 단계에서는 사례에서 배운 교훈들을 보고한다.

(4) 문화기술적 연구

대표적인 인류학자 Margaret Mead 등으로 대표될 수 있는 문화기술적 연구(ethnographic research)는 인간의 문화적 양상 또는 사회적 집단이나 체계를 발견하여, 이를 기술하고 해석하는 연구이다. 즉, 한 문화를 이해하는 과정의 기록으로(조용환, 1999), 연구자가 직접 그 문화현장에서 장기간 거주하면서 현지인들과 관계를 형성하면서 특정 문화체계를 이해하고, 그 문화를 구성하는 사람들의 학습된 행동, 관습, 생활방식의 패턴 등을 살펴보는 연구이다.

그 기원은 인류학에 있지만 문화기술적 연구법은 점차적으로 사회학, 교육학, 아동학 등의 분야에서도 적용되고 있다. 여기서 문화란 사람들이 하는 행동, 언어, 그리고 만든 인공물뿐만 아니라 이들이 실제로 하는 것과 그들이 해야 하는 것 모두를 포함한다(Spradley, 1979). 그러므로 문화기술적 연구는 어떤 다른 문화적 특성에 대한 연구뿐 아니라 특정한 현상이나 주제를 좀 더 의미 있고 풍부한 맥락 속에서 이해하고자 하는 경우에 진행된다. 즉, 특정 문화집단의 행동양식을 연구하기 위해 연구자는 집단의 구성원과 장기간 체류하면서 그들과 공감대를 형성하고 좋은 관계로 발전하면서 연구를 한다.

문화기술적 연구는 현장에서 연구자의 현장조사(fieldwork)가 필수적이다. 현장 속에서 문화 공유 집단이 어떻게 문화적 규칙을 수립하고 행하는가에 대해 알아보기 위해 관찰을 하고, 대화하고, 관계를 맺고, 다양한 자료를 수집하면서 해석하는 모든 행위를 현장조사라고 한다. 이러한 현장조사를 하기 위해서는 연구현장에 진입해야 한다. 연구현장에 진입하는 데 결정적인 역할을 하는 사람을 문지기(gatekeeper)라고 하는데, 교육 연구현장에서 아동을 관찰하고자 할 때 문지기는 학교의 교장이나 담임교사 등이 될 수 있다. 또한, 집단에 대한 유용한 통찰을 제공하고 연구자를 이러한 다양한 정보와 접촉시켜 주고 안내를 해주는 사람을 주요 정보자(key informant)라고 한다.

이러한 문화기술적 연구는 연구자와 연구대상자 간의 호혜성(reciprocity)과 연구자가 연구현장과 연구대상자에게 영향을 미치는 반응성(reactivity)에 관심을 갖는다. 또한, 연구목적이나 내용에 대한 속임수(deception)가 이루어지지 않도록 해야 한다. 문화기술적 연구는 많은 노력과 시간이 요구되는 연구이다.

(5) 근거이론 연구

근거이론은 어떤 특정 현상에 대한 이론을 생성하거나 발견할 때 활용된다. 실제 현장에서 추출해 낸 폭넓은 자료를 토대로 그 현상과 관련된 이론을 개발 혹은 생성하는 것을 주된 목적으로 하고 있다. 근거이론은 Glaser와 Strauss(1967)에 의해 명료화된 것으로 특정 상황에 관계된 어떠한 이론을 생성하거나 발견하는 것을 강조하였다. 이들은 연구대상이나 영역에 대한 깊이 있는 탐구와 이를 통한 새로운 이론의 생성에 대해 연구자들이 관심을 가져야 하며, 이러한 과정을 통해 이론과 실제의 괴리가 줄어들 수 있다고 설명하였다.

근거이론은 우선 연구대상에 대한 깊이 있는 자료를 수집한 다음 이에 따라 논리적 이해를 창출해 내는 것이다. Strauss와 Corbin(1994)에 따르면, 내러티브 진술, 시각적 그림 혹은 일련의 가설이나 명제를 통해 내용이 진술되고, 연구의 마지막으로 갈수록 이론을 명료화시킨다. 근거이론 연구에서는 정보 수집 및 분석과정을 동시에 시작한다. 문헌자료를 분석하고, 현장에서 정보를 수집하고

자료를 분석하며, 다시 현장으로 나가 더 많은 정보를 수집하고 분석하는 과정을 반복하며, 이론을 명료화시킨다. 결국 정보수집과 분석하는 과정을 왔다 갔다 하기 때문에 지그재그 과정으로 묘사된다.

자료를 부호화하는 코딩 과정은 체계적이고 표준적인 형식을 따르고 있다. 개방코딩, 축코딩, 선택코딩의 형식이 있으며, 이러한 코딩방법을 간략히 소개하면 다음과 같다.

① 개방코딩

개방코딩(open coding)은 정보의 초기 범주를 형성하는 단계로, 정보를 구분하는 것이다. 모든 자료가 수집된 후 자료에 대해 일일이 해석을 붙이는 작업을 한다. 자료의 문장이나 문단마다 해석을 하며 범주화를 시킨다. 구체적으로 문장이나 문단에서 언급되는 현상은 무엇인지, 주체가 되는 인물이나 대상은 누구인지, 잠재적으로 표현되고 있는 행위나 상호작용의 특성은 무엇인지 등에 대해 자세하게 메모와 해석을 첨부하여 자료를 해체시킨다.

② 축코딩

축코딩(axial coding)은 범주화된 개방코딩 자료를 새로운 방식으로 모으는 것이다. 주된 범주가 축이 되고, 그와 관련된 하위범주들을 연계시켜 나간다. 주가 되는 현상과 그 현상에 영향을 주는 조건의 범주, 그리고 이러한 현상의 결과로 나타나는 행동이나 상황을 연계시켜 가며 결과를 묘사한다. 범주화를 해 가는 과정에서 그 의미를 파악하고 개념의 틀을 만들어 나가는 것이 중요하다.

③ 선택코딩

선택코딩(selective coding)은 발견된 범주들을 통합시키고 정교화하는 과정으로, 이론의 형태를 갖추어 나가며 하나의 이야기 줄거리가 만들어진다. 주가 되는 범주를 선택하고, 범주 간의 상호관계를 통합적으로 제시하며 이야기를 서술해 나간다.

질적 연구의 다섯 가지 유형을 〈표 10-1〉에 정리하였다.

〈표 10-1〉 질적 연구의 전통 비교

	생애사 연구	현상학 연구	사례 연구	문화기술적 연구	근거이론 연구
초점	• 개인의 삶	• 현상에 대한 경험의 본질 이해	• 단일사례, 복합사례의 심층분석	• 사회문화적 집단의 기술과 해석	• 현장에서 수집한 자료를 통한 이론 개발
자료 수집	• 면접 • 문서	• 면접	• 문서 • 문서기록 • 면접 • 관찰 • 물리적 인공물	• 장기간의 관찰 • 면접 • 부수적인 인공물	• 면접
자료 분석	• 이야기 • 발현 • 역사적 내용	• 진술 • 의미 • 의미 수제 • 경험에 대한 일반적 기술	• 기술 • 주제 • 주장	• 기술 • 분석 • 해석	• 개방코딩 • 축코딩 • 선택코딩

출처: Creswell, J. W. (2007). *Qualitative inquiry and research design: Choosing and five approaches* (2nd ed.), pp. 78-79.

3) 질적 연구를 하는 이유

연구자들이 질적 연구방법을 선택하기로 결정한 이유에 대해 Creswell(2002)은 다음과 같이 제시하였다.

첫째, 연구문제의 특성 때문에 질적 연구를 선택한다. 질적 연구에서는 '연구하고자 하는 곳, 바로 이곳에서 무슨 일이 일어나고 있는지'(What's going on here?)에 관한 것을 다룬다. 구체적으로 '이곳에 있는 사람들이 무엇을, 언제, 어디서, 어떻게, 누구와 함께 하는지'에 대해 이해하고 알기 위해 질적 연구방법을 선택한다.

둘째, 연구주제가 탐색될 필요가 있을 때 질적 연구를 선택한다. 변인들을 쉽게 확인할 수 없는 경우나 연구 모집단의 행동을 설명하기 위해 활용할 수 있는 이론이 없지만, 이론이 개발될 필요가 있을 때 질적 연구방법을 선택한다.

셋째, 주제에 대해 구체적인 시각을 제시할 필요가 있을 때 질적 연구를 할 수 있다. 자연스러운 일상 속에서 사람들의 삶을 연구함으로써 그들의 시각을 살펴볼 수 있다.

넷째, 적극적인 학습자로서의 연구자의 역할을 강조하기 위해 질적 연구를 한다. 연구참여자의 이야기를 배우고자 하는 자세로, 현장에서 충분히 자료 수집을 할 수 있는 시간과 자원을 갖고 있을 때 질적 연구를 할 수 있다.

위에 제시한 이유에 대해 동의를 할 때, 연구자들은 질적 연구를 시작할 수 있을 것이다. 이러한 질적 연구를 구체적으로 실행하기 전, 연구자로서 다음의 질문을 스스로 해볼 필요가 있다(Creswell, 2002).

- 연구자가 오랜 시간을 현장에서 보낼 수 있는가?
- 수집한 수많은 자료를 분류하고, 자료를 주제나 범주별로 분석하는 긴 작업에 참여하고자 하는가?
- 긴 글을 쓰는 것을 좋아하는가?
- 연구를 수행하는 과정에 대한 확고한 지침이나 구체적인 절차가 없지만, 그러한 과정을 즐겁게 경험할 각오가 되어 있는가?

이 같은 질문에 기꺼이 대답하고 참여하고자 할 의향이 있다면, 질적 연구를 할 준비가 되었다.

2. 질적 연구의 절차

질적 연구 설계를 하기 전에 연구자는 결과보다는 과정, 특히 과정에서 일어나는 변화의 다양성이나 그 맥락의 복합성 등에 관심이 있는지 생각해야 한다. 또한, 자신의 연구의 궁금한 점을 해결하기 위해 어떠한 철학적 가정들이나 관점들을 택할 것인가 연구의 틀을 결정해야 한다. 이러한 철학적 가정이나 관점은 앞에서 설명한 질적 연구방법의 유형을 다시 살펴보면 도움이 된다. 전반적인 연구절차의 구체적인 내용을 살펴보면 다음과 같다.

1) 연구 설계

질적 연구를 하기 위해서 양적 연구와 마찬가지로 연구의 필요성 및 문제를 결정해야 한다. 연구문제 선정 후 연구대상을 선정하고, 자료를 수집하고, 분석하고, 결과를 제시하는 단계를 통해 연구가 진행된다.

질적 연구의 과정은 그 진행과정의 순서와 융통성 면에서 양적 연구과정과 차이가 있다. [그림 10-1]에서 보는 것처럼 전통적인 양적 연구의 진행과정은 순차적으로 진행된다.

설계 (design) ➤ 샘플링 (sampling) ➤ 자료 수집 (data collection) ➤ 분석 (analysis) ➤ 쓰기 (write-up)

출처: Graue, M. E., & Walsh, D. J. (1996). *Studying children in context: Theories, methods, and ethics*, p. 159.

[그림 10-1] 전통적인 연구 진행과정

이에 반해 [그림 10-2]에서 보는 것처럼 질적 연구의 진행과정은 순환적이고 반복적인 과정으로 연구가 진행된다. 즉, 한 단계를 끝내고 다음 단계로 넘어가는 것이 아니라 연구과정의 여러 단계가 동시에 일어나거나 여러 번 반복해서 일어난다. 연구자는 장기간에 걸쳐 자료 수집을 하며, 양적 연구와 다르게 자료를 수집하면서 동시에 분석을 시작하게 된다. 또한, 지속적인 문헌고찰을 통해 부족한 부분을 계속 조사하는 등 연구 전반에 필요한 단계들을 동시적으로 진행하게 된다.

질적 연구는 전개되는 과정 속에서 연구설계 또한 다양한 방식으로 수정되거나 창조된다. 특히 질적 연구에서 연구자는 연구가 시작되기 전 어떠한 것이 발견될지 대략 예측을 하지만, 예측한 대로만 나타날 수도 있고, 예측한 것과 같이 나타나지 않고 전혀 다르게 나타날 수도 있다. 그러므로 미리 예측하여 설계하는 것이 어렵다. 이에 연구 진행과정에 따라 다소 융통성 있게 연구문제와 방법을 수정하면서 진행하는 것도 가능하다. 자료 수집과 분석이 동시에 실시되기도 하며, 결과를 쓰는 과정에서 다시 자료 수집이 요구되기도 한다. 이처럼 순환적이고 반복적인 단계를 거치면서 질적 연구의 결과물을 완성해 나가게 된다.

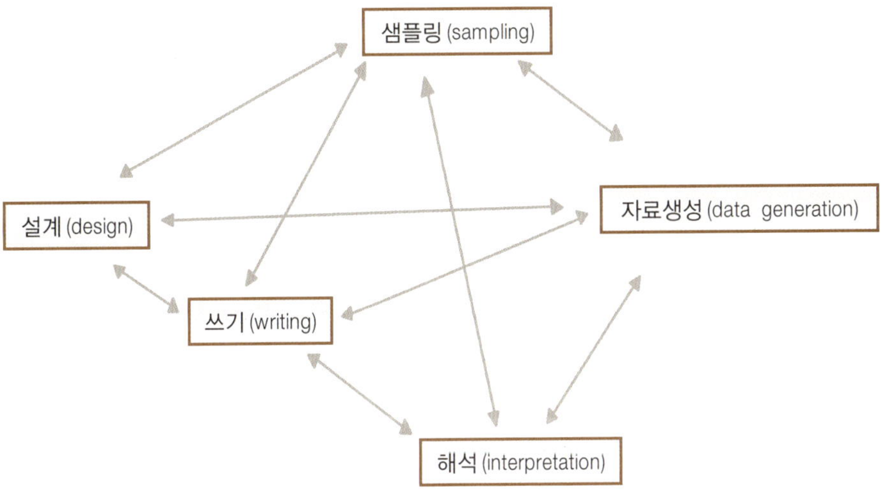

출처: Graue, M. E., & Walsh, D. J. (1996). *Studying children in context: Theories, methods, and ethics*, p. 160.

[그림 10-2] 질적 연구 진행과정

질적 연구를 하기 위해서는 연구계획서를 사전에 작성해야 한다. 연구계획서에 포함되어야 할 내용들을 살펴보면 다음과 같다(Crewswell, 2002; Marshall & Rossman, 2010; Maxwell, 2004).

〈표 10-2〉 Marshall과 Rossman(2010)이 제시한 연구 형식

서론 – ① 문제의 중요성 ② 초점과 연구문제들 ③ 연구의 한계

연구 설계 – ① 전반적인 전략과 근거 ② 구체적인 상황, 인구집단/현상 ③ 사람들과 행동, 사건/과정 표집 ④ 진입, 호혜성, 개인적인 전기/윤리적 이슈

자료 수집 – ① 현장 참여 ② 직접 관찰 ③ 심층면접 ④ 문헌 검토

연구를 위한 기록, 관리, 분석 – ① 시간일정 ② 자료 수집 단계 ③ 필요한 인력 ④ 필요한 자원

질적 연구의 가치와 논리 – 온전함의 기준들

〈표 10-3〉 Crewswell(2002)이 제시한 연구 형식

서론 - ① 문제진술 ② 연구목적 ③ 주요문제와 하위문제 ④ 정의 ⑤ 한계 설정과 한계 ⑥ 연구의 중요성
절차 - ① 설계를 위한 가정과 근거 ② 사용된 설계의 유형 ③ 연구자의 역할 ④ 자료 수집 절차 ⑤ 검증을 위한 방법 ⑥ 연구의 결과, 이론 및 문헌 간의 관계

〈표 10-4〉 Maxwell(2004)이 제시한 연구 형식

연구 - ① 초록 ② 서론 ③ 연구 맥락 ④ 연구문제 ⑤ 연구방법 ⑥ 타당성 ⑦ 예비 결과
함의 - ① 결론 ② 참고 문헌 ③ 부록

연구들에 따라 조금씩 차이가 있지만 연구계획서에는 반드시 연구를 하는 목적과 필요성이 기술된 서론과 연구방법 및 연구결과, 논의가 포함되어야 한다.

2) 연구문제 선정 및 진술

질적 연구도 양적 연구와 마찬가지로 기본적으로 연구문제를 설정한다. 연구문제를 기술하기 전, 이 연구가 왜 필요한지에 대한 목적을 진술한다. 연구목적의 진술 시 어떻게 기존의 연구들이 구성되었으며, 이러한 기존 연구들의 내용이 어떻게 반영되어 이 연구가 필요한지 기술해야 한다. 즉, 연구를 하고자 하는 주제의 사전 연구들이 어떻게 진행되었는가에 대한 문헌 연구가 필요한데, 제2장에서 설명한 문헌조사와 동일한 과정을 거치면 된다. 비판적인 시각을 갖고 문헌 연구를 함으로써 잘못되거나 부족한 부분의 지식을 찾고, 이를 토대로 새롭게 연구하고자 하는 질문을 제시해야 한다. 이때 양적 연구와의 차이점은 연구문제가 질적 연구방법으로 적절한지 고찰해 봐야 한다는 것이다.

질적 연구에서의 연구문제는 개방적이고, 진행형을 사용하고, 비방향적으로 진술된다. 예를 들어, 연구문제의 질문이 '왜'보다는 '무엇' 혹은 '어떻게'와 같은 단어로 시작한다. 즉, 연구문제에서 대상자가 경험한 것은 무엇이고, 이러한 경

험들로부터 들을 수 있는 이야기는 무엇인지, 경험한 것의 의미는 무엇인지 등이 포함될 수 있다. 또한, 연구문제의 형태가 커다란 범위를 질문하는 '커다란 문제(grand tour)'(Spradley, 1979)부터 구체적인 문제를 제시하는 '이슈 하위문제들(issue subquestions)'의 형태로 나타날 수 있다(Creswell, 2002). 그러므로 연구 전체를 이끌어 나가는 하나의 중심 연구문제를 바탕으로 몇 개의 하위문제를 포함하는 것이 좋다.

3) 자료 수집

연구문제에 맞는 좋은 자료를 수집하기 위해 연구자는 연구할 사람 혹은 장소를 찾아야 한다. 또한, 연구자는 적절한 자료를 수집하기 위해 접근을 해야 한다. 자료를 수집하기 위해 필요한 절차 및 활동을 살펴본다.

(1) 연구현장에 들어가기

연구목적과 문제에 적합한 연구할 대상과 장소를 선택해야 한다. 연구대상은 아동이나 부모, 교사 등의 사람이 될 수 있다. 또한, 특정 학교나 학급 등 집단이나 어떠한 장면이 될 수도 있다. 연구대상이 모집단 전체를 반드시 대표할 필요는 없으며, 일반적이고 보편적인 대상을 선택할 것인지 혹은 특이한 대상을 택할 것인지 또한 연구문제에 따라 정해야 한다.

연구대상에 접근하기 위해 일단 연구현장에 들어가야 한다. 연구를 실행하고자 하는 현장은 마음대로 들어가는 것이 아니라 허가를 받아야 한다. 각 현장에서 문지기(gatekeeper) 역할을 하는 사람들은 주로 그 기관의 책임을 맡고 있는 교장, 원장, 부모 등으로 질적 연구에 참여하는 사람들의 권리와 이익을 대변한다. 그러므로 현장에 들어가기 위해서는 문지기 역할을 하는 사람들과 타협을 해야 한다.

질적 연구는 연구자 마음대로 연구를 하는 것이 아니라 연구참여자들이 작성하는 동의가 있어야 한다. 미국 같은 경우는 단순한 동의뿐만 아니라 질적 연구를 실시하기 전, 연구 절차가 자세히 담긴 연구계획서를 인간주제 심의 위원회

(Human subject review board)라는 캠퍼스 위원회가 검토하고 승인하는 과정을 거쳐야 한다(Creswell, 2002). 그러나 우리나라에서는 연구참여자들이 작성하는 실제 동의에 따라 연구를 진행한다. 이러한 연구 절차는 연구대상자의 보호를 위해 필요하다.

Creswell(2002)이 제시한 연구 참여 동의서는 다음과 같은 내용을 포함한다고 밝히고 있다.

- 언제든지 자발적으로 연구를 그만둘 권리
- 연구의 주요 목적과 자료 수집에서 사용되는 절차들
- 응답자의 비밀 보장에 대한 언급
- 연구에서 참여자들과 관련되어 알려진 위험에 대한 진술
- 연구에서 참여자들에게 발생할 것으로 예상되는 이익
- 참여자들이 서명하고 날짜를 쓸 수 있는 공간

(2) 연구자와 연구참여자의 역할

질적 연구에서 연구자는 주요한 도구이다. 연구자가 연구현장에 들어가면서 학습자로서 배우고자 하는 자세나 관계를 맺는 것이 중요하다. 연구의 특성상 연구자와 연구참여자 간에 상호의존적이고 밀접한 관계를 맺게 된다.

연구자는 연구참여자에 대해 배우고자 하는 자세를 가져야 하며 존중해야 한다. 연구자는 모든 상황을 객관적으로 볼 수 없다는 자신의 한계를 인식하고, 자신의 주관적인 입장이나 편견을 인식해야 한다. 그러므로 연구자가 연구참여자나 그가 속한 집단에 대한 편파적인 시각이나 부정적 태도를 무의식중에 드러내거나 권위적이고 공격적인 표현을 하게 되는 경우나, 반대로 연구자와 연구참여자가 연구를 매개로 한 관계 이상의 지나친 애정적 관계나 절친한 친구관계를 맺는 것은 적절하지 않다. 이러한 연구자와 연구참여자와의 관계는 연구결과의 분석, 해석, 보고의 타당성에 영향을 줄 수도 있다.

질적 연구는 연구과정에서 일어나는 의미 도출이나 결과 분석에 연구자의 해

석이 포함된다. 이때, 연구자가 갖고 있는 내부자(emic) 관점과 외부자(etic) 관점이 의미 도출이나 결과 해석에 포함될 수 있다. 여기서 연구자의 내부자 관점이란 연구참여자들이 스스로 부여하는 주관적 의미나 관점을 의미하는 것으로, 연구자가 연구주제인 어떤 행위나 현상이 일어나는 현장에 익숙할 때 나타난다. 이에 반해 외부자 관점은 연구자가 외부인으로서 과학적이고 객관적인 지식에 근거하여 그 행위나 현상을 이해하고 설명하고자 할 때 사용되는 것으로, 연구자가 연구대상인 집단의 맥락과 상관없을 때 나타난다.

그러므로 질적 연구에서는 연구자와 연구참여자와의 관계가 서로에게 영향을 미칠 수 있으므로 특별한 사항이 있다면 연구보고서의 연구 방향에서 이를 구체적으로 서술하기도 한다. 그러나 연구자는 이러한 두 가지 관점 중 어느 한 쪽의 관점을 택하여 구별하기보다는 두 관점 모두 연구의 분석에서 취할 필요가 있다. 연구자는 적절한 관점을 갖고, 그 역할을 유지하며, 연구현장에서 주관성과 객관싱의 균형을 지속시키는 것이 필요하다.

4) 자료의 형태

질적 연구의 자료는 관찰, 면접, 문서 그리고 시청각 자료를 통해 얻을 수 있다. 네 가지 정보의 특성 및 방식에 대해 살펴보면 다음과 같다.

(1) 참여관찰 자료

참여관찰은 연구자가 연구대상의 일상생활 속에 직접 참여하여 장기간 동안 그 일상이나 문화를 적극적으로 관찰하는 것이다. 연구자는 연구참여자의 삶에 대해 관심을 갖고 연구현장에서 일어나는 연구참여자의 모든 대화내용이나 상호작용, 관찰된 행동을 중요하게 인식한다. 그러므로 이러한 관찰의 내용을 모두 기록하기 위해서 현장기록(field notes)을 작성한다.

현장기록은 질적 연구에서 필수적인 것이며, 여러 가지 면에서 유용한 자료가 된다. 현장기록을 통한 자료의 수집은 연구의 질을 결정하는 중요한 요소이다.

참여관찰에는 양적인 연구처럼 구조화된 관찰지나 체크리스트가 없기 때문에 어떠한 내용에 초점을 맞추어 기록할 것인가는 그 연구자의 주제나 관심에 따라 달라진다. 현장기록은 직접 기록을 통해 이루어지기도 하고, 녹음기와 비디오카메라를 사용해 보충하기도 한다. 현장기록에는 다음과 같은 다양한 내용을 기록할 수 있다.

- 참여관찰 시에 발생한 객관적 현장묘사가 포함된다.
- 연구현장에서 현장기록을 할 때는 최대한 상세하게 묘사하고 기록(thick description)하도록 한다. 대상의 행동이나 몸짓, 태도, 대화 등은 물론이고 놓치기 쉬운 미세한 행위나 물리적인 공간 구성까지 기술하는 것이 좋다. 이때, 공간의 구성이나 배치를 글로 나타내기가 어렵다면 간단한 스케치나 그림을 함께 곁들인다.
- 연구참여자의 이동이나 동작 등에 대해서도 서술적인 묘사와 함께 화살표나 그림을 덧붙인다면 나중에 기록을 다시 읽고 해석할 때 도움이 될 수 있다.
- 연구자의 반성적인 기록이 포함된다. 자료 분석이나 방법 자체에 대한 내용, 연구현장에서 경험한 연구자의 의문, 윤리적 갈등, 이론적·탐구적 의문이나 의견을 반영하는 반성적(reflective)인 내용이 포함될 수 있다.

(2) 면접 자료

면접은 정보 획득을 할 수 있는 강력한 자료 수집 도구다. 면접을 하기 전 연구참여자에게 사전 서면 동의서 내용을 공유하는 것이 필요하다. 사전 서면 동의서에는 연구동기 및 목적이나 본인이 원할 시에는 언제든지 연구참여를 그만둘 수 있다는 것, 보고서에는 가명을 사용한다는 것, 그리고 계획된 면접시간, 장소, 횟수 등과 면접내용을 녹음하는 경우에는 이에 대한 양해도 미리 구해야 한다.

면접의 형태는 일대일로 이루어지는 심층면접, 집단으로 이루어지는 집단면접, 전화면접, 인터넷을 이용한 온라인 면접 등으로 구분해 볼 수 있다. 여기에서는 심층면접과 초점집단면접에 대해 자세히 살펴본다.

① 심층면접

심층면접의 경우 연구참여자가 최대한 자연스럽게 자신의 이야기를 할 수 있도록 연구자는 경청하고 수용하는 모습을 보이도록 한다. 연구자가 면접을 하는 과정에서 열심히 메모만 한다거나 굳은 표정으로 앉아 있다면 연구참여자는 불편하여 충분히 정보를 제공할 수 없을 것이다. 연구자는 비구조적인 질문 리스트를 작성하여 미리 숙지하고, 질문할 때는 취조하듯이 순서대로 질문을 던지는 것은 삼간다. 특히, 연구참여자의 대답이나 반응의 방향과 흐름에 따라 적절하게 질문들을 통합하거나 가감하는 기술도 요구된다.

연구참여자의 특성에 따라 대답의 질이나 양이 다양할 것이므로, 이에 대한 준비나 기술 또한 필요하다. 연구자는 연구참여자에 대해 최대한 자신의 가치판단을 배제시키고, 개방적이고 긍정적인 태도를 가져야 한다. 또한, 연구참여자와의 관계가 면접내용에 영향을 미치지 않도록 최대한 동등한 관계로 수준을 맞추도록 노력하면서 면접에 임하는 것이 좋다. 면접시간에 대한 정확한 규칙은 없지만, 주로 성인 참여자의 경우 1회에 60분에서 90분 정도가 적당하다.

② 초점집단면접

초점집단면접은 특정 주제에 대하여 소집단을 대상으로 토론식으로 면접을 하는 방법으로, 연구목적에 맞게 4~8명 정도의 소집단을 형성한다. 이러한 면접은 면접에 참여하는 응답자들 간의 자연스러운 대화와 토론 과정을 통해 일대일 면접이나 관찰에서 얻기 어려운 정보를 획득하는 데 목적이 있다. 이때 연구자는 모든 구성원이 토론에 참여하며 토론을 자연스럽게 이끌어 나갈 수 있도록 중재자(moderator)의 역할을 한다. 참여자 개개인이 자신의 내면에 있는 생각을 편하게 표현할 수 있도록 적절한 질문을 제기하고, 계속적인 진행을 유도하는 기술이 필요하다. 그러므로 면접을 실시하기 전에 면접 장소나 연구문제와 목적에 맞게 토론 진행방법 등에 대해서도 충분히 준비하는 것이 좋다.

(3) 문서 및 작품 분석 자료

문서 및 작품(artifact)의 수집과 분석은 여러 가지로 활용될 수 있다. 특히 역사적 연구, 내용분석 연구, 기록물 연구 등에서 주로 쓰이게 되며, 많은 질적 연구에서 보조자료로 사용되기도 한다. 질적 연구에서 사용될 수 있는 문서는 신문기사나 공적인 보고서 등 이미 공개되어 있는 기록과 함께 기관 내 회의록, 공문서, 회람 등 어느 정도 제한된 범위 내에서의 공적인 문서, 그리고 일기, 개인노트, 편지 등의 사적인 기록이 모두 포함된다. 이 밖에 아동의 그림이나 작품 등의 학습 관련 자료도 분석의 대상이 될 수 있다. 예를 들면, 아동의 노래나 언어 등을 담은 녹음테이프, 작품 사진, 비디오 필름 등이 이에 해당된다.

(4) 시청각 자료

관찰자가 최대한 많은 정보를 기록하려고 노력하지만, 동시다발적으로 일어나고 있는 모든 현상을 기록하는 것은 불가능하다. 이때, 현장기록은 녹음기와 비디오카메라를 이용하여 보충이 되기도 한다. 비디오카메라나 녹음기를 활용해서 자료를 수집할 때의 장단점을 살펴보면 다음과 같다.

① 비디오카메라

관찰이 끝난 후 관찰 내용을 반복해서 재생함으로써 때로는 현장에서 놓친 아주 미세한 몸놀림이나 중얼거림 같은 것을 발견할 수 있는 장점이 있다. 그러나 이러한 비디오카메라 촬영이나 녹음기의 활용이 연구참여자의 자연스러운 행동이나 상호작용하는 것을 방해할 수 있다.

비디오카메라를 촬영하는 경우, 카메라를 의식하여 인위적인 행동이 나타나는 경우도 있고, 유아들 같은 경우 새로운 기기로 인해 이들의 과대한 관심으로 예상치 않은 행동들이 발생하기도 한다. 이러한 단점들을 보완하기 위해 고정형 비디오카메라를 사용하는 경우도 있지만, 이러한 경우는 융통성 있게 촬영을 할 수 없다는 단점이 있다.

② 녹음기

녹음기는 대부분 소형이고 눈에 잘 띄지 않아 도움이 될 수 있다. 그러나 때로는 녹음된 내용만으로 그 상황을 이해하고 해석해야 하기 때문에, 시간이 지난 이후 대상의 식별이 어려울 수 있고 비언어적 요소들은 담지 못하여 보조자료로 크게 도움이 되지 못하는 경우도 있다.

5) 자료 분석

질적 연구의 자료 분석 시, 자료 분석의 전략 및 분석 자료를 검증하는 방법을 살펴보면 다음과 같다.

(1) 질적 자료 분석의 특징

질적 연구 분석방법은 매우 독창적일 수 있다. 질적 연구에서 자료 분석이란 연구문제의 해답을 연구자료 안에서 찾는 과정으로 수집한 자료를 조직화해서 이를 해석할 수 있는 단위로 분리하고, 자료 안에 숨어 있던 패턴을 찾는 작업이다(Bogdan & Biklen, 2007). Wolcott(1994)는 자료 분석하는 과정을 기술, 분석, 해석을 하는 과정으로 구분하였다. 그는 기술을 '연구자가 본 것을 독자가 보게 하는 일'이라고 하였고, 분석은 '연구자가 안 것을 독자가 알게 하는 일'이며, 해석은 '연구자가 이해한 방식으로 독자가 이해하게 하는 일'이라고 구분하였다(Wolcott, 1994). 그는 자료 분석하는 과정을 요리하는 과정으로 비유해서 기술은 '요리하지 않은 자료'의 상태로 현상을 제시하는 일이고, 분석은 '요리된 자료'를 준비하는 과정이며, 해석은 '완성된 음식'을 만들어 내는 일이라고 하였다.

질적 연구 분석방법은 자료 수집과 자료 분석이 분절적으로 이루어지지 않고 동시에 이루어지는 과정이다(Merriam, 2009). 자료를 수집하는 동안 어느 정도의 분석이 이루어져야 연구의 목적에 보다 부합한 연구의 초점이 결정될 수 있다(Bogdan & Biklen, 2007). 자료를 수집하는 과정에서 연구자는 연구 목적에 알맞은 자료를 수집하기 위해 인터뷰 질문을 수정·보완하거나 추가적으로 수집해야 할 자료를 새롭게 구성하는 것이 가능하다. 또한, 자료를 수집하는 과정에서 함께 데이터를 정리해야 한다(Merriam, 2009). 즉, 나중에 처리하지 않고, 그 즉시 데이터를 정리해야 한다. 많은 양의 자료를 효과적으로 분석하기 위해서는 다음과 같은 방법을 활용할 수 있다. 우선 자료에 일련번호를 부여하고, 둘째 관찰 노트의 경우 관찰이 이루어질 시간 순서대로 구분해서 번호를 부여하고, 셋째 수집한 자료를 한눈에 알아볼 수 있는 목록표를 만드는 것이 유용하다.

(2) 질적 자료 분석과정

① 코딩과정

질적 자료 분석과정은 코딩하는 과정이다. 코딩은 수집된 모든 자료를 여러 번에 걸쳐 충분하게 읽으면서 중요한 자료에 이름을 붙이고 자료를 분류하여 체계화하는 작업을 의미한다(Strauss, 2001). 즉, 수집한 자료가 주요하게 의미하는 바를 밝혀내고, 밝혀진 의미들이 상위 개념과 어떻게 묶여서 발전할 수 있는지 탐색하고 핵심주제로 발전해 나가는 것이다. 이러한 코딩과정에서 찾아진 의미를 코드라고 말한다. 코드는 초기에는 기술적인 코드 형태로 수집된 자료를 군집화하고, 이에 대한 특정한 속성을 내포하고 있다. 그러나 이후 좀 더 추론적이고 설명적인 패턴 코드로 변하게 된다. 이러한 코딩 작업은 수렴(convergence)과 분화(divergence)의 과정 속에서 반복적인 유사성을 찾아나가는 작업이다.

코딩을 할 때는 관찰 노트, 면접 필사본, 사진이나 비디오에 대한 기록을 반복적으로 읽으면서 이야기의 핵심이나 줄거리를 포착한다. 자료에 반복적으로 등장하거나 중요한 의미가 있는 어휘, 장면, 맥락, 상황 등을 발견하고, 끊임없이 메모하고 매번 떠오르는 의견이나 관점을 적어 나가면서 그 자료를 따로 표시해 두거나 분류한다. 이처럼 연구자가 자료를 숙독하면서 점차 메모나 노트 형식으로 적기 시작하는 것이 자료 분석의 시작이다.

개방코딩은 이름이 뜻하는 바처럼 열린 마음을 갖고 연구문제와 관련해서 중요해 보이는 모든 자료를 코딩하는 작업이다. 자료를 읽어 나가면서 범주나 주제마다 다른 색의 펜으로 표시하는 컬러코딩방법이 하나의 전략으로 사용되기도 한다. 연구자는 자신의 선험적인 지식으로 판단하는 것을 중지하고, 자료를 객관적으로 이해하는 것이 필요하다.

질적 자료 분석과정에서 코딩과정은 많은 노력과 생각이 필요한 만큼 힘든 작업이지만, 다음과 같은 기능을 갖고 있기 때문에 필요한 작업이다.

- 자료들을 주제별로 분류함으로써 연구자료를 기술하는 데 도움을 준다. 자료를 하나의 주제로 분류하는 과정을 통해서 그 자료가 갖고 있는 깊은 의미에 대해서 보다 고민하게 되고, 이는 자료를 보다 정확히 기술하는 데 도움을 준다.
- 코딩은 자료를 검색하는 데 도움을 준다. 자료를 주제별로 분류함으로써, 개방코딩 이후 분석과정 중에 다시 자료를 살펴보아야 할 경우, 그 자료가 분류되어 있는 코딩의 이름이나 주제에 접근해서 수집된 자료의 원문을 확인해 볼 수 있다.
- 자료들을 보다 추상적으로 범주화하는 데 도움을 준다. 자료 안에 존재하는 다양한 주제가 발견되면 주제 사이의 관계에 대해 연구자들은 고민하게 되며, 이러한 고민을 통해 연구문제에 답이 되는 상위 범주를 구성하는 아이디어를 얻게 된다.

② 범주화 과정

코딩이 끝났으면 다시 자료를 재구성하는 작업을 한다. 개방코딩 이후에는 코딩된 자료를 상위 범주로 분류화하는 작업, 즉 코딩을 통해 비슷한 코딩의 이름으로 분류해 놓은 자료들을 상위 범주로 분류하고, 범주에 이름을 붙이는 작업을 한다. 이때, 코딩한 것을 바탕으로 상위 개념, 범주, 주제 등의 형태로 패턴을 만들고, 자료를 설명할 수 있는 새로운 추상적인 구조로 구성한다.

범주화 작업은 개방코딩보다 더 추상적인 작업이다. 자료에 이름을 부여하고 자료를 비슷한 주제로 묶는 비교적 단순한 개방코딩에 비해 범주화 작업은 자료들을 지속적으로 비교하면서 서로의 비슷한 점과 다른 점 그리고 복수의 주제를 하나로 묶을 수 있는 상위 범주를 구성하기 때문에 보다 추상적인 사고 능력이 필요하다. 또한, 자료를 분석할 때는 구조화·계열화시키고, 연구의 목적에 부합되며 읽기 좋도록 연구를 편집하여 이야기를 해석하고 의미를 발견한다.

질적 자료 분석과정에서 범주화 과정 및 해당 범주의 이름을 정할 때 다음과 같은 방식을 고려해야 한다.

- 코딩된 자료들을 한 곳에 모아 놓고, 다시 그 자료들을 읽고 이를 계속 비교하면서 비슷한 주제의 자료들을 한데 모으는 작업을 한다.
- 지속적으로 비교하다 보면, 보이지 않았던 공통점과 차이점을 발견할 수 있다. 이러한 경우 비슷한 주제의 자료들과 그 자료들의 코딩 이름을 다시 새로운 컴퓨터 파일이나 빈 종이에 적어서 리스트를 작성한다.
- 비슷한 주제로 묶인 리스트를 보면서 이 리스트를 가장 잘 표현해 줄 수 있는 범주의 이름을 정한다. 이때 다음과 같은 방식으로 할 수 있다(Merriam, 2009).
  - 연구자가 자료를 접하면서 떠오르는 개념을 스스로 정하기
  - 연구 참여자가 사용했던 단어나 어구를 그대로 범주의 이름으로 사용하기
  - 참고 문헌 등 참고했던 자료에서 사용되었던 범주를 그대로 본 연구의 범주로 사용하기(단, 이 경우에는 새롭게 범주를 발견할 가능성이 사라질 위험이 있음)
- 해당 범주는 연구의 목적과 관련이 있어야 하며, 해당 범주의 이름은 모든 하위 자료의 내용을 포함해야 한다.
- 범주의 이름은 서로 배타적이어야 한다. 하나의 특정한 자료는 반드시 하나의 범주에만 속하도록 범주를 명명해야 한다.
- 범주의 이름은 범주가 포함하고 있는 자료를 잘 표현해야 한다.

③ 범주 확인 작업

범주화 과정을 마치게 되면 범주가 잘 구성되었는지 코딩 전 단계의 원자료와 비교하면서 확인하는 절차를 갖는다. 이 과정은 연역적 과정(Merriam, 2009)

으로, 범주화 과정을 통해 구성한 범주가 연구의 질문과 관련하여 수집된 자료의 특성을 잘 설명하고 있는지 원자료를 재확인하는 것이다. 연구자가 생각하기에 구성한 범주가 수집된 자료를 잘 설명하고 있다고 판단하면 범주를 확정하고, 원래 자료에 비추어 수정해야 할 내용을 발견하면 범주를 수정한다.

(3) 분석 자료의 검증

질적 연구방법은 양적 연구방법과 다른 패러다임을 갖고 인간과 사회에 대한 연구에 참여한다. 연구에 참여하면서 연구자들은 연구참여자들의 경험을 정확하며 공정하고 윤리적으로 진행한다. 그러나 질적 연구방법에서 사용되는 패러다임이나 용어가 다르기 때문에 그 검증의 정의나 절차에 차이가 있다. 이에 많은 질적 연구자들은 질적 연구는 양적 연구와 다른 준거로 평가되고 검증되어야 한다고 주장한다.

Stewart(1998)는 타당도를 정확성으로, 신뢰도를 객관성으로, 일반화 가능성을 통찰성으로 대치할 것을 주장하였다. 마찬가지로 Lincoln과 Guba(1985)도 양적 연구방법에서 강조하는 내적타당도와 외적타당도와 신뢰도와 객관성을 신빙성과 재연 가능성과 신뢰성과 확인 가능성으로 대체해야 한다고 하였다. 이러한 연구의 정확성과 엄격성, 타당성을 갖고 연구 분석 자료를 검증하기 위해 Lincoln과 Guba(1985)는 여덟 가지 검증 절차를 명시하였다.

① 연구자는 현장에서 참여자들과의 신뢰를 형성하고, 지속적으로 이들의 문화를 배우는 데 참여하고, 끊임없는 관찰을 통해 습득된 정보를 분석 자료로 활용한다.

② 연구자는 다양한 자료나 방법을 활용하여 확실한 증거를 확보해야 한다. 자료의 삼각측정(triangulation)을 통해 자료의 신뢰성을 높인다. 즉, 언어적 자료 외에 사진이나 비디오 녹화내용 등의 시각적 자료를 추가할 수 있다. 또한, 방법의 삼각측정을 통해 자료의 타당화를 높일 수 있다. 심층면접과 참여관찰, 작품분석 등의 여러 연구방법을 결합하여 타당성을 높일 수 있다.

③ 동료 검토(peer debriefing session) 혹은 보고를 통해 평정자 간의 신뢰도를 가능하게 한다. 즉, 연구자의 삼각측정을 통해 자료의 타당성을 높인다. 이는 여러 명의 관찰자나 면담자를 두어 자료의 타당성을 높이고자 하는 것으로, 자료의 분석과 해석 과정에서 한 명의 연구자 외에 다른 동료 연구자들을 참여시킴으로써 연구자 개인의 주관적 관점에서 비롯되는 영향을 어느 정도 감소시키려는 것이다.

④ 연구자는 도출된 이론을 검증하기 위해 부정적인 증거나 반증의 증거를 찾는다. 예외적인 사례 분석을 통해 자신이 구성한 이론의 허점을 인식하고 수정·보완할 수 있도록 한다.

⑤ 연구자의 위치, 연구에 영향을 주는 편견을 이해할 수 있도록 연구의 초기에서부터 그 편견을 명확히 한다.

⑥ 연구자는 참여자 확인(member check) 과정을 거치면서 연구결과와 해석의 신빙성을 갖도록 한다. 구성원 점검 혹은 구성원 확인을 통해 연구결과나 해석에 관하여 연구참여자로부터 직접 피드백을 받는 것을 말한다. 질적 연구에서는 연구자와 연구대상 간에 상호 협조가 이루어진다. 그러므로 연구참여자들은 수동적인 행위만 하는 것이 아니라 연구과정 전반에 적극적 역할을 하게 된다. 연구가 진행되는 동안, 중간중간 연구참여자가 자신의 의견이나 조언을 연구자에게 표현하는 경우가 있다. 그러므로 구성원 점검은 질적 연구의 타당화에 중요한 역할을 하는데, 연구참여자에게 현장 기록이나 연구보고서 초고 등을 읽도록 하여 자료의 묘사가 적절하고 정확한지 확인하게 하는 것이다. 이때 중요한 점은 연구참여자의 의견이 최종 연구결과 보고서에 그대로 반영되지 않을 수 있다는 것을 알려야 한다는 것이다.

⑦ 연구참여자나 상황에 대한 상세한 기술을 통해 독자들이 전이에 대한 가능성(transferability)을 결정할 수 있도록 한다.

⑧ 외부의 자문가, 감사자(audit)들이 연구의 과정과 결과에 대해 검사하고 정확하게 평가하도록 한다.

PART 03

연구의 분석 및 보고

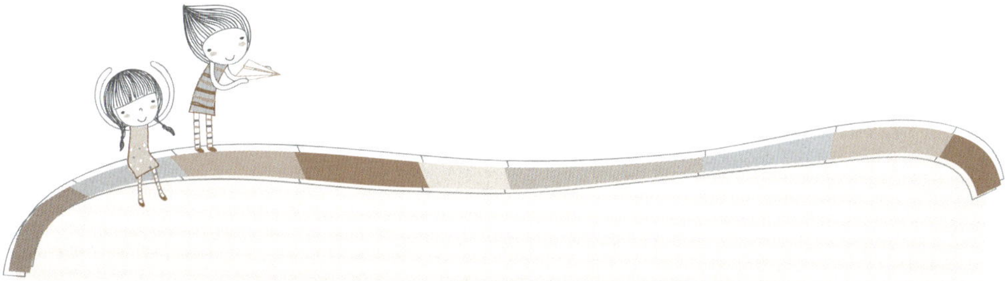

CHAPTER 11 자료 분석방법

자료 분석방법은 수집한 자료와 연구문제의 특성에 따라 달라진다. 주어진 연구문제와 가설에 적합한 분석방법을 선정하는 것은 매우 중요하다. 연구문제를 구성하는 변수의 성격과 연구목적을 고려하여 분석방법을 선정하기 위해서는 여러 가지 통계적 검증방법을 이해할 필요가 있다. 이 장에서는 각 통계적 검증방법을 사용한 구체적인 연구사례를 통해 자료를 분석하는 방법과 연구보고서에 분석결과를 제시하는 방법에 대해 살펴본다.

1. 자료 분석방법의 이해

1) 기술통계와 추리통계

(1) 기술통계

기술통계(descriptive statistics)는 연구자가 수집한 자료들의 특성을 간단하게 정리하고 요약하거나 도표화하여 기술할 때 사용하는 통계적 접근방법이다. 기술통계에서는 자료의 특성을 간단하게 요약하여 전달하기 위해 분포나 빈도, 백분율, 평균, 표준편차 등과 같은 통계치를 사용하여 자료의 특성을 요약·기술한다.

(2) 추리통계

추리통계(inferential statistics)는 관찰한 자료를 기초로 모집단 전체의 현상이나 특징을 추정, 예측, 일반화할 때 사용하는 통계적 접근방법이다. 즉, 추리통계는 표본의 통계치로부터 모집단의 모수치를 추정하거나 가설을 검증하기 위해 사용한다. 추리통계에서는 기술통계에서 산출된 자료를 근거로 모집단에 대하여 의사결정을 내리거나 모집단의 특성을 예측하게 된다. 즉, 추리통계에서는 정규분포, t분포, F분포 등의 표집분포에 기초하여 모수치의 구간추정을 실시하여 검증한다.

2) 모수통계와 비모수통계

(1) 모수통계

모수통계(parameter statistics)는 표본에서 얻어낸 통계치로부터 모집단의 특성을 나타내는 모수치를 추정하는 통계기법이다. 모수통계는 정규성(normality), 독립성(independence), 동질성(homogeneity) 등 모집단의 분포에 대한 기본적인 가정을 요구한다. 모수통계는 주로 동간척도나 비율척도로 측정된 자료를 분석하는 데 이용되며, 상관분석, t-검증, 변량분석(ANOVA) 등이 있다.

(2) 비모수통계

비모수통계(non-parameter statistics)는 모집단의 특성을 추정하기는 하지만, 모수와 통계량의 관계를 다루지 않는다. 따라서 모집단에 대한 기본적인 가정을 필요로 하지 않으며, 질적 자료나 서열척도로 측정된 자료를 분석하는 데 이용한다. 또한, 모집단의 정규성이나 동질성의 가정이 의심될 때 사용할 수 있는 방법으로 주로 표본수가 매우 적을 때 사용할 수 있다. 따라서 비모수통계를 분포와 무관한 방법(distribution-free methods)이라고 한다. 흔히 사용되는 비모수통계의 예로는 순위에 기초한 Mann-Whitney 검증, Kruskal-Wallis 검증, 기호검증법 등이 있다.

3) 단변량분석과 다변량분석

(1) 단변량분석

단변량분석(univariate analysis)이란 통계자료 분석에서 결과변수 혹은 종속변수가 하나인 경우를 말한다. 단변량분석은 하나의 종속변수에 대한 여러 가지 자료 분석방법을 총칭하며, 상관관계분석, t-검증, 변량분석(ANOVA) 등이 이에 해당한다.

(2) 다변량분석 (다분산분석)

다변량분석 혹은 다분산분석(multivariate analysis)은 여러 개의 종속변수들이 다변량정규분포(multivariate normal distribution)를 이루고 있음을 가정하고 여러 개의 변인에 대한 분석을 동시에 수행하는 통계분석방법이다. 다변량분석에 포함된 변인들을 분리하여 해석해야 하거나 이 변인들이 상호 관련되어 있어 영향력을 의미 있게 해석할 수 없는 경우에 변인 간의 관계를 동시에 설명하고 예측하기 위해 사용한다. 다변량분석을 사용하면 통계적 검증력을 향상시키고 통계적 오류를 최소화할 수 있다. 그러나 통계방법의 선택에 있어서는 '절약의 법칙(parsimony)'이 적용되므로 다변량분석을 적용할 필요가 있는 경우에 적절히 사용하도록 한다.

4) 통계분석방법의 선택

통계분석방법은 독립변인과 종속변인의 측정수준(즉, 척도)에 따라 달라진다. 변인과 척도에 따른 통계분석방법은 〈표 11-1〉과 같이 정리할 수 있다.

〈표 11-1〉 통계분석방법의 선택

종속변인의 수	독립변인의 수	독립변인의 척도	종속변인의 척도	분석기법
1개 (단변량 분석)	1개	범주변인	범주변인	카이제곱분석, 빈도분석
		범주변인	연속변인	*t*-검증, 일원변량분석(ANOVA)
		연속변인	연속변인	상관관계분석 (correlation) 단순회귀분석(simple regression)
	2개 이상	범주변인	범주변인	3-way 카이제곱분석
		범주변인	연속변인	다원변량분석(factorial ANOVA)
		범주변인과 연속변인 (공변인)	연속변인	공변량분석(ANCOVA)
		연속변인	연속변인	중다회귀분석(multiple regression)
2개 이상 (다변량 분석)	1개	범주변인	범주변인	단순로그선형분석(simple logistic regression)
		범주변인	연속변인	다변량분석(MANOVA)
		연속변인	범주변인	판별분석(discriminant analysis)
		연속변인	연속변인	중다회귀분석(multiple regression)
	2개 이상	범주변인	범주변인	로그선형분석(multiple logistic regression)
		범주변인	연속변인	다원다변량분석(factorial MANOVA)
		연속변인	범주변인	판별분석(discriminant analysis)
		연속변인	연속변인	중다상관분석(canonical correlation)

2. 기술통계

기술통계는 주어진 현상을 요약하고 설명하기 위하여 수집된 자료를 요약하거나 조직화하고 기술하는 통계적 방법이다. 기술통계는 수집된 자료의 특성이나 변인 간의 관계에 대한 기초적인 정보를 제공하는 데 활용된다.

기술통계 방법으로는 빈도분포, 히스토그램, 막대그래프, 원그래프, 산포도 등의 그림으로 자료의 특성을 요약하는 방법과 빈도수, 퍼센트, 평균, 표준편차 등의 기초 통계치를 사용하여 자료의 분포 특성을 기술하는 방법이 있다. 여기에서는 빈도분포를 비롯하여 그래프로 자료를 제시하는 방법과 빈도, 백분율, 평균, 표준편차 등 수집한 자료의 특성을 기술하는 방식에 대해서 살펴본다.

1) 그래프

그래프(graph)는 자료의 특성을 그림으로 요약하고 설명하는 방식이다. 다양한 그래프를 적절히 활용하면 연구결과를 한눈에 보기 쉽게 제시할 수 있다. 대표적인 그래프는 히스토그램이 있으며, 자료의 성격에 따라 원그래프, 막대그래프, 선그래프, 산포도 등을 활용할 수 있다. 〈표 11-2〉에는 여러 가지 그래프의 특성을 요약하여 제시하였고, [그림 11-1]에는 각 그래프의 대표적인 활용사례를 제시하였다.

〈표 11-2〉 그래프의 종류

그래프의 종류	특징
히스토그램 (histogram)	• 빈도분포를 기초로 하여, 각 값을 특정 구간으로 나눈 뒤 각 구간의 빈도수를 높이로 하여 그래프로 나타냄 • 기둥 간에 간격이 없는 것이 막대그래프와 다른 점이며, 데이터의 전체적인 성격을 이해하는 데 도움을 줌
원그래프 (pie graph)	• 각 빈도변인의 빈도수나 퍼센트를 원의 면적으로 나타냄
막대그래프 (bar graph)	• 범주변인의 빈도수나 퍼센트를 막대의 높이로 나타냄
선그래프 (line graph)	• 범주변인에 대한 연속인 변인의 값을 비교하는 데 적절한 그래프임 • 각 범주별 점수를 점으로 표시하고 그 점수를 연결한 선으로 나타냄
산포도 (scatter plot)	• 연속인 두 변인 간의 관계를 이해하는 데 적절한 방식임 • 각 변인을 x축과 y축으로 지정한 후 두 변인의 좌표값을 점으로 나타내어 변인 간의 관계를 파악하게 해줌

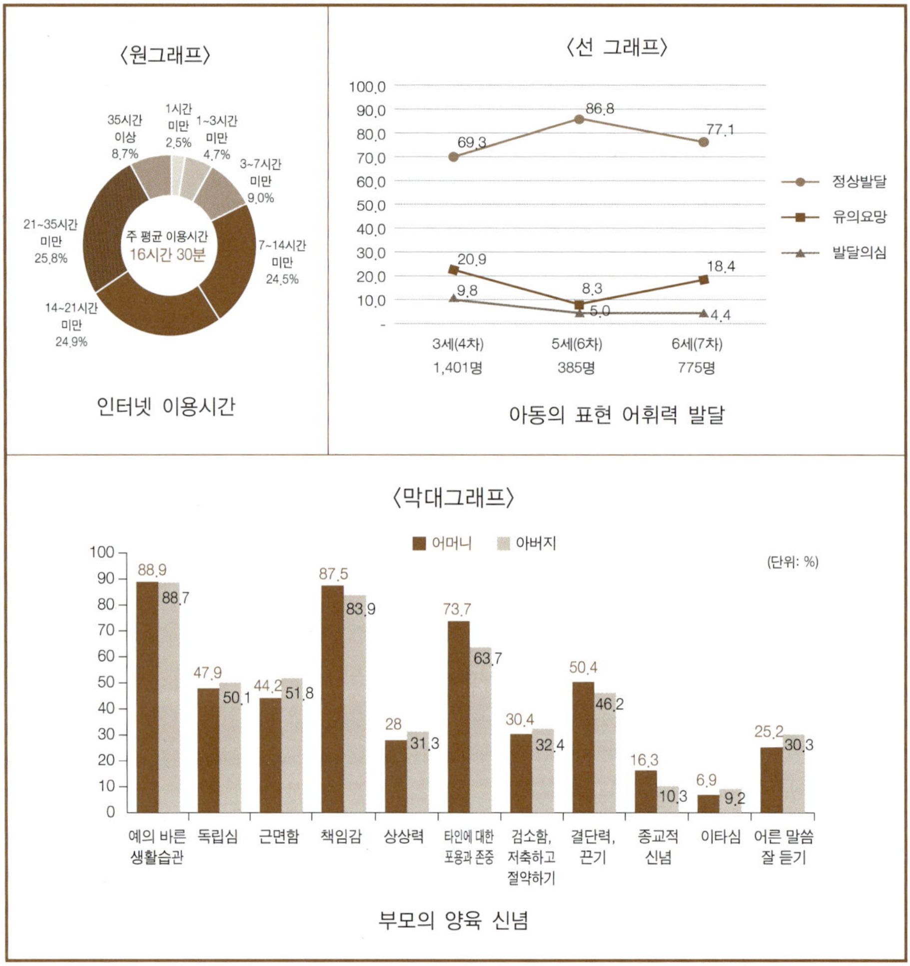

출처: 육아정책연구소(2015). 한국아동패널 2015, p. 261, p. 285.; 한국인터넷진흥원(2019). 2018 인터넷이용실태조사 요약보고서, p. 9.

[그림 11-1] 여러 가지 그래프

2) 기술통계치

(1) 범주변인을 위한 기술통계

범주변인은 빈도(frequency)와 백분율(percent)을 사용하여 기술한다. 빈도수와 백분율은 비연속인 변인(명명척도나 서열척도)의 특성을 요약하고 서술하는 데 적절한 통계값이다. 빈도수와 백분율을 활용한 연구결과보고 사례는 다음 〈표 11-3〉과 같다.

〈표 11-3〉 범주변인을 위한 기술통계의 활용 사례

〈표 3〉 교사들의 일반적 배경 N=133

구분		F(%)
유아교육기관	유치원	95 (71.5)
	보육시설	38 (28.5)
연령	25세 이하	7 (5.3)
	26~30세	75 (56.4)
	31~35세	37 (27.8)
	36세 이상	14 (10.5)
경력	3년 이하	10 (7.6)
	3년 초과~5년 이하	24 (18.0)
	5년 초과~7년 이하	78 (58.6)
	7년 초과	21 (15.8)

유아교육기관에서의 온라인 콘텐츠 활용 실태 및 요구에 대해 조사하기 위해 2005년 6월 24일부터 7월 27일까지 경인지역 유치원 및 보육교사 승급 교육 시 220부의 설문지를 배부하고 160부(75%)를 회수하였다. 이 중, 무응답과 불성실하게 응답한 불완전 자료 27부를 제외하고 최종 133부의 설문지를 최종적으로 분석하였다. 조사대상 교사들의 일반적 배경은 표 3과 같다.

출처: 김승옥, 이경옥(2005). 유아교육기관의 온라인 콘텐츠 사용 실태 및 요구. **어린이미디어연구**, 4, p. 226.

(2) 연속변인을 위한 기술통계

① 평균과 표준편차

연속변인의 경우에는 일반적으로 평균과 표준편차를 사용하여 자료를 기술한다. 평균과 표준편차는 주어진 자료의 분포 특성을 설명해 주는 대표적인 값이다. 평균은 주어진 값을 모두 더한 후 이를 표본수로 나누어 산출한다. 표준편차(standard deviation)는 분산과 더불어 주어진 자료가 전체 분포에서 어떻게 흩어져 있는지를 나타낸다. 분산(variance)은 한 분포를 구성하는 모든 자료에서 그

분포의 평균을 빼서 나온 편차점수들을 제곱하고, 이를 모두 합한 후 그 분포의 사례수로 나눈 값으로, 흔히 변량이라고도 한다. 분산은 표준편차를 제곱한 값과 같다. 평균과 표준편차를 사용한 연구 사례를 〈표 11-4〉에 제시하였다.

〈표 11-4〉 연속변인을 위한 기술통계의 활용 사례

〈표 4〉 인터넷 사이트 선정 시 고려 수준과 평가 수준 $M(SD)$, N=36

항목 \ 유형	인터넷 사이트 선정 시 고려 수준	활용하는 인터넷 사이트 평가 수준
사용의 용이성	2.56(.59)	**2.21(.67)**
발달의 적합성	**2.71(.51)**	2.17(.55)
교육적 가치	2.66(.55)	2.18(.59)
흥미성	**2.71(.53)**	**2.53(.59)**
안전성	2.65(.51)	2.15(.63)

특히 인터넷 사이트 선정 시 고려 수준에 있어서는 발달의 적합성(M=2.71, SD=.51), 흥미성(M=2.71, SD=.53) 순으로 나타났으나, 실제 활용하고 있는 인터넷 사이트의 평가 수준에 있어서는 흥미성(M=2.53, SD=.59), 사용의 용이성(M=2.21, SD=.67) 등의 순서로 나타났다.

출처: 김승옥, 이경옥(2005). 유아교육기관의 온라인 콘텐츠 사용 실태 및 요구. **어린이미디어연구**, 4, p. 231.

② 중간값과 사분위편차

평균과 표준편차는 극단값에 매우 민감한 통계치이다. 극단값이 존재하거나 정규분포로부터 벗어나 편포를 이루고 있는 경우 평균과 표준편차보다는 중간값(median)과 사분위편차(quartile deviation) 등을 활용하는 것이 적절하다.

중간값과 사분위편차는 최댓값과 최솟값의 극단적인 사례에 좌우되지 않아 전체적인 분포가 정규분포로부터 많이 벗어나 편포를 이루거나 극단값이 존재하는 경우에 사용한다. 반면 범위(range)는 주어진 분포의 최고점과 최저점 간의 차이로 계산하며, 가장 간단하고 손쉽게 구할 수 있는 변산도의 측정값이다. 그러나 범위는 양극단의 점수에 의해 전적으로 결정되기 때문에 신뢰롭지 못하여 자료의 대체적인 예비검토를 위해 사용하는 것이 적절하다.

3. 여러 가지 분석방법

1) 카이제곱(χ^2)검증

(1) 목적

χ^2검증은 범주 변인 간의 상호관련성을 파악하기 위한 통계적 분석방법이다. χ^2검증은 하나의 모집단에서 얻은 하나의 표본 내에서 두 변인 간의 관련성을 연구하거나 두 개 이상의 모집단에서 얻은 표본으로 모집단의 유사성을 검증하기 위한 동질성을 연구할 때 사용한다.

(2) 주요 개념

① 분할표

χ^2검증을 적용하기 위하여 각 연구대상을 주어진 특성(예: 성별, 나이)에 따라 행(row)과 열(column)을 정하고 각 범주변인의 빈도와 퍼센트를 정리한 분할표(contingency table)를 만들어 준다. 두 가지 변인만으로 구성될 경우 이원분할표가 만들어지고, 여러 가지 변인으로 구성될 경우 다차원분할표가 만들어진다. 두 가지 특성을 분류기준으로 이용할 때 연구문제에 따라 행과 열을 정하고 어떤 변인을 준거로 하여 퍼센트를 제시할지 결정한다.

② 관찰의 독립성

χ^2검증을 실시하기 위해서는 관찰의 독립성(independence of observation)이 유지되어야 한다. 즉, 모든 연구대상자는 각 범주 중 하나의 범주에만 속해야 하며, 동시에 여러 범주에서 관찰될 수 없다. 각 범주의 개별 자료는 다른 범주의 개별 자료와 관련이 없는 독립적인 자료여야 한다.

③ 범주의 상호배타성

χ^2검증은 범주의 상호배타성(mutually exclusive)을 기본 가정으로 한다. 범주변인의 기본적인 가정으로 각 범주는 서로 다른 속성을 지닌 것으로 구분되어야 하며 서로 중첩되지 말아야 한다. 예를 들어, 지역을 대도시, 중소도시, 읍면

지역, 농촌지역으로 구분한다면 읍면지역과 농촌지역은 서로 중복적이어서 상호배타적이지 못하다.

④ 최소 기대 빈도수

χ^2검증을 수행할 때, 교차분할표에서 각 셀의 기대 빈도수가 5 미만인 경우가 전체 셀의 20% 미만이면 χ^2값을 사용하는 것이 적절하나, 각 셀의 기대 빈도수가 5 미만인 경우가 전체 셀의 20% 이상인 경우에는 χ^2값이 불안정해진다. 이러한 문제를 방지하기 위해 자료 수집 시 전체 사례수를 늘려 주거나 범주의 수를 조정하여 각 셀의 빈도수를 늘려 준다. 범주를 묶어 각 셀의 빈도수를 높일 때 임의로 범주를 통합하는 것은 적절하지 못하며, 타당한 이론적 근거에 기초하여 범주를 조정하여야 한다.

(3) 연구결과보고 사례

〈표 11-5〉 χ^2분석 활용 사례

〈표 5〉 조기사교육 이용 유무 N=352

구분	어린이집 이용 유무		전체
	기관보육	가정양육	
	n(%)	n(%)	N(%)
있다	69 (35.8)	91 (57.2)	160 (45.5)
없다	124 (64.2)	68 (42.8)	192 (54.5)
전체	193 (100.0)	159 (100.0)	352 (100.0)
χ^2=16.226, df=1, p=.000.			

본 조사대상의 조기사교육 이용 유무에 대해 살펴보면 표 5에 제시된 바와 같이, 전체적으로 조기사교육을 이용해 본 경험이 있는 영유아는 160명(45.5%)이었으며, 기관보육 이용 영유아 69명(35.8%), 가정양육 영유아 91명(57.2%)이 조기사교육을 이용해 본 것으로 나타났다.

출처: 서소정, 하지영, 이성옥(2010). 영유아의 일상생활에 관한 연구. **아동학회지**, 31(1), p. 57.

2) 상관관계분석

(1) 목적

상관관계(Pearson's correlation)는 연속변인들 간의 관계를 밝히는 데 사용하는 통계적 분석방법이다. 상관관계계수는 두 변인 간의 직선적인 관련성의 정도를 나타낸다. 상관관계분석에 사용되는 상관관계계수는 Karl Pearson이 고안한 것으로, Pearson 적률상관계수(Pearson's product moment correlation: PPMC) 혹은 Pearson 상관계수라고도 한다.

(2) 주요 개념

① 산포도

상관관계분석에서 두 변인 간의 관계는 x축과 y축으로 구성된 산포도로 나타낼 수 있다. 산포도(scatter plot)는 도표의 가로축과 세로축에 변인 x와 변인 y를 설정하고 각 x값에 해당되는 y값을 도표상에 점으로 표시하여 점들의 집락이나 흩어진 정도를 나타내 준다. 따라서 산포도는 두 변인 x와 y의 상관 정도를 한눈에 파악할 수 있도록 도와준다(그림 11-2 참조).

② 상관계수의 의미

상관관계는 연속인 하나의 변인이 변할 때 다른 연속변인이 어떻게 변하는가를 나타내는 것으로 두 변인의 상관관계의 정도와 방향을 파악할 수 있다. 상관계수는 두 개의 표준화된 수량적인(quantitative) 변인 간에 선형적으로 공변하는 관계를 나타내는 통계량을 말한다. 상관관계는 x가 변할 때 y가 함께 변하는 변량, 즉 x와 y의 공변량(covariance)을 의미하며, Pearson의 상관관계계수 r_{xy}는 이러한 공변량을 각각의 표준편차로 나눈 표준화된 공변량이라고 할 수 있다.

③ 상관관계계수의 범위와 강도

상관관계계수 r값의 범위는 -1에서 1로, r값의 부호는 상관관계의 방향성을 나타낸다. 즉, 양의 r값은 두 변인 간의 정적 상관(그림 11-2 ⓐ와 ⓒ)을 나타내는 것으로 x가 증가할 때 y도 증가함을 의미하며, 음의 r값은 두 변인 간의 부적 상관(그림 11-2 ⓑ와 ⓓ)을 나타내는 것으로 x가 증가할 때 y는 감소하는 것을 의미한다.

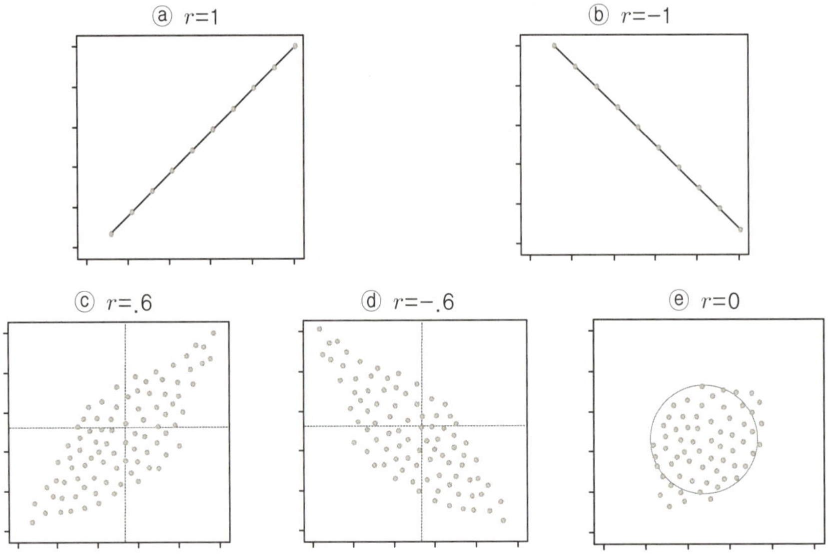

[그림 11-2] 여러 가지 산포도

상관계수 r값의 절댓값은 상관관계의 강도를 나타낸다. 상관관계 $r=1.0$ 또는 $r=-1.0$에 가까울수록 강한 선형적 관계를 나타낸다(그림 11-2 ⓐ와 ⓑ). 반면, $r=0$에 가까울수록 선형적 관계가 약함을 의미한다(그림 11-2 ⓔ). 일반적으로 r의 절댓값이 .7보다 크면 높은 상관이 있음을 의미하며, r의 절댓값이 .4와 .7 사이에 있으면 비교적 높은 상관이, r의 절댓값이 .2와 .4 사이에 있으면 낮은 상관이 있음을 나타낸다. 그러나 r의 절댓값이 .2보다 작으면 두 변인 간에 상관관계가 없다고 본다.

④ 선형성(linearity)의 가정

Pearson의 상관관계분석은 두 변인 간의 관계함수가 직선적 혹은 선형적 관계(linear relationship)에 기초하고 있다. 따라서 두 변인이 비선형적 관계를 가질 경우 Pearson의 상관관계분석은 이러한 비선형적 관계를 파악할 수 없다.

⑤ 상관관계와 인과관계

Pearson의 상관관계는 두 변인 간의 선형적인 관련성을 위한 것으로 두 변인 간의 인과관계를 의미하는 것은 아니다. 즉, 두 변인 간에 선형적인 상관관계가 있다는 것이 두 변인이 인과적인 관계가 있음을 의미하는 것은 아니다. 두 변인 간의 인과관계를 밝히기 위해서는 상관관계 연구가 아닌 통제와 조작에 기초한 실험연구를 실시하여야 한다.

⑥ 통계적 유의성과 실제적 유의성

Pearson의 상관관계계수 r값의 해석은 통계적 유의성(statistical significance, 예: $p < .05$)과 함께 실제적 유의성(practical significance, 예: $r > .3$)을 고려하여야 한다. 통계적 유의수준은 표본수에 매우 민감하므로 실제적 유의성에 기초하여 상관관계의 정도를 판단하는 것이 적절하다.

⑦ 극단값의 영향

Pearson의 상관관계계수 r값은 극단값의 영향에 민감하다. r값을 해석할 때는 반드시 극단값의 존재를 점검하도록 한다.

(3) 기타 상관관계계수

Pearson의 상관관계계수 이외에 변인들의 특성(명명척도, 서열척도, 동간척도, 비율척도)에 따라 사용할 수 있는 다양한 상관관계계수가 있다. 다양한 상관관계계수에 대한 설명을 〈표 11-6〉에 제시하였다.

〈표 11-6〉 상관관계계수의 종류

유형	계수	특징
Spearman의 등위상관	r_s	• 서열척도인 두 변인들 간의 상관관계 추정 • 서열 상관관계계수라고도 함
양류상관 (point-biserial correlation)	r_{pb}	• 연속변인과 범주가 둘인 질적 변인 간의 상관관계 추정 • Pearson 상관계수에 의해서도 같은 결과를 얻으므로 범주가 둘인 경우 Pearson 상관계수 사용 가능
양분상관 (biserial correlation)	r_b	• 연속변인과 인위적으로 범주를 둘로 나눈 변인 간의 상관관계 추정
사류상관 (fourfold point correlation)	ϕ	• 범주가 둘인 질적 변인들 간의 상관관계를 추정하는 계수
사분상관 (tetrachoric correlation)	r_t	• 정규분포를 이루는 연속인 두 변인 x, y를 인위적으로 이분한 변인들 간의 상관관계 추정
유관 (contingency coefficient)	C	• 범주의 수가 둘 이상인 질적 변인들 간의 상관관계 추정

(4) 연구결과보고 사례

〈표 11-7〉 상관관계분석의 활용 사례

〈표 7〉 유아의 거친 신체 놀이와 또래유능성 및 또래인기도와의 상관관계

거친 신체 놀이	또래유능성				또래인기도
	사교성	친사회성	주도성	전체	
남자(n=29)	.305	.246	.445*	.389*	.753*
여자(n=26)	.008	.063	.004	.026	−.226
전체(N=55)	.324*	.136	.272*	.293*	.211

* $p < .05$

앞의 표 7에 제시된 바와 같이 또래유능성과 거친 신체 놀이와의 상관관계는 정적으로 유의한 상관관계(r=.293, p<.05)를 나타났으며 하위영역 중 사교성(r=.324, p<.05) 및 주도성 (r=.272, p<.05)과도 유의한 상관관계를 나타내었다.

남아의 거친 신체 놀이와 또래유능성과의 상관관계를 살펴보면, 거친 신체 놀이의 빈도와 또래유능성과 정적으로 유의한 상관관계(r=.389, p<.05)를 나타내었으며, 특히 또래유능성 하위영역에 있어서는 남아의 주도성이 거친 신체 놀이와 비교적 높은 상관(r=.445, p<.05)을 갖는 것으로 나타났다. 반면 여아의 거친 신체 놀이 빈도는 또래유능성과 낮은 상관(r=.026, p>.05)을 나타내었으며 또래유능성 하위영역에 있어서도 상관관계가 낮게 나타났다.

출처: 이지영, 이경옥(2008). 남녀 유아의 거친 신체 놀이와 또래유능성 및 또래인기도와의 관계. **열린유아교육연구**, 13(3), p. 103.

3) 독립적 $t-test$

(1) 목적

독립적(independent) $t-test$는 독립변인이 두 개의 범주로 구성된 범주변인이고, 종속변인이 연속변인인 경우에 수행된다. 일반적으로 $t-test$는 두 집단의 평균값 차이를 검증하는 통계방법이라고 한다. 실험연구에서 실험집단과 통제집단의 평균값을 비교하거나 남아와 여아의 발달 및 행동 특성을 비교하는 연구에 사용한다.

(2) 주요 개념

① t값의 산출

독립적 $t-test$에서 t값은 두 집단 간 평균점수의 차이를 표준오차에 대한 비율로 산출한다. $t-test$의 기본 가정 중 하나인 동질성의 가정을 만족할 경우, 통합 분산값 산출방식을 사용하여 t값을 구할 수 있으나, 동질성의 가정을 만족하지 못할 경우에는 각각의 변량을 산출하여 t값을 구한다. t값이 클수록 두 집단의 점수 차이가 두 집단의 표준오차보다 커짐을 의미한다.

② 양방검증과 일방검증

$t-test$는 양방검증(2-tailed test)과 일방검증(1-tailed test)이 가능하다. 연구자의 연구가설이 두 집단 간 차이의 유무에 있다면, 즉 $H_0 : \mu_a = \mu_b$인 경우에는 양방검증이 실시되어야 한다. 그러나 연구자가 충분한 선행연구와 명확한 이론적 근거에 기초하여 집단 A의 평균값이 집단 B의 평균값보다 크다는 가설을 설정할 수 있는 경우, 통계적 가설은 $H_0 : \mu_a \leq \mu_b$로 일방검증을 실시할 수 있다. 즉, 일방검증은 가설 검증에서 대립가설이 제시하는 효과나 차이에 대한 결과가 일정한 방향을 명시하는 통계적 검증을 말한다. 이에 대한 대립가설은 $H_0 : \mu_a > \mu_b$로 통계적 검증치의 기각역을 확률분포표의 특정 방향에 두고 가설 검증을 하는 방법이다. 그러나 일방검증은 이론적 근거가 명확할 때 실시한다는 점을 명심해야 한다.

③ t값에 영향을 미치는 요인

t값에 영향을 미치는 요인으로 집단과 평균값의 차이, 각 집단의 표준편차, 표본수 등이 있다. 즉, 집단 간 평균값의 차이가 많이 나고 각 집단의 구성원들의 속성이 유사하거나(각 집단의 표준편차가 작을 경우) 각 집단의 표본수가 클 때, t값이 증가하는 경향을 보인다.

④ 기본 가정

독립적 $t-test$는 다음과 같은 몇 가지 기본적인 가정을 필요로 한다. 첫째, 독립적 $t-test$에 사용된 각 집단의 모집단은 정규분포를 이루어야 한다(정규성의 가정). 둘째, 평균값을 비교하는 각 집단의 모집단 분산은 같아야 한다($\sigma_1 = \sigma_2$: 동질성의 가정). 그러나 두 집단의 표본수가 유사하면(1.5배 이하), 동질성의 가정을 위배하더라도 t값에 영향을 미치지 않는다. 셋째, 독립적 $t-test$에서 비교하는 두 집단의 자료는 상호독립적이어야 한다(독립성의 가정). 마지막으로 두 집단을 비교하는 종속변인은 연속변인으로 구성되어야 한다.

(3) 결과보고 사례

〈표 11-8〉 독립적 $t-test$의 활용 사례

〈표 8〉 성별에 따른 유아의 부적응행동 N=217

척도	남아(n=99)	여아(n=118)	t	효과 크기
	$M(SD)$	$M(SD)$		
품행장애	39.53(16.30)	31.25(7.25)	4.96***	-.70
주의·충동성문제	25.27(11.67)	18.07(4.99)	6.08***	-.86
정서문제	25.48(7.75)	20.88(4.45)	5.47***	-.75
사회위축	12.82(4.90)	10.89(2.79)	3.63***	-.50
신체문제	13.36(5.71)	10.98(2.69)	4.03***	-.57
자신감결여	14.76(5.48)	12.25(2.74)	4.36***	-.61
지적문제	8.69(4.08)	7.01(1.74)	4.05***	-.58

*** $p < .001$

성별에 따른 유아의 부적응행동의 차이를 살펴보면, 표 8과 같이 모든 부적응행동 척도에서 남아가 여아보다 높게 나타났고(p<.001), Cohen의 효과 크기도 .61~.86로 높게 나타났다. 이는 남아가 여아보다 부적응행동을 더 많이 나타내는 것으로 해석된다.

출처: 이경옥, 오새니, 심혜진, 이상희(2016). 한국 유아용 Burks 행동평정척도(K-BBRS-2) 타당화를 위한 예비연구. **한국보육지원학회지**, 12(3), p. 171.

4) 종속적 $t-test$

(1) 목적

종속적(dependent) $t-test$는 사전검사와 사후검사 간의 점수 변화를 비교하거나 개인의 점수차를 비교하는 사전-사후검사 설계(pretest-posttest design)에 사용하는 통계적 방법이다. 그 밖에도 부모-자녀, 부모, 형제 등과 같이 짝을 이룬 집단을 비교(matched-subject design)하거나 반복 측정된 자료(repeated measured data)를 분석할 때 사용한다. 따라서 이를 짝지어진 t검증(paired $t-test$)이라고도 한다.

(2) 주요 개념

① 사전-사후 설계

종속적 $t-test$는 실험처치 전후에 검사를 실시하여 실험처치의 효과를 검증하기 위한 연구설계에 사용한다. 특히 실험집단만으로 설계된 단일집단 전후검사 설계나 실험집단과 통제집단이 있는 사전-사후 통제집단설계에서 두 집단이 동질적인 집단이 아닌 경우, 즉 준실험설계(quasi-experimental design)의 사전-사후 검사 설계에서 사용할 수 있다. 동질적인 집단이 되도록 통제된 경우에도 두 집단의 사전-사후검사의 비교에 활용하여 통제집단의 사전-사후 간에 변화가 없음을 보여주고 실험집단의 실험처치의 효과를 검증하는 방식으로 사용한다.

② 두 변인의 상호관련성과 점수차 비교

종속적 $t-test$에서 비교되는 두 점수는 연속변인이어야 하며, 상호관련성이 있는 점수들이어야 한다. 예를 들면, 사전과 사후점수의 비교나 짝지어진 두 점수의 비교 등과 같이 각 점수는 상호관련성이 있는 변인들로 구성되어야 한다. 짝지어진 두 변인값의 차이(d_i)를 산출한 후 차이값의 평균($\overline{d_i}$)과 표준오차(s_d) 간의 비율로 t값을 산출한다.

(3) 결과보고 사례

〈표 11-9〉 종속적 $t-test$의 활용 사례

〈표 9〉 장애유아 수용태도 사전점수와 사후점수에 대한 t검증

문항내용	사전	사후	t
	$M(SD)$	$M(SD)$	
장애에 대한 관심 및 지식	11.69 (3.42)	15.44 (3.97)	−3.79***
장애유아와의 상호작용	14.50 (5.93)	16.94 (4.62)	−1.86
공유활동	8.86 (3.64)	9.86 (3.04)	−1.29
문제상황해결	9.63 (2.84)	10.86 (2.05)	−2.18*
전체	44.69 (12.81)	53.11 (11.51)	−2.82**

* $p<.05$, ** $p<.01$, *** $p<.001$

장애유아교류 프로그램이 일반유아의 장애수용태도에 미치는 영향을 알아보기 위해 장애유아 수용태도의 사전과 사후검사를 Paired Samples t-test한 결과, 장애수용태도 검사 총점의 사전점수는 44.69(SD=12.81)이고 사후점수는 53.11(SD=11.51)로 사후검사의 점수가 높았다. 이러한 차이는 t=2.82(p<.01)로 통계적으로 유의미한 차이가 있었다. 따라서 장애유아교류 프로그램을 실시하는 것이 일반유아의 장애수용태도 변화에 긍정적인 영향을 미치는 것으로 나타났다.

하위요인별로 살펴보면 장애에 따라 관심 및 지식은 사전점수가 11.69(SD=3.42)이고 사후점수가 15.44(SD=3.97)로 유의미한 차이(t=−3.79, p<.001)가 나타났다. 장애유아와의 상호작용은 사전점수가 14.50(SD=5.93)이고 사후점수가 16.94(SD=4.62)로 나타났다. 공유활동은 유의미한 차이는 아니지만 사후점수가 사전점수보다 높은 점수를 받은 것으로 나타났다. 문제상황 해결은 사전점수가 9.63(SD=2.84)이고 사후점수가 10.86(SD=2.05)으로 유의미한 차이(t=.281, p<.05)가 나타났다.

출처: 안연경, 홍정선, 박유미(2008). 장애유아 교류프로그램이 일반유아의 장애수용태도에 미치는 영향. **열린유아교육연구**, 13(6), p. 361.

5) 일원변량분석

(1) 목적

일원변량분석(ANalysis Of VAriance: ANOVA)은 두 개 이상 집단의 평균차를 비교하는 데 사용한다. 두 집단의 평균차를 비교할 경우 앞에서 설명한 독립적 $t-test$를 사용하여도 되고 일원변량분석을 사용하여도 된다. 독립적 $t-test$는 변량분석의 특수한 형태라고 할 수 있다. 즉, 일원변량분석은 범주의 개수와는 무관하게, 범주변인인 독립변인과 연속인 종속변인의 경우에 사용할 수 있는 반면, 독립적 $t-test$는 범주의 개수가 두 개인 독립변인의 경우에만 사용할 수 있다.

(2) 주요 개념

① 변량분석(분산분석)

R. A. Fisher가 1923년에 변량원(source of variance)을 구분하여 밝히고 이러한 변량원에 기초하여 통계적 유의도 검증을 하는 방법으로 변량분석(ANOVA)을 소개하였다. 변량분석에서는 변량원을 분석하여 통계적 검증이 이루어지지만 실제로는 여러 집단의 평균값을 비교하기 위해 사용할 수 있다. 한 개의 독립변인이 범주변인이고 한 개의 종속변인이 연속일 경우에는 일원변량분석(one-way ANOVA)을 사용한다.

② 변량원의 구성

전체 변량은 집단 간 변량(between group variance, sum of square between: SSB)과 집단 내 변량(within group variance, sum of square within: SSW)으로 나뉜다. 집단 간 변량은 각 집단의 평균치가 전체 평균으로부터 얼마나 이탈해 있는가를 나타내고, 집단 내 변량은 각 사례의 점수가 자신이 속한 집단의 평균치로부터 얼마나 이탈해 있는가를 나타낸다.

③ F값의 산출

변량분석의 통계적 검증을 위한 F값은 집단 간과 집단 내의 각 제곱합을 각각의 자유도로 나눈 평균제곱합을 산출한 후, 집단 간 평균제곱합과 집단 내 평균제곱합의 비율로 산출한다. $F-test$는 검증력이 뛰어난 분석방법으로 총괄적 검증(omnibus test)이라고 한다.

④ 사후검증

사후검증(post-hoc analysis, follow-up test)은 총괄적 검증인 $F-test$ 결과가 통계적으로 유의할 경우 이루어지는 추가 분석과정으로 어느 집단 간에 유의한 차이가 있는지 검증하는 과정이다. 일반적으로 Tukey의 HSD(Honesty Significant Difference) 방법, Scheffé 검증, LSD(Least Significant Difference) 방법, Duncan 검증 등이 있으며, 집단 간 차이에 대한 전체적 검증결과에 대한 유의도 수준은 총괄적 $F-test$에 기초하여 검증하여 1종 오류(α)를 통제할 수 있다는 장점이 있다.

⑤ 동질성의 가정

비교하려는 각 집단의 변량은 서로 유사해야 한다. 연구설계 단계에서 비교하고자 하는 집단 간의 표본수가 유사하도록 계획한다면 동질성의 가정을 우려하지 않아도 된다. 동질성의 가정은 Levene의 $F-test$를 사용하여 실시한다. 동질성의 가정을 만족하지 않을 경우 F값을 해석하거나 사후검증을 수행하는 데 많은 제약이 따른다.

(3) 결과보고 사례

〈표 11-10〉 ANOVA 활용 사례

〈표 10〉 연령집단에 따른 유아의 부적응행동

척도	만 3세 (n=52)	만 4세 (n=93)	만 5세 (n=72)	전체 (n=217)	F	사후검증 (Scheffé)
	$M(SD)$	$M(SD)$	$M(SD)$	$M(SD)$		
품행장애	33.77 (10.79)	35.15 (12.62)	35.78 (14.60)	35.03 (12.88)	62.13	
주의·충동성문제	20.71 (7.49)	20.75 (9.52)	22.60 (10.41)	21.35 (9.39)	83.19	
정서문제	20.65 (3.78)	22.98 (6.50)	24.67 (7.72)	22.98 (6.58)	243.10**	3세 < 5세
사회위축	11.06 (3.03)	11.87 (3.44)	12.15 (5.14)	11.77 (4.01)	18.94	
신체문제	12.25 (4.14)	11.77 (3.60)	12.32 (5.65)	12.07 (4.49)	7.15	
자신감결여	13.06 (4.23)	12.74 (3.23)	14.49 (5.50)	13.40 (4.39)	65.65*	
지적문제	7.73 (2.69)	7.59 (3.03)	8.04 (3.59)	7.77 (3.15)	4.18	

* $p < .05$, ** $p < .01$

연령에 따른 유아의 부적응행동을 살펴보면, 표 10과 같이 전반적으로는 연령에 따른 차이가 없는 것으로 나타났으나, 정서문제(F=243.10, p<.01)와 자신감결여(F=65.65, p<.05)에서는 연령에 따라 통계적으로 유의한 차이가 나타났다. Scheffé 사후검증 결과, 정서문제는 만 3세(M=20.65, SD=3.78)보다 만 5세(M=24.67, SD=7.72) 유아가 높게 나타났다. 이는 만 3세에 비해 만 5세는 유아의 정서능력이 향상되는 시기로 정서와 관련한 부적응행동이 두드러지게 나타난 결과이며, 유아의 부적응행동을 측정하는 교사가 어린 연령보다 더 엄격한 기준을 적용한다는 황혜정(2005)의 연구결과를 고려할 때, 자연스러운 현상으로 해석된다. 또한, 자신감결여는 사후검증결과, 연령집단 간 차이가 없는 것으로 나타났다.

출처: 이경옥, 오새니, 심혜진, 이상희(2016). 한국 유아용 Burks 행동평정척도(K-BBRS-2) 타당화를 위한 예비연구. **한국보육지원학회지**, 12(3), p. 171.

6) 이원변량분석

(1) 목적

이원변량분석(2-way ANOVA)은 비연속인 독립변인이 두 개 이상일 때 독립변인(요인)들이 종속변인에 미치는 영향을 검토하는 데 사용한다. 이원변량분석에서 각 요인은 실험연구에서의 실험처치나 성별 등과 같은 범주변인을 말한다.

(2) 주요 개념

① 이원변량분석 (이원분산분석)

여러 개의 독립변인이 범주변인을 포함한 경우 요인적 변량분석(factorial ANOVA) 혹은 다원변량분석(multi-factor ANOVA)을 사용한다. 다원변량분석은 한 번의 통계적 분석으로 여러 개의 독립변인의 주효과를 검증함으로써 1종 오류(α)를 통제할 수 있고 독립변인들이 복합적으로 만들어 내는 상호작용효과를 검증할 수 있다는 장점을 갖는다.

이원변량분석에서는 각 요인을 개별적으로 검토하는 주효과(main effect)와 각 요인의 조합이 만들어 내는 상호작용효과(interaction effect)를 동시에 파악할 수 있다. 따라서 이원변량분석에서는 실험처치 변인과 실험처치의 효과를 조절하는 특성 변인(흔히 조절변인이라고 함)을 포함한다. 특히 이러한 실험처치 변인과 특성 변인 간의 상호작용효과를 특성과 처치 간의 상호작용(aptitude by treatment interaction)이라고 한다.

② 변량원의 구성

앞서 말했듯이, 이원변량분석은 개별적인 독립변인의 주효과 분석과 각 독립변인들 간의 상호작용효과를 분석하는 상호작용효과 분석으로 나누어진다. 즉, 종속변인의 전체변량(overall variance)은 각 변인에 대한 주효과 변량(변인 A의 주효과 변량과 변인 B의 주효과 변량), 상호작용효과 변량 그리고 오차로 나누어진다. 주효과는 변량분석에서 독립변인 또는 집단변인의 효과를 말한다.

상호작용효과가 유의하면 주효과의 검증 결과에 대한 해석은 무의미하므로 단순주효과 분석을 실시하여야 한다. 하나의 독립변인의 각 수준에서 나타나는 다른 독립변인의 주효과를 분석하는 것을 단순주효과 분석이라고 한다. 예를 들면, 이원변량분석에서 한 독립변인은 교수방법으로서 세 가지의 교수방법이 있고, 다른 독립변인은 아동의 성별이며, 이 사이에 상호작용효과가 존재한다고 하자. 이때는 남아에 대한 세 가지 교수방법의 효과를 비교하고, 여아에 대한 세 가지 교수방법의 효과를 비교하여 해석하여야 한다.

③ 상호작용의 종류

일반적으로 상호작용을 차이의 차이(difference in differences)라고 한다. [그림 11-3]의 ⓐ와 같이 집단과 방법 각각에 있어 평균값의 차이가 존재하나 방법 A에서의 집단 간 차이와 방법 B에서의 집단 간 차이를 비교해 볼 때 집단 1이 집단 2보다 높은 점수를 나타내고 있으나 각 방법에 있어서 집단 간 차이 값이 일정하여 차이의 차이가 없음을 알 수 있다. 이는 상호작용이 없는 경우이다.

[그림 11-3]의 ⓑ는 일방상호작용 혹은 순향상호작용(ordinal interaction)을 나타내는 것으로 주효과와 상호작용효과 모두 통계적으로 의의가 있는 것으로 나타난다. 즉, 집단 1이 집단 2보다 항상 우위에 있으나 방법 A에 있어서 두 집단의 차이가 방법 B에 있어서의 집단차이보다 크게 나타나 각 집단 간 차이가 방법에 따라 서로 다름을 알 수 있다.

반면 [그림 11-3]의 ⓒ의 경우는 하나의 독립변인이 종속변인에 미치는 영향이 또 하나의 독립변인의 각 수준에서 정반대의 경향을 보이는 것을 알 수 있으며, 이러한 경우를 교차상호작용 혹은 역순상호작용(disordinal interaction)이라 한다.

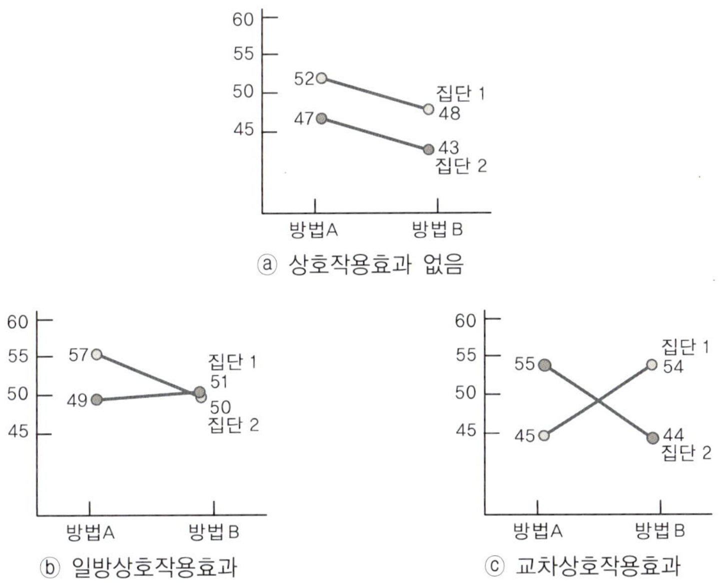

[그림 11-3] 상호작용효과의 종류

(3) 결과보고 사례

〈표 11-11〉 2-way ANOVA 활용 사례

〈표 11-1〉 기하능력의 평균과 표준편차 $M(SD)$

연령		3세			4세			5세		
성별		남 (n=47)	여 (n=44)	전체 (n=91)	남 (n=50)	여 (n=42)	전체 (n=92)	남 (n=53)	여 (n=58)	전체 (n=111)
기하능력	평면도형	6.94 (2.24)	6.97 (1.50)	6.95 (1.91)	6.63 (1.87)	6.55 (2.31)	6.59 (2.09)	6.85 (1.92)	6.94 (1.74)	6.90 (1.83)
	입체도형	2.53 (0.93)	2.37 (1.10)	2.45 (1.01)	3.07 (1.00)	2.77 (0.96)	2.92 (0.99)	3.50 (0.92)	3.56 (0.86)	3.53 (0.89)
	대칭변환	1.47 (1.28)	1.22 (1.03)	1.35 (1.17)	2.48 (1.75)	2.33 (1.37)	2.36 (1.58)	3.85 (1.52)	3.76 (1.15)	3.81 (1.34)
	전체	10.94 (2.43)	10.55 (2.57)	10.76 (2.49)	12.18 (2.94)	11.54 (3.26)	11.87 (3.11)	14.21 (2.65)	14.26 (2.61)	14.23 (2.62)

〈표 11-2〉 기하능력의 이원변량분석 결과

	변량원	자승화	자유도	평균자승화	F	Scheffé
평면도형	성별	.005	1	.005	.001	
	연령별	8.029	2	4.015	1.029	
	성별×연령별	.430	2	.215	.055	
	오차	1123.316	288	3.900		
입체도형	성별	.259	1	1.259	1.374	
	연령별	47.664	2	23.832	26.011***	만 3세<만 4세 만 4세<만 5세
	성별×연령별	1.904	2	.952	1.039	
	오차	263.874	288	.916		
대칭변환	성별	2.684	1	2.684	1.327	
	연령별	251.351	2	125.676	62.127***	만 3세<만 4세 만 4세<만 5세
	성별×연령별	.408	2	.204	.101	
	오차	582.593	288	2.023		
전체	성별	7.235	1	7.235	.905	
	연령별	542.256	2	271.128	33.925***	만 3세<만 4세
	성별×연령별	6.639	2	3.419	.428	
	오차	2301.699	288	7.992		

*** $p < .001$

(표 계속)

유아의 기하능력의 연령별과 성별에 따른 평균과 표준편차는 앞의 표 11-1과 같다. 유아의 기하능력은 25점 만점에 전체 평균이 10.76~14.23으로 나타났다.
유아의 연령에 따라 전체 기하능력에 차이가 있는지를 분석한 결과는 표 11-2에 제시된 바와 같이, 유아의 연령에 따른 전체 기하능력은 통계적으로 유의미한 차이가 있는 것으로 나타났다(F=33.925, p<.001). 이는 유아의 전체 기하능력은 유아의 연령에 따라 차이가 있으며, 연령집단 간의 차이를 살펴보기 위해 Scheffé 사후검증을 한 결과, 만 3세와 4세 간에 통계적으로 유의한 차이를 나타냈다.
또한, 표 11-2에서 제시된 바와 같이 성별에 따른 유아의 전체 기하능력은 통계적으로 유의한 차이가 나타나지 않았다(F=.905, p>05). 하위영역인 평면도형(F=.001, p>.05), 입체도형(F=1.374, p>.05), 대칭변환(F=1.327, p>.05)에서 통계적으로 유의한 차이가 나타나지 않았다. 이는 기하능력 전반에 있어서 남아가 여아보다 평균점수가 약간 높았으나 유의한 차이라고는 볼 수 없다.

출처: 홍혜경, 김세루(2008). 유아의 기하능력과 도형의 합성 및 분할 능력에 관한 연구. **유아교육연구**, 28(1), p.151.

7) 공변량분석

(1) 목적

공변량분석(ANalysis of COVAriance: ANCOVA)은 비연속인 독립변인과 연속인 공변인(통제변인)이 연속인 종속변인에 미치는 영향을 분석하는 데 사용한다. 특히 공변량분석에서는 무선배치로 인해 각 집단의 연구대상자를 동질하게 구성하기 힘든 준실험설계의 한계점을 보완하기 위하여 실험처치 전 집단 간 차이를 공변인을 사용하여 통제한다. 즉, 공변인의 영향을 고려한 후 독립변인에 따른 종속변인의 차이를 검증한다.

(2) 주요 개념

① 공변인의 조건

공변량분석에서는 공변인(covariate)에 해당하는 통제변인을 연구과정에 포함시키고 통제하여 보다 타당한 연구결과를 얻을 수 있다. 즉, 공변량분석은 처치 전 차이를 제거한 후 집단을 비교하는 통계적 방법이다. 공변량분석에서 공변인은 양적인 변인이어야 하며, 각 집단의 결과변인과 선형의 상관관계를 가져야 한다. 또한, 공변량분석에 사용되는 공변인은 독립변인, 즉 처치변인에 의해 영향을 받지 않는 변인이어야 한다.

② 변량원

공변량분석에서 전체변량은 공변인과 주효과 변인에 의해 설명되는 변량(variance explained)과 설명되지 않는 잔차(residual)의 변량으로 나누어 볼 수 있다. 이때 공변인의 변량은 항상 전체변량에 대해 의미 있는 설명력을 가져야 한다.

③ 조정된 평균과 표준편차

공변량분석 결과를 보고할 때는 반드시 평균, 표준편차와 함께 공변인의 영향을 고려하여 각 집단의 조정된 평균, 표준편차를 제시하여야 한다.

(3) 결과보고 사례

〈표 11-12〉 ANCOVA 활용 사례

〈표 12-1〉 집단별 유아의 대인문제해결력의 사전검사, 사후검사 결과

구분	집단(n)	사전검사	사후검사	공변인(사전검사)에 의해 수정된 사후검사
		$M(SD)$	$M(SD)$	조정된 평균(SD)
대안적 해결 사고	실험집단(18)	5.05 (2.26)	10.94 (2.92)	11.44 (.66)
	비교집단(18)	7.05 (2.60)	9.50 (2.90)	9.01 (.66)
결과예측 사고	실험집단(18)	5.56 (2.45)	10.89 (2.47)	11.41 (.59)
	비교집단(18)	8.44 (2.79)	10.61 (2.48)	10.09 (.59)
원인적 사고	실험집단(18)	5.22 (2.29)	9.50 (3.19)	9.46 (.69)
	비교집단(18)	6.06 (2.46)	8.83 (2.77)	8.69 (.69)
수단 목적 사고	실험집단(18)	4.33 (1.94)	10.67 (2.72)	11.14 (.65)
	비교집단(18)	6.67 (3.29)	9.56 (2.87)	9.08 (.65)
대인문제 해결력 전체	실험집단(18)	20.17 (7.63)	42.00 (8.71)	43.70 (2.14)
	비교집단(18)	28.22 (9.81)	38.50 (9.79)	36.81 (2.14)

(표 계속)

〈표 12-2〉 유아의 대인문제해결력에 대한 공변량 분석표

구분	변량원	제곱합	자유도	평균제곱	F	p
대안적 해결 사고	공변량(사전검사)	49.09	1	49.09	6.80	.01
	주효과(집단)	43.13	1	45.13	6.25	.02
	오차	238.35	33	7.22		
	전체	4068.00	36			
결과예측 사고	공변량(사전검사)	30.92	1	30.92	5.76	.02
	주효과(집단)	11.99	1	11.99	2.23	.15
	오차	177.14	33	5.37		
	전체	1369.00	36			
원인적 사고	공변량(사전검사)	22.80	1	22.80	2.69	.11
	주효과(집단)	7.92	1	7.92	.93	.34
	오차	280.20	33	8.49		
	전체	3332.00	36			
수단 목적 사고	공변량(사전검사)	41.41	1	41.41	6.07	.02
	주효과(집단)	32.03	1	32.03	4.70	.04
	오차	225.04	33	6.82		
	전체	3958.00	36			
대인문제 해결력 전체	공변량(사전검사)	465353	1	465.53	6.26	.02
	주효과(집단)	349.63	1	349.63	4.70	.04
	오차	2454.97	33	74.39		
	전체	6135.00	36			

그림책을 활용한 통합적 활동 실행에 따른 유아의 대인문제해결력에 미치는 영향을 검증하기 위해 실험집단과 비교집단 간의 대인문제해결력 검사에 대한 평균과 표준편차를 구하고 사전검사를 공변인으로 하여 사후검사에 대해 공변량분석을 실시하였으며, 그 결과는 표 12-1과 표 12-2와 같다.

그림책을 활용한 통합적 활동 실행 후 유아의 대인문제해결력 전체에 대한 결과를 살펴보면, 실험집단 유아의 수정된 평균은 43.70(SE=2.14)이었고, 비교집단 유아의 수정된 평균은 36.8 (SE=2.14)로 실험집단 유아들의 대인문제해결력이 높게 나타났다. 실험집단과 비교집단의 사후검사 점수는 사전검사의 영향력을 제거했을 때 공변량분석 결과 두 집단 간의 유의미한 차이가 있는 것으로 나타났다($F(1,33)=4.70$, $p<.05$). 이러한 결과는 그림책을 활용한 통합적 활동 실시 후 실험집단 유아들이 비교집단의 유아에 비해 대인문제해결력이 향상되어 그림책을 활용한 통합적 활동이 유아의 대인문제해결력에 긍정적인 영향을 미침을 의미한다. 특히 대인문제해결력 하위요소 중 대안적 사고($F(1,33)=6.25$, $p<.05$)와 수단 목적 사고($F(1,33)=4.70$, $p<.05$)에서 유의한 효과가 나타났다.

출처: 양지혜, 이경옥(2014). 그림책을 활용한 통합적 활동이 유아의 대인문제해결과 자아탄력성에 미치는 영향. **인지발달중재학회지**, 5(1), pp. 105-106.

8) 회귀분석

(1) 목적

회귀분석(regression analysis)은 하나 이상의 연속인 독립변인(예측변인, predictor)과 종속변인(결과변인, criterion variable, predicted variable) 간의 관계를 검토하는 데 사용할 수 있는 통계적 방법이다. 독립변인이 하나이면 단순회귀분석(simple regression analysis), 여러 개이면 중다회귀분석(multiple regression analysis)이라고 한다. 독립변인이 비연속인 변인의 경우에는 더미코딩을 통하여 회귀분석을 적용할 수 있으며, 범주가 둘인 경우는 더미코딩이 없이 바로 적용해도 무방하다. 일반적인 회귀분석의 목적은 회귀식에 의한 예측과 회귀모델의 적절성 검토에 있다.

(2) 주요 개념

① 모델의 설명력

회귀분석에서 예측변인 혹은 예측변인들의 선형결합과 하나의 종속변인 사이의 상관을 나타내는 계수를 중다상관계수(multiple correlation coefficient, R)라고 하며, 이는 단순상관계수와 유사한 의미를 갖는다. 중다상관계수의 제곱값인 R^2은 결과변인의 변량이 예측변인의 선형결합에 의해 설명되는 정도를 나타내며, 이는 모델의 설명력을 의미한다. 흔히 R^2을 결정계수(coefficient of determination)라고 한다. 이때, 모델 전체에 대한 설명력 R^2은 $F-test$를 실시하여 검증한다.

② 각 예측변인의 설명력

개별 예측변인의 상대적 설명력을 검토하기 위하여 비표준화된 회귀계수와 표준화된 회귀계수를 사용한다. 비표준화된 회귀계수(unstandardized regression coefficient: b)는 각 예측변인의 측정 단위에 민감하게 반응하므로 중다회귀분석에서 여러 개의 예측변인의 설명력을 비교할 때는 적절하지 않으며, 회귀식을 산출하는 데 사용한다. 반면 표준화된 회귀계수(standardized regression coefficient: β)는 예측변인들 간의 상대적 설명력을 비교하는 데 유용하게 사용될 수 있는 값이다. 이때, 개별적인 회귀계수는 $t-test$를 통하여 유의수준을 검토한다.

③ 선형적 예측

회귀분석방법에는 선형적인(linear) 회귀분석도 있지만 비선형적인(non-linear) 회귀분석도 있다. 일반적으로 회귀분석이라고 하면 선형회귀분석을 의미한다. 따라서 선형회귀분석은 선형성이라는 기본 가정이 충족된 상태에서 독립변인과 종속변인의 관계를 설명하는 통계적 분석방법임을 명심해야 한다.

④ 회귀분석을 위한 가정

정규성의 가정과 더불어 예측변인의 조합에 대한 결과변인의 모집단 변량은 동질하여야 한다. 특히 잔차분석(residual analysis)에서 나타난 잔차의 분포패턴이 증가하거나 감소하는 경향을 나타내지 않아 잔차의 등분산성을 만족시켜야 한다. 또한, 회귀식을 산출하는 데 사용되는 결과변인은 독립적이어야 한다. 즉, 각 결과변인의 값은 개별 연구대상자로부터 관측된 것이어야 한다.

⑤ 다중공선성의 문제

중다회귀분석에서 독립변인들 간에 존재하는 상관관계가 매우 높기 때문에 발생하는 문제를 다중공선성(multicollinearity)이라고 한다. 다중공선성은 부분회귀계수의 크기에 영향을 미치고 안정도에 역효과를 준다. 따라서 중다회귀분석모델의 예측변인들은 서로 상관관계가 높지 않은 변인들로 구성되어야 한다.

(3) 중다회귀분석 모델

중다회귀분석을 실시하는 방법에는 동시적 회귀분석, 단계적 회귀분석, 위계적 회귀분석 등이 있다. [그림 11-4]에 각 모델을 비교하여 제시하였다.

① 동시적 회귀분석 모델

동시적 회귀분석(simultaneous regression)은 여러 개의 예측변인들을 동시에 회귀식에 투여하는 모델로 예측변인들의 상대적 설명력을 비교할 때 보편적으로 많이 쓰는 방법이다. 그러나 모든 예측변인이 한꺼번에 회귀식에 투여됨으로 인해 예측변인들 간의 다중공선성을 고려하지 않는다면 상대적 설명력이 매우 약하게 나타날 우려가 있다.

② 단계적 회귀분석 모델

단계적 회귀분석(stepwise regression)은 통계프로그램에 의해 설명력이 큰 예측변인을 우선적으로 회귀모델에 포함시키거나 설명력이 약한 예측변인을 제거하는 방식으로 수행된다. 어떤 예측변인이 얼마나 추출될지는 데이터에 의해 결정되므로 추출된 모델을 이론적으로 설명하기 어렵다는 단점이 있다. 이 경우 표본에 따라 상이한 결과를 도출할 우려가 있으므로 조심스러운 적용이 요구된다.

③ 위계적 회귀분석 모델

위계적 회귀분석(hierarchical regression)은 단계적 회귀분석 모델과 달리 연구자가 이론적 근거나 선행연구에 의해 모델에 투입될 예측변인의 순서를 결정하여 회귀분석을 실시하는 방식이다. 이 모델은 분석결과에 대한 이론적 설명이 용이하며 동시적 회귀분석모델에 비해 의미 있는 해석을 도출하는 데 도움이 된다.

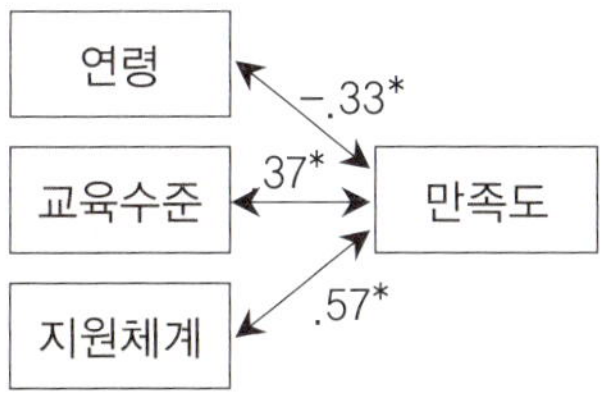

〈단순 상관관계 모델〉

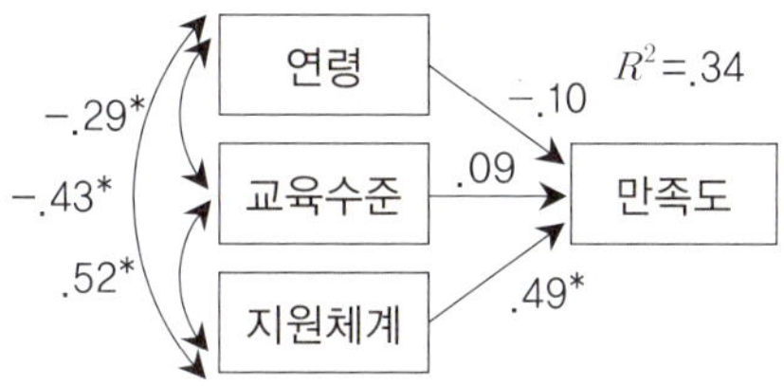

〈동시적 회귀분석 모델〉

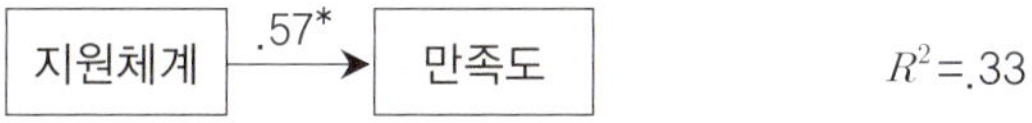

단계	모델에 포함된 예측변인	β	R^2
1	지원체계	.485	.343

〈단계적 회귀분석 모델〉

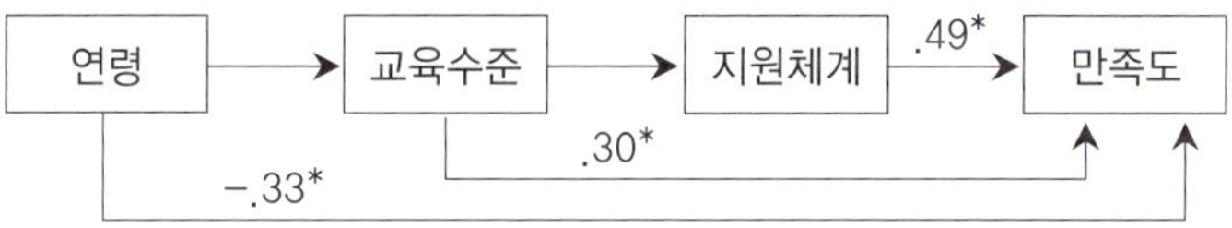

단계	예측변인	β	R^2	ΔR^2
1	연령	-.332	.110	-
2	교육수준	.298	.191	.081
3	지원체계	.485	.343	.152

〈위계적 회귀분석 모델〉

[그림 11-4] 여러 가지 회귀분석 모델

(4) 결과보고 사례

〈표 11-13〉 중다회귀분석 활용 사례

〈표 13〉 사회적 자발성에 대한 관련 변인들의 영향력

Model			B	β	R	F	R^2	ΔR^2
사회적 자발성	단계							
	1	상수	4.65		.70	111.90***	.49	
		자아강도	.57	.70				
	2	상수	2.01		.76	80.11***	.58	.09
		자아강도	.41	.50				
		기관에서의 생활	.30	.36				
	3	상수	.02		.80	66.63***	.64	.06
		자아강도	.29	.36				
		기관에서의 생활	.27	.32				
		친사회적 행동	.28	.29				

*** $p < .001$

놀이성의 하위요인인 사회적 자발성에 대한 관련 변인의 하위요인을 단계적으로 투입해 회귀분석을 한 결과, 표 13에 제시된 바와 같이 그 결과가 나타났다. 자아강도, 기관에서의 생활 그리고 친사회적 행동이 유의한 설명력을 갖는 것으로 나타났다. 유아 놀이성의 하위요인인 사회적 자발성에 대한 설명력을 살펴보면, 교육기관적응의 하위요인인 자아강도(F=111.90, p<.001)가 49%로 가장 많은 설명력을 갖는 것으로 나타났으며, 그다음으로는 기관에서의 생활(F=80.11, p<.001)이 첨가됨으로써 9%의 설명력이 증가되었고, 마지막으로 친사회적 행동(F=66.63, p<.001)이 추가되어 설명력이 6% 증가되어 총 64%의 설명력을 나타냈다.

출처: 안효진, 임연진(2010). 유아의 놀이성, 적응, 그리고 문제행동과의 관계성 연구. **아동학회지**, 31(2), p. 58.

9) 다변량분석(다분산분석)

(1) 목적

다변량분석 또는 다분산분석(MANOVA)은 범주변인으로 구성된 독립변인과 연속인 종속변인의 수가 여러 개인 경우에 사용되는 통계적 분석방법이다. 일반적으로 동시에 여러 개의 종속변인에 대한 집단 비교를 실시하는 데 적절한

방법이다. 이는 개별 종속변인에 대한 변량분석을 반복적으로 수행하는 데 따르는 1종 오류(α)의 증가를 통제함으로써 통계적 검증력을 향상시킨다. 일반적으로, 종속변인들 간의 관련성이 내재되어 있거나 종속변인 전체가 하나의 검사점수를 형성하여 구조적으로 다변량분석이 요구되는 경우에 주로 사용한다.

(2) 주요 개념

① 다변량통계 검증

다변량분석이 단변량분석과 다른 점은 여러 개의 종속변인을 동시에 다루기 때문에 전체 변량원이 여러 개의 종속변인의 변량을 고려하여 제곱합의 행렬로 표현된다는 점이다. 따라서 다변량분석에서는 주어진 모델에서 각 요소가 가장 잘 설명할 수 있는 종속변인들 간의 최적의 선형조합을 찾아낸다.

다변량분석에서는 네 가지 다른 다변량 통계검증값이 제시된다. 일반적으로 Wilk's λ(lambda)가 가장 많이 사용되며 두 집단 비교 시에는 Hotelling's T값이 사용되기도 한다. Wilk's λ값은 $1-R^2$값에 해당하는 값으로, λ값이 0에 가까울수록 모델의 설명력이 우수함을 의미한다.

② 단변량통계 검증

다변량통계값의 통계적 검증결과가 유의할 경우, 다음 단계로 단변량 F검증을 사후검증으로 실시한다. 각 종속변인별로 단변량분석을 실시하여 어떤 종속변인이 전체 모델에서 유의한 설명력을 갖는지를 판단하여 각 종속변인 간의 상대적 중요성을 평가한다.

③ 사후검증

종속변인의 상대적 설명력이 유의하게 나타날 경우, 변량분석과 마찬가지로 집단 간 비교를 위한 사후검증을 실시하여 집단 간의 차이를 밝힌다.

④ 종속변인들 간의 상관성 및 동질성 가정

다변량분석은 종속변인들 간의 상관관계를 고려하여 집단차를 종합적으로 검토하는 방식이기 때문에 종속변인들 간의 상관관계가 어느 정도 존재하여야 한다. Bantlett's Test of Sphericity를 통하여 종속변인들 간의 상관행렬표를 검토할 수 있다. 또한, 각 집단 내에서 종속변인들의 변량-공변량 행렬표(variance-covariance matrix)가 유사해야 한다. 이러한 동질성 검사는 Box's M 검증을 통해 검토할 수 있다.

(3) 결과보고 사례

〈표 11-14〉 다변량분석 활용 사례

〈표 14-1〉 유아의 연령과 성에 따른 아버지 양육태도의 평균과 표준편차

아버지의 양육태도	유아의 연령	유아의 성	N	평균	표준편차
권위적	3세	남	28	41.8	2.33
		여	23	42.0	2.45
		전체	51	41.9	2.34
	4세	남	28	42.3	3.69
		여	25	42.5	3.33
		전체	53	42.4	3.48
	5세	남	30	40.2	3.52
		여	27	41.8	3.07
		전체	57	41.0	3.44
허용적	3세	남	28	35.9	3.66
		여	23	42.8	2.77
		전체	51	39.4	3.23
	4세	남	28	35.6	3.91
		여	25	39.7	3.49
		전체	53	37.6	3.77
	5세	남	30	35.1	2.15
		여	27	39.8	2.58
		전체	57	37.4	2.11
독재적	3세	남	28	23.9	3.56
		여	23	23.8	3.91
		전체	51	23.9	3.44
	4세	남	28	24.9	3.62
		여	25	23.7	3.57
		전체	53	24.4	3.69
	5세	남	30	25.2	2.65
		여	27	24.5	2.34
		전체	57	24.9	2.77

(표 계속)

〈표 14-2〉 유아의 연령과 성에 따른 아버지 양육태도의 다변량분석 결과

독립변인	족속변인	Wilk's Lambda	단변인 F	자유도
유아의 연령	권위적 태도	.97	.75	2
	허용적 태도		3.16	2
	독재적 태도		.68	2
유아의 성	권위적 태도	.86***	.77	1
	허용적 태도		3.25*	1
	독재적 태도		.13	1
유아의 연령 × 유아의 성	권위적 태도	.96	2.00	2
	허용적 태도		.06	2
	독재적 태도		2.11	2

* $p < .05$ *** $p < .001$

유아의 연령과 성에 따른 아버지 양육태도의 평균과 표준편차는 표 14-1과 같다. 표 14-1의 기술통계량의 결과를 기초로 하여 유아의 연령과 성별에 따른 아버지의 양육태도에 대한 다변량분석(MANOVA)을 실시한 결과는 표 14-2와 같다. 표 14-2에서 나타난 바와 같이 유아의 연령과 성에 따라 아버지의 양육태도에 차이가 있는지를 알아본 결과, 유아의 성(Wilk's Lambda=.86, F=9.17, p<.001)에 따라 유의미한 차이가 나타났지만, 유아의 연령 그리고 유아의 연령과 성의 상호작용효과는 나타나지 않았다. 유아의 성의 주효과에 대한 단변인 F검증 결과, 아버지의 허용적 양육태도(F=3.25, p<.05)에서 통계적으로 유의미한 차이가 나타났는데 여아가 남아보다 높게 나타났다. 이는 아버지의 양육태도는 유아의 연령에 따라 차이가 없으며 허용적인 양육태도를 가지고 있는 아버지일수록 여아에게 더 허용적인 태도를 보인다는 것을 나타내는 것이다.

출처: 김혜금(2008). 부모의 양육태도와 유아의 상해위험행동과의 관계. **아동학회지**, 29(3), pp. 47-48.

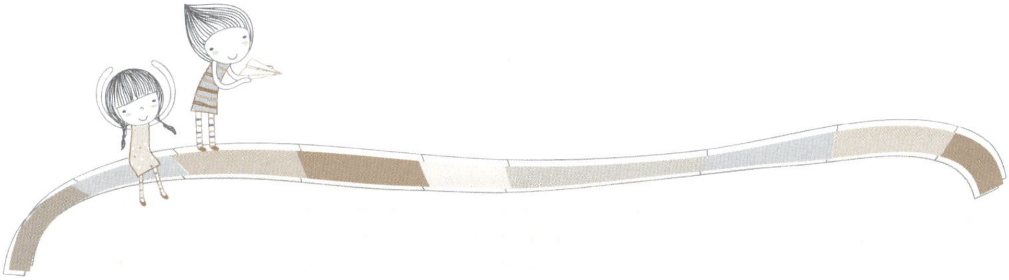

CHAPTER 12 연구보고서 작성 및 표절

이 장에서는 연구의 최종단계인 연구보고서 작성에 대해 살펴본다. 아무리 연구를 잘 진행했다 하더라도 보고서가 부실하면 훌륭한 연구로 인정받을 수 없다. 특히, 연구부정행위의 한 유형으로서 표절 행위를 한 사람은 도덕적 지탄을 받게 될 뿐만 아니라 저작권법 등에 의한 처벌을 받게 되므로 각별한 주의가 요구된다.

1. 연구보고서의 구성

연구가 완성되면 연구보고서를 작성해야 한다. 연구보고서에는 이론적 배경을 근거로 연구문제 및 가설을 제기하고, 그 연구문제 및 가설에 대한 검증 절차를 상세하게 설명해야 한다. 다음으로 연구결과를 정확하게 제시해야 하며, 그 연구결과를 근거로 도출되는 논의 및 결론 또한 심층적으로 이루어져야 한다. 아무리 좋은 연구결과를 얻었다고 하더라도 연구보고서를 제대로 작성하지 못하면 연구의 질이 낮게 평가될 수 있으므로 연구보고서 작성에 있어 신중을 기해야 한다. 아울러, 논문의 질을 높이기 위해서는 불필요한 말이나 중복되는 표현, 장황한 설명, 전문용어, 은어 등을 자제하고, 꼭 필요한 내용만을 기술해야 하며, 지나치게 긴 단락은 독자들의 집중력을 떨어뜨릴 수 있으므로 적당한 곳을 찾아 중간 중간 단락을 나누어야 한다. 연구보고서가 완성되면, 여러 번 되풀이해서 읽으면서 오류를 찾아내고 불필요하다고 판단되는 부분은 과감하게 삭제하는 과정이 반드시 필요하다.

일반적인 연구보고서 또는 연구논문의 작성 순서는 일정한 형식이나 체제에 따라 순서대로 기술한다. 학위논문인 경우 대학에서 정한 논문작성 지침에 따라 작성하며, 학술지의 경우 학회마다 다소 다른 논문작성 지침을 제시하므로 이에 대한 확인이 반드시 필요하다. 아동 관련 논문에서는 보통 APA(American Psychological Association) 양식을 따르며, 연구기관이나 정책기관에 연구보고서를 제출할 경우에는 각 기관에서 요구하는 보고서 양식에 따르는 것이 일반적이다.

한편, 연구보고서마다 목적이 다르고 제출되는 기관에 따라 보고서의 양식이 다소 다르더라도 기본 양식은 유사하다. 연구보고서에서 중요한 것은 보고서의 형식이나 내용보다는 연구의 과정과 결과를 얼마나 체계적이고 논리적으로 기술하고 있느냐이다. 연구보고서의 기본 체제는 일반적으로 다음의 다섯 장으로 구성되며, APA(2010)가 제시하는 연구보고서의 일반적인 양식은 [그림 12-1]과 같다.

제목 (Title)

초록 (Abstract)

Ⅰ. 서론 (Introduction)

Ⅱ. 이론적 배경 (Literature Review)

Ⅲ. 연구방법 (Method)

Ⅳ. 연구결과 (Results)

Ⅴ. 논의 및 결론 (Discussion)

참고 문헌 (References)

부록 (Appendix)

[그림 12-1] 연구보고서의 양식

〈표 12-1〉 보고서 작성에 대한 잘못된 생각

- **잘못된 생각 1: 연구보고서를 잘 쓰기 위해서는 글을 잘 쓰는 능력이 필요하다.**

연구보고서는 창의적인 상상력 및 기발한 어휘 능력을 요구하는 문학작품이 아니다. 이미 결정된 체제에 따라 익숙한 용어들을 사용하여, 단계적으로 검증한 생각의 조각을 연결하는 작업이다. 중요한 것은 연구에 대해 얼마나 열심히 생각했는가 하는 것이다. 즉, 생각이 많이 진전된 경우에는 비교적 쉽게 글이 진행될 수 있지만, 생각이 부족한 경우에는 글이 더 이상 진행되지 않는다. 보고서 작성이 어렵다고 느껴지면 자신의 서술 능력 부족을 탓할 것이 아니라 연구에 대한 생각이 부족하거나 체계적으로 정리되지 않았음을 시인해야 한다.

- **잘못된 생각 2: 연구보고서는 초고부터 제대로 작성되어야 한다.**

보고서를 처음 쓰는 학생 중에 서론에 매달려 더 이상 진전을 하지 못하는 경우가 있다. 이런 학생들에게 강조하고 싶은 말은, 훌륭한 서론만 있는 초고보다 아직 부족하더라도 완성된 초고가 몇 배 더 낫다는 말이다. 대가들의 논문에도 어색하고 이치에 맞지 않는 부분들이 얼마나 많이 있는지를 안다면 초보 연구자들이 논문을 작성하는 일이 훨씬 쉬워질 것이다. 어쩌면 초고는 완성된 보고서를 향한 커다란 메모지일 수 있다. 두서없는 것 같지만, 필요한 내용을 생각날 때마다 메모하듯이 끼워 넣다 보면 어느새 완성된 형태에 접근해 가게 된다. 오늘날과 같이 컴퓨터의 워드 프로그램으로 논문을 작성하는 경우에는 더욱 맞는 말이다. 따라서 논문을 작성하는 일은 초고에 대한 반복적인 보완의 연속이라고 할 수 있다.

- **잘못된 생각 3: 연구보고서에는 저자 자신의 생각을 잘 표현하여야 한다.**

연구보고서에는 저자의 생각이 잘 표현되어야 한다. 그러나 그보다 더 중요한 것은 독자들이 저자의 생각을 잘 이해할 수 있도록 표현하는 것이다. 연구보고서의 용도는 감상용이 아니라 의사소통용이다. 따라서 초보자뿐 아니라 경험자들도 연구보고서를 쓰고 나면 주변 동료들의 피드백을 받게 된다. 수정·보완할 점이 있거나 어떤 부분이 잘못되었다는 비판을 받을 수도 있다. 이와 같은 평가를 자신의 보고서에 겸허하게 반영할 수 있는 사람들이야말로 독자와 원활하게 생각을 교환할 수 있는 훌륭한 저자가 될 수 있다.

출처: 이은해 외(2006). **아동 연구방법의 이해**, p. 367.

〈표 12-2〉 연구보고서 서술상의 유의점

• 논문의 문장은 문학작품이 갖는 특성과는 달리 논리적이고 간결하며, 효과적으로 표현되어야 한다. • 가능한 한 평이한 표현과 용어를 사용하도록 한다. • 문장표현에 정확성을 기해야 한다. 맞춤법, 정확한 한자, 용어의 명확성, 새로운 술어의 사용과 그 정의, 약자나 기호, 구두점, 구문, 인칭의 사용 및 문법 등이 정확하고 그 원칙에 맞도록 주의해야 한다. • 적절한 어법을 사용해야 한다. 지나친 겸손, 무례한 표현, 감동적인 어조, 장황한 설명, 독단적인 주장은 피해야 한다. • 적절한 강조점을 두어 독자에게 중요점을 인식시키도록 하고 하나의 사상을 지나치게 압축하거나 축소하는 것은 오히려 독해성과 흥미를 약화시킬 수 있다. • 논리적이면서도 적절한 표현의 기교를 활용하여 독자의 흥미와 사고를 자극하도록 유의한다. • 논문내용을 논리적으로 정확하게 전달하기 위해서는 구어체보다는 문어체를 사용해야 한다(같아요, 생각해요, 때문이죠 → 것이다).

출처: 황해익(2017). **아동연구방법**(3판), p. 400.

일반적인 양적 연구보고서의 구성 체제는 다음과 같다.

1) 표지

보고서의 표지(title page)에는 연구제목, 연구자 이름 및 소속, 연구보고서 제출기관 등을 제시한다. 연구제목은 연구의 의도를 분명하고 명료하게 나타내어야 하며, 제목의 최대 길이는 12 단어 정도이다. 연구제목만으로 논문의 대략적인 내용을 짐작할 수 있을 만큼 제목은 논문의 주요 골자를 포괄적으로 함축하고 있어야 한다. 연구제목을 영문으로 표기하는 경우, 관사와 전치사를 제외한 나머지 단어의 첫 글자는 대문자로 표기하는 것이 일반적이다. 표지의 순서는 연구제목 밑에 연구자의 이름을 기재하고, 그다음 줄에 소속하고 있는 대학이나 기관명을 쓴다.

2) 초록

표지 다음에는 전체적인 연구내용을 한눈에 파악할 수 있게 주요 부분만을 요약·정리한 초록이 실린다. 초록(abstract)은 연구가 종료되고 연구결과 및 논의를 기술한 후 작성하며, 연구과제에 대해 간략하게 요약되어야 한다. 초록은 보통 가장 먼저 읽히는 부분일 뿐만 아니라 그 논문을 색인하고 인출하는 데 있어 매우 중요한 접근수단이다. 일반적으로 국문연구보고서인 경우에는 영문초록을, 영문보고서인 경우에는 국문초록을 제시한다. 영문초록은 적절한 영어 단어 선택과 문법에 알맞은 표현방법을 사용하도록 각별히 주의를 기울여야 한다. 초록에는 일반적으로 다음의 내용이 포함된다.

- 연구목적 및 연구문제
- 연구대상
- 연구절차와 측정도구
- 연구결과 및 의의

3) 서론

서론(introduction)은 논문의 도입부분으로서 연구를 수행하게 된 동기 및 연구의 필요성을 기술하며, 연구를 실시해야 하는 타당성을 논리적으로 설명하는 부분이다. 즉, 서론에는 연구의 필요성 및 목적, 관련 연구들의 동향, 연구의 의의 등을 포함하며, 마지막 부분에 연구문제를 제시한다.

연구보고서에서는 연구계획서의 서론 부분을 보강하여 연구의 필요성 및 목적을 보다 체계적이고 논리적이며 명료하게 서술해야 한다.

4) 이론적 배경

이론적 배경(literature review)은 연구의 기초가 되는 이론을 전개하는 부분으로 연구주제에 관한 선행연구의 내용을 체계적으로 정리하는 부분이다. 선행연구를 인용하려면 반드시 출처를 밝혀야 하며, 참고 문헌에서 그 내용을 구체적으로 찾을 수 있어야 한다. 한편, 참고 문헌이 많이 수록된 연구보고서가 우수한 논문으로 평가되는 것은 결코 아니다.

예: ① 문혁준(2018)은 생태학적 변인에 관하여 …
② … 라고 지적하였다(문혁준, 2018).
③ Berk(2013)는 …
④ … 라고 해석하였다(Berk, 2013).

5) 연구방법

연구방법(method)은 연구수행을 위해 사용한 구체적인 방법을 설명하는 부분으로 연구대상, 연구도구, 연구절차, 자료 분석 등의 내용이 포함되어야 한다. 연구보고서의 연구방법 부분은 연구계획서에 비해 구체적이고 체계적으로 서술되어야 한다. 한편, 연구진행과정에서 연구계획서의 연구방법 내용은 다소 수정 또는 보완될 수 있기 때문에 연구보고서의 연구방법은 연구계획서와 일부 상이할 수 있다. 학회지에 게재되는 논문인 경우는 한정된 페이지 등의 이유로 연구방법에 대해 주요 내용만 간단하게 서술하는 데 반해, 학위논문의 경우는 심사위원의 이해를 돕기 위해 연구방법을 가능한 한 상세히 서술한다.

연구대상 부분에서는 연구에 참여한 대상들의 수와 특성 및 표집 방법 등을 기술하며, 연구도구 부분에서는 연구도구의 제작자, 제작년도, 문항수 및 하위구성영역, 측정방법, 점수화, 타당도 및 신뢰도 등을 구체적으로 설명한다. 조사연구와 달리 실험연구인 경우에는 실험에서 사용한 도구나 처치프로그램에 관해 설명하고, 관찰자 간 또는 관찰자 내 신뢰도 계수를 보고한다. 연구절차 부분에서는 예비조사 및 본조사 실시지역, 방법, 기간, 자료 수집방법 등을 자세하게 설명한다. 실험연구인 경우에는 실험집단과 비교집단의 구분 방법, 실험처치의 내용 및 실험기간, 실험장소, 실험실 상황, 실험과정, 실험자의 역할 등을 상세하게 설명한다. 자료 분석 부분에서는 자료를 분석하는 데 사용한 통계적 방법을 연구문제에 따라 설명한다(조성연 외, 2008).

6) 연구결과

양적 연구는 체계화된 연구목적과 이를 구체화한 연구문제 또는 가설이 있으므로 이에 따라 연구결과(results)를 서술하며, 질적 연구의 경우는 연구를 진행하면서 얻은 결과를 서술한다. 관찰연구의 경우 관찰한 내용을 체계적으로 기록한다. 일반적으로 가설은 연구의 중요도 순서에 따라 서술되므로 연구가설에 따라 연구결과를 서술하는 것이 바람직하며, 결과의 해석은 객관적이고 과학적인 용어를 사용한다.

연구결과는 이미 서술한 연구문제나 가설에 대한 답을 통계적 분석을 통해서 확인할 수 있다. 연구자는 수집한 많은 양의 결과를 제한된 분량으로 제시하기 위하여 표를 사용한다. 일반적으로 표는 양적인 자료의 결과를 제시할 때 주로 사용하지만 질적인 자료의 경우에도 그 내용에 따라 제시하기도 한다. 표가 너무 길고 복잡할 경우 부록에 제시할 수 있다. 표를 부록에 제시할 경우에는 본문에 '부록 참조'라고 명시한다. 모든 표는 간단하고 명료하며 내용을 쉽게 알 수 있는 표제목을 붙인다. 통계분석에 대한 설명이 필요하고 통계분석 결과가 유의하게 나타났을 경우에는 통계치, 자유도, 유의수준 등을 함께 보고한다. 복잡한 설명이 필요한 경우에는 표나 그래프를 이용하는 것이 좋다. 표를 제시할 때는 정확한 수치보다 소수점 이하 셋째 자리에서 반올림하여 소수점 이하 둘째 자리까지 제시하는 것을 원칙으로 한다. 통계분석 결과는 주요 통계수치뿐만 아니라 유의도 수준과 관련된 정보들을 기술통계와 함께 제시하는 것이 보편적이다. 즉, 사례수, 평균과 표준편차, 통계적 검증 효과의 크기(t값, F값 등), 유의도 수준(p), 각각의 통계수치 등을 제시한다.

연구보고서의 연구결과를 작성할 때 연구자가 주의해야 할 점은 연구결과를 객관적으로 기술해야 한다는 점이다. 연구결과를 연구자가 의도하는 혹은 기대하는 방향으로 기술할 경우 연구의 타당성을 잃게 된다. 연구결과에 대한 해석이나 결론은 연구자의 주관적 판단이 될 가능성이 있으므로 연구결과 부분에서는 연구결과 내용만을 기술하고 해석이나 논의는 논의 및 결론 부분에서 기술한다. 질적 연구의 경우, 연구결과를 기술할 때 연구 진행 중에 일어난 일들을 체계적으로 기술하는데, 시간에 따라 기술할 수도 있고 특정 내용에 따라 기술할 수도 있다.

7) 논의

논의(discussion)는 연구보고서의 마지막 부분에 해당하며, 일반적으로 결과 요약 및 해석, 시사점, 결론, 연구의 제한점 및 후속연구를 위한 제언, 그리고 연구의 의의 등으로 구성된다. 논의에서 가장 핵심은 연구에서 얻은 결과를 선행 연구들에 비추어 설명하고 추론하는 것이다. 즉, 얻어진 결과가 연구문제를 긍정하는지 또는 부정하는지를 밝히고, 이러한 결과가 선행 연구결과들과는 어떤 측면에서 일치하는지 혹은 일치하지 않는지, 일치하거나 불일치한다면 왜 그런지 등을 논리적이며 체계적으로 설명한다. 또한, 결과를 통해 유추할 수 있는 실제적 또는 이론적 함의를 제시하는 것이 중요하다.

연구결론은 발표된 이론과 일치할 수도 있고 반대되는 결과가 나타날 수도 있다. 따라서 연구결과를 보다 심층적으로 해석하고 연구결과가 미치는 영향도 재음미할 수 있어야 한다. 한편, 연구의 결론 부분에 연구결과 내용을 재정리하는 것은 바람직하지 않으므로 연구결과에서 얻은 수치를 서술하지 않는 것이 일반적이다. 연구내용의 요약은 연구보고서의 제일 앞부분인 '요약' 혹은 '초록'에 서술되는 내용이므로 연구결론 부분에 포함시키지 않는다. 가능하면 연구보고서는 간단·명료하게 서술해야 하므로 같은 내용을 중복되게 서술하는 것을 피해야 한다.

최종적으로 연구의 제한점은 형식적으로 기록하는 부분이 아니라 실질적으로 연구과정에서 나타난 연구문제에 따른 한계점을 기록하도록 한다. 그리고 후속연구를 위한 제언으로 본 논문에서는 미처 다루지 못한 주제, 소재 또는 특정 변인에 대해 자세하게 기술한다.

8) 기타

연구보고서의 구성에 있어서 서론, 이론적 배경, 연구방법, 결과, 논의 및 결론 이외에 첨부되어야 할 부분은 아래와 같다.

인사말
요약
참고 문헌
부록

인사말과 요약은 연구보고서의 앞에 위치한다. 연구보고서가 학위논문일 경우 논문을 완성하기까지 도와준 사람에게 인사말로 감사를 표시한다. 학회지에 게재하는 논문인 경우 연구비 지원기관이나 연구를 도와준 사람, 게재를 위하여 조언이나 지적을 해준 심사자에게 감사를 표한다. 이 경우 논문 앞 페이지 하단이나 논문 맨 뒤에 간단하게 기술한다.

참고 문헌은 일반적으로 논문의 끝에 위치하며, 연구에서 인용한 참고목록들을 정리하여 제시한다. 참고 문헌의 작성법은 다음에서 자세히 살펴보기로 한다. 마지막으로 부록을 첨부한다. 부록은 본문에 싣기에는 분량이 많아 본문의 내용 흐름을 방해할 수 있거나 연구와 직접적인 관계는 없지만 참고할 필요가 있는 내용 등을 연구보고서의 마지막 부분에 정리해서 제시한다. 일반적으로 부록에는 연구도구로 사용되었던 질문지, 본문에서 제외된 통계자료, 연구수행에 사용한 공문, 자료사진 등을 포함한다. 실험연구의 경우 실험도구와 처치 등에 대한 자세한 내용을 부록에 포함하면 연구에 대한 이해를 도울 수 있다. 부록에 포함할 내용은 연구자가 결정한다.

9) 참고 문헌

참고 문헌의 기록 양식은 여러 가지가 있으나 아동 관련 학문분야에서는 APA양식을 많이 사용한다. APA양식은 미국심리학회(American Psychological Association: APA)가 정한 논문작성에 있어서의 일정한 기준으로, 구체적인 예를 소개하면 다음과 같다. 국내 문헌의 경우에는 APA양식을 기준으로 한 한국아동학회의 '학술논문작성과 출판(최석란, 조성연, 김선영, 2007)'에 따른다.

참고 문헌은 국문으로 된 문헌을 먼저 수록하고, 동양 문헌, 서양 문헌의 순으로 제시하며, 국내 문헌은 저자명의 가나다순으로, 서양 문헌은 저자명의 ABC순으로 기재한다. 국내 문헌의 경우, 저자(연구자) 이름을 적고 이어서 출판 연도를 괄호 안에 적고 마침표를 하고, 책이름이나 논문제목을 적고 마침표를 한 다음에, 출판사항을 적어 준다. 영문 문헌의 경우, 저자(연구자)의 성을 적고 쉼표를 한 다음 이름의 머리글자만 대문자로 쓰고 마침표를 한다. 그다음에 출판 연도를 괄호 안에 적고 마침표를 하고, 책이름이나 논문제목을 적고 마침표를 한 다음에, 출판사항을 적는다. 단독 저자의 문헌을 공동 저자의 문헌보다 먼저 제시하며, 2인 이상의 저자인 경우에는 공동 저자의 성을 먼저 쓰고, 나머지 이름은 머리글자만을 기입한다. 저자가 6명 이상인 경우에는 여섯 번째 저자명까지 적은 후에 한글 저자명은 '외'를, 영문 저자명은 ', et al.'을 붙인다.

동일한 연구자의 연구물인 경우에는 연도가 빠른 것부터 제시한다. 즉, '최윤희, 문혁준(2017)'을 먼저 쓴 후에 '최윤희, 문혁준(2018)'을 제시한다. 동일한 저자가 출판 연도도 동일한 경우에는 제목의 가나다순이나 알파벳순으로 정렬하고, 연도 뒤에 a, b, c… 를 붙여 구분한다. 출판 연도는 저작물이 발간된 연도를 소괄호로 묶어 쓰며, 인쇄 중인 국내 문헌의 경우 저자명 다음에 소괄호 속에 '인쇄중'이라고 기입하고, 영문 문헌의 경우에는 'in press'라고 기입하며, 나머지 부분은 다른 참고 문헌 제시 양식에 따른다. 연구에 인용한 모든 문헌 및 자료는 반드시 참고 문헌에 제시해야 하며, 편집양식은 참고 문헌의 첫째 줄은 좌측 끝에 맞추고 둘째 줄부터는 여섯 칸 들여쓰기를 한다.

(1) 단행본

국내 단행본의 저서명은 '진하게' 표시하고, 영문 단행본의 저서명은 첫 단어의 첫 글자를 대문자로 하고 나머지는 모두 소문자로 하여 '이탤릭체'로 제시한 후 저서명 뒤에 마침표를 붙인다. 2인 이상의 국내 문헌의 경우 연구자 사이를 쉼표로 연결해 주고, 영문 문헌인 경우에는 마지막 저자 앞에 & 기호를 사용하며, 연구자 사이는 쉼표로 연결한다. 미국의 주를 기입할 때는 미국의 우편제도에서 사용하는 공식약자를 사용하며, 출판사를 의미하는 Publishers, Co. 또는 Inc. 같이 반드시 필요치 않은 용어들은 생략해도 된다.

문혁준, 김정희, 성미영, 손서희, 안선희, 장영은(2015). **정신건강론**. 서울: 창지사.
한국몬테소리협회(2017). **(증보)몬테소리 일상생활영역**. 서울: 창지사.
Berk, L. E. (2013). *Child development* (9th ed.). Boston, MA: Allyn & Bacon.
Brooks, J. B. (2013). *The process of parenting* (9th ed.). New York, NY: McGraw-Hill.
Keenan, T., Evans, S., & Crowley, K. (2016). *An introduction to child development* (3rd. ed.). Thousand Oaks, CA: Sage.

(2) 정기간행물

국내 정기간행물의 학술지명과 권수는 '진하게' 표시하고, 영문 정기간행물의 학술지명과 권수(volume)는 '이탤릭체'로 표기한다. 영문 정기간행물의 제목은 첫 단어의 첫 글자만 대문자로 하고 나머지는 소문자로 기입하며, 학술지명은 모든 단어의 첫 글자를 대문자로 표기한다. 학술지의 호수(number)는 권수 바로 옆의 괄호 안에 제시하며 '진하게' 혹은 '이탤릭체'로 표기하지 않는다. 호수 다음에는 쉼표를 사용한 후 페이지 번호를 기입한다. 이때 'p(p)'는 쓰지 않는다. 신문기사의 경우에는 저자명 대신에 신문명을 쓰고, 간행 연월일을 기입하며, 마침표로 끝낸다. 학술지와 잡지 등의 정기간행물에는 쪽수 앞에 'p(p)'를 쓰지 않으나, 소식지와 신문의 경우에는 'p(p)'를 쓰고 쪽수를 명시한다.

문혁준(2018). 생태학적 변인이 중학교 2학년 학생의 학업 동기에 미치는 영향. **한국산학기술학회논문지**, 19(10), 74--81.

설경옥, 문혁준(2018). 유아의 기질, 어머니의 심리적 통제, 교사의 훈육방식이 유아의 자기조절능력에 미치는 영향. **미래유아교육학회지**, 25(2), 187-210.

Cross, W. E. (2017). Ecological factors in human development. *Child Development*, *88*(3), 767-769.

김영옥(2018. 12). 「누리과정」에게 묻는다. **한국유아교육학회소식**, 71, pp. 1-9.

한국경제(2011. 10. 11). 서울시, 유아 미각형성 프로그램 100곳 확대운영. p. 15.

(3) 학위 청구논문

국내 학위논문인 경우에는 저자명, 발행년도, 논문명, 학위수여기관, 학위명 순으로 기재하며, 서양대학의 경우에는 저자명, 발행년도, 논문명(이탤릭체), 학위명을 적은 후 학위수여기관, 소재지를 적는다. 영문 학위명의 경우 석사학위 청구논문은 'Unpublished master's thesis', 박사학위 청구논문은 'Unpublished doctoral dissertation'이라고 쓴다. 학위수여기관의 소재지는 도시명, (주명), 국가명 순으로 표기한다.

박경선(2018). 유아의 사회적 능력에 대한 기질 및 실행기능과 어머니 정서 표현성의 영향. 가톨릭대학교 대학원 박사학위 청구논문.

Moon, H. J. (1997). *An ecological analysis of variables associated with parental disciplinary practices*. Unpublished doctoral dissertation, Michigan State University, E. Lansing, USA.

Moon, H. J. (1994). *Korean child day care services: From an ecological perspectives*. Unpublished master's thesis, Michigan State University, E. Lansing, USA.

(4) 편집된 단행본의 논문 또는 장(章)

저자명, 출판 연도, 논문 또는 장의 제목, 편집자, 단행본 제목, 발행지, 출판사 순으로 제시하며, 논문이나 장이 실린 단행본의 저서명만 글씨체를 다르게 한다(국문은 '진하게', 영문은 '이탤릭체').

이은해(2004). 한국아동학의 발전사. 한국아동학회(편), **한국아동학의 연구: 동향과 전망**(pp. 11-32). 서울: 학지사.

Durlak, J. A. (2014). Programming for effective primary prevention and health promotion. In T. P. Gullotta & M. Bloom (Eds.), *Encyclopedia of primary prevention and health promotion* (2nd ed., pp. 102-111). New York, NY: Springer.

Hecht, M. L., & Shin, Y. (2015). Culture and social and emotional competencies. In J. A. Durlak, C. E. Domitrovich, R. P. Weissberg, & T. P. Gullotta (Eds.), *Hnadbook for social and emotional learning: Research and practice* (pp. 50-64). New York, NY: Guilford.

(5) 국문역서

원저자명, 연도, 번역서명(국내서는 '진하게', 영문은 '이탤릭체'), 역자명, 출판지, 출판사를 적고 원전의 출판 연도를 괄호로 묶어 제시하며, 역자명 다음에 '(공)역(혹은 편역)'을 표시하고 마침표를 한다.

Berk, L. E. (2015). **아동발달(제9판)**. 이종숙, 신은수, 안선희, 이경옥(공역). 서울: 시그마프레스. (2013년 원저 발간).

Krueger, R. A., & Casey, M. A. (2014). **포커스그룹: 응용조사 실행방법**. 민병오, 조대현(공역). 서울: 명인문화사. (2009년 원저 발간).

(6) 연구보고서

연구보고서는 연구자, 발행년도, 보고서명(국문제목은 '진하게', 영문제목은 '이탤릭체'), 연구기관 순으로 기재한다. 교육자료정보센터(Educational Resources

Information Center: ERIC) 보고서는 가장 마지막 소괄호 안에 문서번호를 기입하고 문서번호 뒤에는 마침표를 찍지 않는다.

양미선, 예한나(2018). **보육지원체계 개편을 위한 보육시간 수요 분석**. 서울: 육아정책연구소.

Smith, T. K., Connolly, F. & Pryseski, C. (2014). *Positive school climate: What it looks like and how it happens. Nurturing positivee school climate for student learning and professional growth.* (ERIC Document Reproduction Services No. ED 553170)

(7) 자료집

저자명, 연도, 연구제목, 발표자료집명(국문은 '진하게', 영문은 '이탤릭체'), 수록 면 수를 적는다. 국내 발표자료집명은 'ㅇㅇ학회 ㅇㅇ학술대회자료집'과 자료집 제목명을 쌍점(:)으로 표기하며, 발표한 문헌이 초록인 경우에는 발표제목 다음의 괄호 안에 '구두 논문(또는 포스터) 발표 초록' 또는 영문은 'Abstract'로 기재한다.

문혁준(2015). 연구와 연구자의 윤리. **한국가정관리학회 추계학술대회자료집: 가정관리학 관점에서의 가족교육**, 299-306.

최윤희(2017). 어머니의 양육스트레스가 양육행동에 미치는 영향: 가족상호작용의 매개효과(포스터 발표 초록). 대한가정학회 **춘계학술대회자료집: ICT 생활 속의 인터넷 광고**, 432.

Greenfield, P. (2007). The child development transition: Dynamic of social, cultural and familial change [Abstract]. *Proceedings of the Society for Research in Child Development*, USA, 168.

(8) 시청각 자료

시청각 자료의 제목을 '진하게' 표기하고, 제목 다음에 괄호로 묶어 자료의 종류를 제시한다.

교육과학기술부(2013). **5세 누리과정 교사용 지도서 수정·보완서**(DVD). 서울: 교육과학기술부.

한국교육방송공사(2013). **퍼펙트 베이비 1편: 태아 프로그래밍**(DVD). 서울: EBS 미디어센터.

(9) 웹사이트 자료

웹사이트의 자료를 참고 문헌 목록에 표기할 때는 자료의 제목, 연도, 인터넷 주소(URL), 인출 날짜 등을 제시한다.

최영(2017). 따돌림, 당신의 아이일 수 있다. http://drchoi.pe.kr에서 2019년 7월 12일 인출.

동아일보(2019. 7. 12). '미혼모-학대아동의 代.母' 김영렬 수녀 국민훈장. http://www.donga.com/news/article/all/20190712/96438608/1에서 2019년 7월 12일 인출.

(10) 디지털콘텐츠 식별자 (DOI: Digital Object Idenfier)

APA 6판에서는 참고 문헌에 DOI를 포함시킬 것을 명시하고 있다. 그러나 DOI가 부여되지 않은 시기의 참고 문헌이 온라인에서 인출되었다면 홈페이지의 URL (Uniform Resource Locator)을 제시하면 된다.

문혁준(2017). 직장어린이집 이용 부모의 만족도 향상을 위한 기초 연구. **생애학회지**, 7(2), 39-58. doi:10.30528/jolss.2017.7.2.003.

문혁준(2014). 보육교사의 발달지식, 귀인성향, 사회적지지, 소진이 전문성 인식에 미치는 영향. **육아정책연구**, 7(2), 145-165. http://www.riss.kr/search/download/FullTextDownload.do?control_no=0c7c509fc5ee5d0ce9810257f7042666&p_mat_type=1a0202e37d52c72d&url_type=&orgcode=863532d4eceaa7d8에서 인출.

이상과 같이 연구보고서를 작성하였으면 최종적으로 점검해야 할 사항은 다음과 같다.

〈표 12-3〉 최종 점검사항

- 논문의 주제는 논문 작성자의 전공 영역에 적합한가?
- 논문을 전문학술지에 제출할 경우, 논제가 해당 학술지에 적합한가?
- 서론은 분명하게 기술되었는가?
- 연구목적은 적절하고 논리적으로 기술되었는가?
- 이론적 배경 및 선행연구 부분은 적절하게 검토되었는가?
- 참고 문헌의 인용은 적절하게 이루어졌는가?
- 연구문제는 분명하게 명시되고 적절한 가설이 도출되었는가?
- 연구의 이론적 근거는 명확한가?
- 연구방법은 논문에 제시된 설명을 보고 반복적으로 실행할 수 있을 정도로 정확하고도 상세하게 기술되었는가?
- 관찰자가 변인들을 평가하였다면 관찰자 간 신뢰도는 보고되었는가?
- 자료 분석 기법은 적절하고 분석은 명확한가?
- 통계절차에 기초한 가설들은 적절한 자료에 의해 명확하게 검증되었는가?
- 연구결과와 결론 부분은 분명하고 타당하며 유의미(meaningful)한가?
- 논의는 유의한(significant) 연구결과에 한정되어 지나치게 과장되지 않고 철저하게 이루어졌는가?
- 전반적으로 논문은 간단명료한가?
- 원고는 원고 제출을 위한 체크리스트에 따라 준비되었나?

출처: 강진령(2009). **APA 논문작성법**, p. 57.

2. 표절

연구윤리의 위반 행위, 즉 연구부정행위로서 인문사회 분야든, 자연과학 분야든 또한 국내·외를 막론하고 가장 많이 발생하고 있는 것이 바로 표절의 문제이다. 학술논문에서 인용과 표절은 서로 상반된 개념이다. 인용은 타인의 저작물을 합법적인 절차를 통해 자신의 저작물에 이용하는 것이다. 일반적으로 인용은 저작자에게 허가를 받아 이용하거나 인용부호를 적절히 사용하고 출처를 정확하게 밝히면서 이용하는 것이다. 이에 반해, 표절은 타인의 독창적인 아이디어 또는 창작물을 적절한 출처표시 없이 활용함으로써, 제3자에게 자신의 창작물인 것처럼 인식하게 하는 행위이다. 이러한 인용과 표절은 이론상으로는 분명하게 구분될 수 있지만, 실제 발표된 글에서 이에 대한 구분을 시도하기란 그리 쉽지 않은 경우가 많다.

우리나라 학계에서 직·간접적으로 거론되고 있는 학술논문작성에서의 표절이라고 할 수 있는 유형들을 나열하면 다음과 같다(곽동철, 2007).

① 저자가 다른 사람(제자나 석·박사학생 등)의 논문이나 보고서를 일부 수정하거나 그대로 또는 종합하여 발간하는 단행본이나 발표하는 논문
② 저자가 가장 많이 인용한 참고 문헌의 서지사항을 통째로 누락시키고 발표하는 논문
③ 저자가 인용한 일부 참고 문헌에 대한 서지사항을 고의적으로 누락시키고 게재하는 경우
④ 저자가 또 다른 자신의 논문에서 인용사항을 누락시키고 발표한 논문
⑤ 2개 이상의 학술지 등에 여러 가지 사유로 중복적으로 게재한 동일한 논문, 이를테면 저자가 대학 내 논문투고 후 학술지에 다시 투고하여 게재하거나 승진 등의 사유로 단기간에 논문을 게재하기 위해 동일한 논문을 2개 학술지에 동시에 투고하여 게재되는 경우
⑥ 반드시 표절로 보기 어려우나 하나의 학위논문이나 보고서를 2편 이상으로 분리하여 학술지에 투고하여 게재하는 것
⑦ 저자가 몇 편의 논문을 교묘하게 종합편집하여 발표하는 논문
⑧ 다른 사람의 논문골격을 그대로 베끼고 그 틀 속에서 주제내용을 달리하여 작성한 논문의 경우

〈표 12-4〉 학술논문 작성에서 표절을 피하는 방법

주제	표절을 피하는 방법
공동연구 (collaboration)	• 공동으로 집필한 원문에 공저자를 모두 게재함. • 학문적 동료 혹은 심사자와의 대화를 통해 얻은 중요한 아이디어나 공헌 역시 밝혀야 함.
말 바꾸기 (paraphrasing)	• 'X에 따르면', 혹은 'X가 주장하는 바와 같이' 등의 방식으로 원저자를 인정하고 출처를 본문 혹은 각주(혹은 미주)와 참고 문헌에 제시함.
인용 (citation)	• 축약적으로 인용한 경우에는 인용부호를 붙이고 출처를 본문 혹은 각주(혹은 미주)와 참고 문헌에 제시함. • 인용구 주위 혹은 특정 구/술어 주변에 인용부호를 직접적으로 사용하고, 각주, 미주, 주석, 참고 문헌에 인용은 원본을 제시함. • 인용하되 축약적이지 않은 경우에는, 말바꾸기에서 같이 'X에 따르면', 혹은 'X가 주장하는 바와 같이' 등의 방식으로 원저자를 인정하고 출처를 본문 혹은 각주(혹은 미주)와 참고 문헌에 제시함.
받아 적기 (note-taking)	• 그대로 인용할 경우 인용부호를 사용함. • 출처를 제시함. • 인용문장에서 삭제된 단어를 표시하기 위해 '…'을 사용함. • 추가되거나 변화시킨 단어를 표시하기 위해 괄호 '[ ]'를 사용함.
전자 자료 (electronic sources)	• 전자적 [문헌에 대한] 출처를 인용함(올바른 인용방식을 모른다고 해서 표절을 정당화하는 이유가 될 수 없음). • 인터넷에서 자료의 무단복사(cutting and pasting) 금지함.

출처: 유재원, 장지호, 최창수, 최봉석(2004). **행정학회 표절규정 제정을 위한 기초 연구**, p. 352.

보고서나 논문 등의 표절을 예방하기 위하여 기관이나 대학에서는 표절탐색시스템(예: 카피킬러 등)을 사용하고 있다. 이러한 탐색시스템은 문장 및 어절을 비교, 분석하여 유사도를 나타내 보여줄 뿐 아니라 유사한 자료의 출처까지 검색하여 표절을 피하도록 돕고 있다. 그러나 이보다 선행되어야 할 것은 연구자 스스로가 연구윤리에 대한 도덕성을 갖는 것이 필요하며 연구를 위한 첫걸음인 학생시절부터 윤리적 글쓰기 훈련을 통해 인용방법을 숙지하는 것이 필요하다(박정원, 이성흠, 최상봉, 2011).

참고 문헌

강진령(2009). **APA 논문작성법**. 서울: 양서원.

강현석, 주동범(2012). **현대 교육과정과 교육평가**. 서울: 학지사.

곽금주(2002). **아동 심리평가와 검사**. 서울: 학지사.

곽동철(2007). 학술논문에서 표절의 유형과 올바른 인용방식. **2007년 전국 국공립대학교 사회과학대학장 협의회 학술세미나**.

교육평가연구회(1995). **교육측정·평가·연구·통계 용어사전**. 서울: 중앙교육진흥연구소.

권민균, 권희경, 문혁준, 성미영, 신유림, 안선희, 안효진, 이경옥, 천희영, 한유미, 한유진, 황혜신(2012). **아동발달**. 서울: 창지사.

기계·건설공학연구정보센터(2018). 기계·건설공학연구정보센터 이용자만족도 조사.

김병성(1996). **교육연구방법**. 서울: 학지사.

김석우(1997). **교육연구법**. 서울: 학지사.

김선영, 이경옥(2005). 유아교사의 교사효능감 개념과 측정구조에 대한 분석. **유아교육연구**, 25(3), 267-287.

김송이, 정지나, 최혜영, 민성혜(2009). **영유아 관찰 및 실습**. 파주: 양서원.

김승옥, 이경옥(2005). 유아교육기관의 온라인 콘텐츠 사용 실태 및 요구. **어린이미디어연구**, 4, 223-241.

김아영(2000). **관찰연구법**. 서울: 교육과학사.

김은정, 이정욱(2009). 문제해결에 기초한 유아 기하활동 구성 및 적용효과. **유아교육연구**, 29(1), 31-55.

김지은(2008). **아동관찰 및 행동연구**. 서울: 학현사.

김지은, 김진숙(2006). **유아관찰 및 평가**. 파주: 양서원.

김혜금(2008). 부모의 양육태도와 유아의 상해위험행동과의 관계. **아동학회지**, 29(3), 41-54.

김흔숙, 이경옥(2000). 아동의 자아개념 발달과 부·모·교사의 자아개념 추론에 관한 연구. **아동학회지**, 21(1), 73-83.

김희진, 박은혜, 이지현(2007). **유아교육기관에서의 관찰**. 서울: 창지사.

문수백(2003). **연구방법의 실제**. 서울: 학지사.

박정원, 이성흠, 최상봉(2011). 연구윤리 확립을 통한 표절예방 및 저작권보호. **교육법학연구**, 23(2), 27-50.

박혜원, 이경옥(2016). 한국아동의 지적 특성. **아동학회지**, 37(6), 157-168.

박혜원, 이경옥, 이상희, 박민정(2016). 한국 Wechsler 유아지능검사 4판(K-WPPSI-IV)의 표준화연구: 신뢰도와 타당도분석. **한국보육지원학회지**, 12(4), 111-130.

배상률(2014). **아동·청소년 대상 연구 윤리 가이드라인 개발 연구**. 서울: 한국청소년정책연구원.

서소정, 하지영, 이성옥(2010). 영유아의 일상생활에 관한 연구. **아동학회지**, 31(1), 47-64.

성미영(2002). 과제 상황별 유아의 스크립트 지식과 주제 수행 기술 및 스크립트 향상 훈련 효과: 저소득층 유아와 중류층 유아의 비교. 서울대학교대학원 박사학위청구논문.

성태제(2005). **교육 연구방법의 이해**. 서울: 학지사.

송인섭, 김정원, 정미경, 김혜숙, 신은영, 박소연(2001). **아동연구방법**. 서울: 학지사.

안연경, 홍정선, 박유미(2008). 장애유아 교류프로그램이 일반유아의 장애수용태도에 미치는 영향. **열린유아교육연구**, 13(6), 353-369.

안효진, 임연진(2010). 유아의 놀이성, 적응, 그리고 문제행동과의 관계성 연구. **아동학회지**, 31(2), 53-68.

양명희, 임유경(2014). **유아행동 관찰 및 평가**. 서울: 학지사.

양지혜, 이경옥(2014). 그림책을 활용한 통합적 활동이 유아의 대인문제해결과 자아탄력성에 미치는 영향. **인지발달중재학회지**, 5(1), 95-112.

엄정애(2007). 유아주도적인 놀이상황과 교사주도적인 일 상황에서 인지적 협력구성 비교 연구. **유아교육연구**, 27(4), 161-185.

염선희, 이경옥(2016). 유아의 작업기억과 처리속도 및 부적응행동 간의 관계 연구. **인지발달중재학회지**, 7(1). 1-13.

유안진(1999). **아동발달의 이해**. 서울: 문음사.

유재원, 장지호, 최창수, 최봉석(2004). **행정학회 표절규정 제정을 위한 기초 연구**. 서울: 좋은연구.

유희정(2007). 유아미술교육에 대한 교사의 인식 및 실태 - 광주·전남 지역을 중심으로-. **열린유아교육연구**, 12(3), 211-245.

육아정책연구소(2015). 한국아동패널 2015. 서울: 육아정책연구소.

육아정책연구소(2015). 한국아동패널 8차(2015) 어머니 대상 질문지. 서울: 육아정책연구소.

이강이(1998). 대물 다툼 상황에서 2세아의 또래 갈등 과정 분석. 서울대학교대학원 박사학위청구논문.

이경옥(2004). 유아 기질 척도(CBQ)의 타당화를 위한 기초 연구. **유아교육연구**, 24(5), 101-120.

이경옥, 박혜원, 이상희 (2015). 한국 웩슬러 유아지능검사(K-WPPSI-IV) 표준화를 위한 예비연구. **열린유아교육 연구**, 20(1), 811-832.

이경옥, 박혜원, 이상희(2016). 한국 웩슬러 유아지능검사 4판(K-WPPSI-IV)의 지능구조에 관한 연구. **아동학회지**, 37(6), 107-117.

이경옥, 오새니, 심혜진, 이상희(2016). 한국 유아용 Burks 행동평정척도(K-BBRS-2) 타당화를 위한 예비연구. **한국보육지원학회지**, 12(3), 159-176.

이경화, 손원경, 윤미숙(2008). 유아용 주의력 검사의 개발과 타당화. **열린유아교육연구**, 13(4), 263-282.

이순형, 이혜승, 권혜진, 이영미, 정윤주, 한유진, 성미영, 권기남, 김정민(2014). **아동관찰 및 행동연구**(2판). 서울: 학지사.

이영석, 이항재(1998). **최신 유아교육학 개론**. 서울: 교육과학사.

이은해(1985). **아동연구방법**. 서울: 교문사.

이은해(1995). **아동발달의 평가와 측정**. 서울: 교문사.

이은해, 이미리, 박소연(2006). **아동 연구방법의 이해**. 서울: 학지사.

이정환, 박은혜(2009). **교사들을 위한 유아관찰 워크북**. 서울: 한국어린이 육영회.

이종승(2009). **교육·심리·사회 연구방법론**. 서울: 교육출판사.

이지영, 이경옥(2008). 남녀 유아의 거친 신체 놀이와 또래유능성 및 또래인기도와의 관계. **열린유아교육연구**, 13(3), 93-112.

이학선, 최기영(2007). 유치원 일과활동에서의 유아 자율행동 검사도구 개발. **유아교육연구**, 27(4), 303-325.

임창재(2000). **유아 심리측정**. 서울: 학문사.

장휘숙(1999). **아동연구방법**. 서울: 창지사.

전경원(2001). **창의성을 중심으로 한 유아연구방법론 I**. 서울: 창지사.

전경원, 김누리(2015). **아동연구방법론**. 서울: 창지사.

정걸진, 양영종, 김상훈(2000). **광고조사론**. 서울: 형설출판사.

정옥분(2008). **아동학 연구방법론**. 서울: 학지사.

정지나, 민성혜, 김지현(2008). 또래 배척과 관련된 유아의 정서지능과 어머니의 양육행동. **아동학회지**, **29**(4), 135-146.

조성연, 이정희, 황혜정, 나종혜, 양성은(2008). **아동관찰 및 행동연구**. 서울: 신정.

조용환(1999). **질적연구: 방법과 사례**. 서울: 교육과학사.

한국인터넷진흥원(2019). 2018 인터넷이용실태조사 요약보고서. 나주: 한국인터넷진흥원.

한국청소년개발원(2018). **한국청소년패널조사 2018**. 서울: 한국청소년개발원.

홍혜경, 김세루(2008). 유아의 기하능력과 도형의 합성 및 분할 능력에 관한 연구. **유아교육연구**, **28**(1), 143-158.

황정규(1999). **학교학습과 교육평가**. 서울: 교육과학사.

황해익(2017). **아동연구방법**(3판). 서울: 정민사.

황해익, 송연숙, 정혜영, 유수경(2013). **영유아행동관찰법**. 서울: 창지사.

American Psychological Association (2010). *Publication manual of the American Psychological Association* (6th ed.). Washington, DC: APA.

Anastasi, A. (1988). *Psychological testing* (6th ed.). N. Y.: Macmillan.

Arrington, R. (1943). Time sampling in studies of social behavior: A critical review of technigues and result with research suggestions. *Psychological Bulletin*, *40*, 81-124.

Babbie, E. (2004). *The practice of social research* (10th ed.). Belmont, CA: Wadsworth.

Berk, L. B. (2008). *Child development.* Boston, MA: Allyn & Bacon.

Best, J. W. (1981). *Research in education.* Englewood Cliffs, N. J.: Prentice Hall.

Best, J. W., & Kahn, J. V. (1989). *Research in education* (6th ed). N. J.: Prentice-Hall.

Bogdan, R., & Biklen S. K. (2007). *Qualitative research for education: An introduction to theory and methods* (5th ed.). Boston, MA; Allyn & Bacon.

Borg, W. B., & Gall, M. D. (1989). *Educational research*. N. Y.: Longman.

Campbell, D. T., & Fiske, D. W. (1959). Convergent and discriminant validation by the multitrait-multimethod matrix. *Psychological Bulletin*, *56*, 51-105.

Campbell, D. T., & Stanley, J. C. (1963). *Experimental and quasi-experimental designs for research*. Chicago: Rand McNally.

Conant, J. B. (1951). *Science and commom sense*. New Haven: Yale University Press.

Cook, T. D., & Campbell, D. T. (1979). *Quasi-experimentation: Designs and analysis issues for field settings*. Chicago: Rand McNally.

Creswell, J. W. (2002). *Educational research: Planning, conducting, and evaluating quantitative and qualitative research*. Upper Research, N. J.: Merrill/Prentice Hall.

Creswell, J. W. (2007). *Qualitative inquiry and research design: Choosing and five approaches* (2nd ed). Thousand Oak, CA: Sage.

Cronbach, L. J. (1951). Coefficient alpha and the internal structure of tests. *Psychometrika*, *16*, 297-334.

Czaja, R. (2005). *Designing surveys: A guide to decisions and procedures*. Thousand Oaks, CA: Sage.

Denzin, N. (1989). *Interpretive biography: Qualitative research methods*. Thousand Oaks, CA: Sage.

Denzin, N., & Lincoln, Y. (2000). *Handbook of Qualitative Research* (2nd ed.). Thousand Oaks, CA: Sage.

Fraenkel, J. R., & Wallen, N. E. (2011). *How to design and evaluate research in education*. N. Y.: McGraw-Hill.

Gay, L. R., & Airasiam, P. (2003). *Educational research: Competemcies for analysis and applications*. N. J.: Upper Saddle River: Prentice Hall.

Glasser, B. G., & Strauss, A. L. (1967). *The discovery of grounded theory: Strategies for qualitative research*. Chicago: Aldine.

Graue, M. E., & Walsh, D. J. (1996). *Studying children in context : Theories, methods, and ethics.* Thousand Oaks, CA: Sage.

Guba, E. G., & Lincoln, Y. S. (1994). Competing paradigms in qualitative research. In N. K. Denzin & Y. S. Lincoln (Eds.), *Handbook of qualitative research.* Thousand Oaks, CA: Sage.

Hopkins, K. D., & Gullickson, A. R. (1992). *Response rates in survey research: A meta-analysis of the effects of monetary gratuities.* Paper presented at the annual meeting of the American Educational Research Association, San Francisco.

Kerlinger, F. N. (1986). *Foundations of behavioral research* (3rd ed.). N. Y.: Holt, Rinehart & Winston.

Kerlinger, F. N., & Lee, H. B. (2000). *Foundations of behavioral research* (4th ed.). N. Y.: Harcourt College.

Krueger, R. A. (1994). *Focus groups: A practical guide for applied research* (2nd ed.). Thousand Oaks, CA: Sage.

Leary, M. R. (1995). *Behavioral research methods.* Pacific Grove, CA: Brooks/Cole.

Leedy, P. D., & Ormrod, J. E. (1993). *Practical research: Planning and design* (9th ed.). MA: Boston. Pearson Education.

Lincoln, Y. S., & Guba, E. G. (1985). *Naturalistic inquiry.* Newburry Park, CA: Sage.

Marshall, C., & Rossman, G. B. (2010). *Designing qualitative research* (5th ed.). Thousand Oaks, CA: Sage.

Maxwell, J. A. (2004). *Qualitative research design: an interactive approach.* Thousand Oaks, CA: Sage.

Merriam, S. (2009). *Qualitative research: A guide to design and implementation.* San Francisco, CA: Jossey-Bass.

Merton, R. K., & Kendall, P. L. (1946). The focused interview. *American Journal of Sociology, 51,* 541-557.

Neuman, W. L. (2003). *Social research methods: Quantitative and qualitative approaches* (5th ed.). Boston, MA: Allyn & Bacon.

Neuman, W. L. (2013). **사회 연구 조사 방법론: 질적 연구와 양적 연구 방법**(7판). 박기우, 이정우, 유희숙, 문성균, 박혜상 공역. 서울: 이앤비플러스. (2013년 원저 발간).

Nunnally, J. C. (1978). *Psychometric theory* (2nd ed.). N. Y.: McGrow-Hill.

Peterson, C. (1996). Writing rough drfts. In F. T. L. Leong & J. T. Austin (Eds.), *The psychology research handbook: A guide for graduate students and research assistants* (pp. 282-290). London: Sage.

Porter, S. R., & Whitcomb, M. E. (2003). The impact of lottery incentives on student survey response rates. *Research in Higher Education, 44*, 389-407.

Rothbart, M. K. (1996). Children's Behavior Questionnaire (Version 1).

Salkind, H. J. (2003). *Exploring research* (5th ed.). Upper Saddle River, N. J.: Prentice-Hall.

Sax, G. (1968). *Empirical foundations of educational research.* Englewood Cliffs, N. J.: Prentice Hall.

Sjoberg, G., & Hardman, M. L. (1985). *Designing and conduction biomedical research.* N. Y.: Pergamon.

Spradley, J. (1979). *The ethnographic interview.* Belmont, CA: Wadsworth.

Stake, R. (1995). *The art of case study research.* Thousand Oaks, CA: Sage.

Stevens, S. S. (1975). *Psychophysics.* New York: Wiley.

Stewart, A. (1998). *The ethnographer's method.* Thousand Oaks, CA: Sage.

Strauss (2001). **근거이론의 단계**. 신경림 역. 서울: 현문사. (1997년 원저 발간).

Strauss, A., & Corbin, J. (1994). Grounded theory methodology: An overview. In N. K. Denzin & Y. S. Lincoln (Eds.), *Handbook of qualitative research* (pp. 273-285). Thousand Oaks, CA: Sage.

Thomas, A., & Chess, S. (1977). Measure of temperament in infancy. *Child Development, 52*, 569-578.

Tuckman, B. W. (1999). *Conducting educational research* (5th ed.). N. Y.: Harcourt College.

Wolcott, H. F. (1994). *Transforming qualitative data: Description, analysis, and interpretation.* Thousand Oaks, CA: Sage.

www.nrf.re.kr

www.snu.ac.kr

찾아보기

(ㄱ)

(ㄴ)

(ㅊ)

저자 약력

황 혜 정 University of London, Institute of Education 아동발달 및 교육 전공(Ph. D)
경기대학교 유아교육과 교수

문 혁 준 Michigan State University 아동·가족생태학 전공(Ph. D.)
가톨릭대학교 아동학전공 교수

안 선 희 Utah State University 아동학 전공(Ph. D)
경희대학교 아동가족학과 교수

안 효 진 University of Illinois at Urbana-Champaign 유아교육 전공(Ph. D)
인천대학교 유아교육학과 교수

이 경 옥 University of Southern California 교육심리-유아교육연구방법 전공(Ph. D)
덕성여자대학교 유아교육과 교수

정 지 나 연세대학교 아동·가족학과 아동발달 전공(Ph. D)
신한대학교 유아교육괴 교수

아동연구방법론

초 판 1쇄 발행 2019년 12월 31일
초 판 2쇄 발행 2023년 1월 16일

지 은 이 | 황혜정 · 문혁준 · 안선희 · 안효진 · 이경옥 · 정지나
펴 낸 이 | 김기섭
편 집 인 | 김민수
펴 낸 곳 | 창지사 www.changjisa.com
08589 서울시 금천구 가산디지털 1로 83 파트너스타워 1차 9층
전화 (02)719-2211~3
팩스 (02)701-9386
등 록 | 1977년 4월 28일 · 제1-421호

ISBN 978-89-426-1289-5 (93370)

값 20,000원